Anna Breitsameter
Anna Hila
Klaus Lill
Christiane Seuthe
Margarethe Thomasen

B2

MIT UNS
DEUTSCH FÜR JUGENDLICHE
KURSBUCH

Hueber Verlag

Beratung:
Manuela Georgiakaki, Athen
Manuel Haß, Kopernikus-Gymnasium Wasseralfingen, Aalen

Der Verlag weist ausdrücklich darauf hin, dass im Text enthaltene externe Links vom Verlag nur bis zum Zeitpunkt der Buchveröffentlichung eingesehen werden konnten. Auf spätere Veränderungen hat der Verlag keinerlei Einfluss. Eine Haftung des Verlags ist daher ausgeschlossen.

Das Werk und seine Teile sind urheberrechtlich geschützt. Jede Verwertung in anderen als den gesetzlich zugelassenen Fällen bedarf deshalb der vorherigen schriftlichen Einwilligung des Verlags.

Hinweis zu § 52a UrhG: Weder das Werk noch seine Teile dürfen ohne eine solche Einwilligung überspielt, gespeichert und in ein Netzwerk eingespielt werden. Dies gilt auch für Intranets von Firmen, Schulen und sonstigen Bildungseinrichtungen.

Eingetragene Warenzeichen oder Marken sind Eigentum des jeweiligen Zeichen- bzw. Markeninhabers, auch dann, wenn diese nicht gekennzeichnet sind. Es ist jedoch zu beachten, dass weder das Vorhandensein noch das Fehlen derartiger Kennzeichnungen die Rechtslage hinsichtlich dieser gewerblichen Schutzrechte berührt.

3.	2.	1.			Die letzten Ziffern
2022	21	20	19	18	bezeichnen Zahl und Jahr des Druckes.

Alle Drucke dieser Auflage können, da unverändert, nebeneinander benutzt werden.
1. Auflage
© 2018 Hueber Verlag GmbH & Co. KG, München, Deutschland
Umschlaggestaltung: Sieveking · Agentur für Kommunikation, München
Layout und Satz: Sieveking · Agentur für Kommunikation, München
Verlagsredaktion: Julia Guess, Silke Hilpert, Sara Vicente, Hueber Verlag, München
Druck und Bindung: Passavia Druckservice GmbH & Co. KG, Passau
Printed in Germany
ISBN 978–3–19–301060–5

WEGWEISER

Die Module:

• Der Moduleinstieg

3 Lektionen pro Modul

Der Modulprotagonist stellt die Lektionsthemen vor.

die Lernziele des Moduls

Vielfalt an Themen und ausgewogene Verteilung der vier Fertigkeiten

• 3 – 4 Impulse pro Lektion

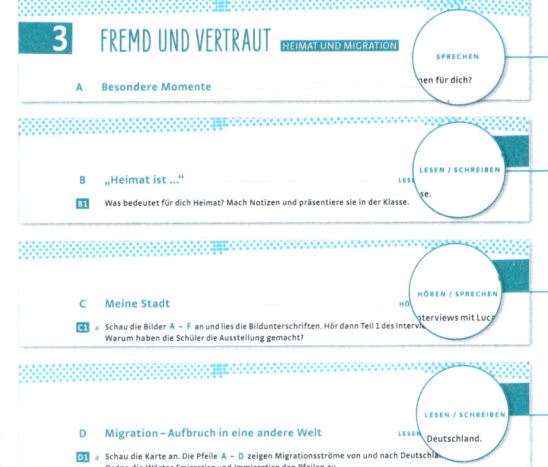

• Das Modulende: 5 Seiten Literatur und Landeskunde

kurze Information zur Autorin / zum Autor

literarischer, zielgruppengerechter Originaltext

aktuelles landeskundliches Thema aus Deutschland, Österreich oder der Schweiz

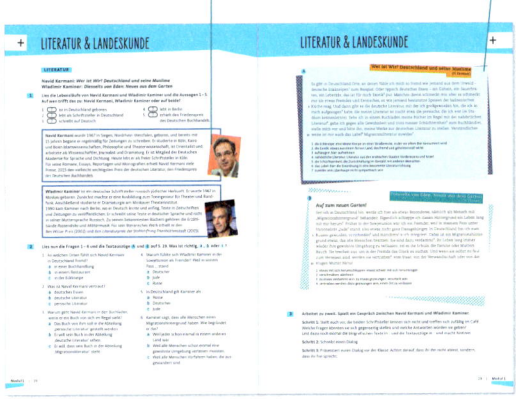
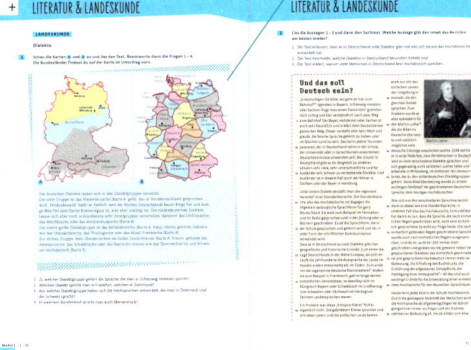

Der Anhang:

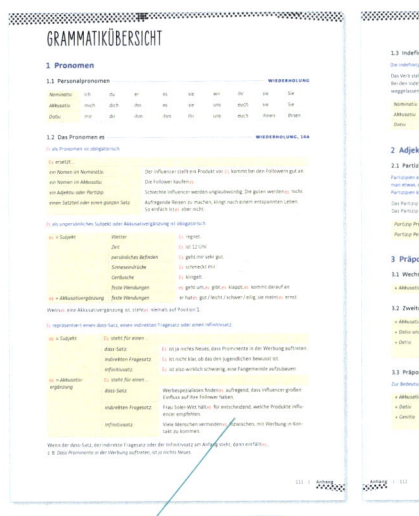
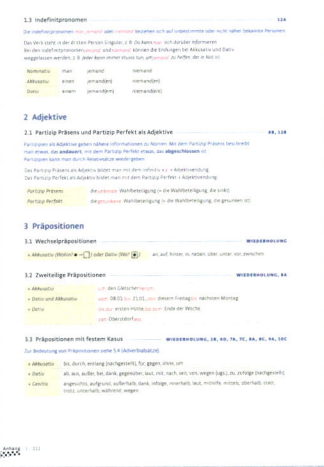
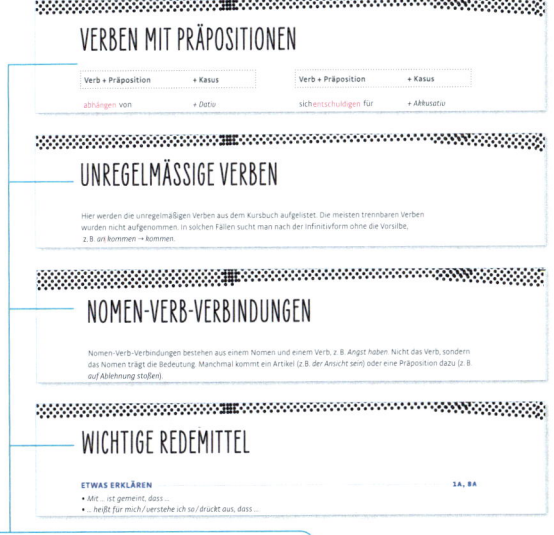

ausführliche Grammatikübersicht

systematische Übersichten zum Nachschlagen

3

INHALT

MODUL 1 — 7

Lektion 1: WAS GIBT'S NEUES? → Neuanfang und Kommunikation — 8

Wortschatz / Themen	Grammatik	Kommunikation
• Erlebnisse • Digitale Diät • Neue Formen der Kommunikation	• Wortstellung: Akkusativ- und Dativergänzungen im Mittelfeld • Wortstellung: *nicht* im Satz • Wortbildung: Komposita (Nomen + Nomen, Verb + Nomen) • Wortbildung: Adjektive mit *miss-, un-, -los, -frei*	• etwas erklären • Vermutungen ausdrücken • einen Kommentar schreiben • eine Meinung äußern und begründen • ein Problem beschreiben • über persönliche Erfahrungen berichten • eine Funktion beschreiben • Bedenken äußern

Lektion 2: LEBENSWELTEN → Menschen und Beziehungen — 14

Wortschatz / Themen	Grammatik	Kommunikation
• Jugendliche heute • Vorbilder und Idole • Menschen im Rollstuhl	• Kausalsätze: Präpositionen *aufgrund, aus, vor, dank* • Wortstellung: Angaben im Mittelfeld	• Wichtigkeit ausdrücken • einen Leserbrief schreiben • eine Meinung äußern und begründen • einen Vortrag halten • Beispiele nennen • eigenes Interesse formulieren • ein Problem beschreiben • Vorschläge machen

Lektion 3: FREMD UND VERTRAUT → Heimat und Migration — 20

Wortschatz / Themen	Grammatik	Kommunikation
• Besondere Momente • Heimat und Sprache • Meine Stadt Bochum • Migrationsgeschichten	• Konditionalsätze: Konjunktionen *falls, sofern*; Präposition *bei* • Konditionalsatz ohne Konjunktion (uneingeleiteter Nebensatz) • Modalverben • Wortbildung: Nomen mit *Ge-*	• Vermutungen ausdrücken • über persönliche Erfahrungen berichten • einen Text zusammenfassen • eine Meinung äußern und begründen • eine Diskussion führen • einen Ort beschreiben
Literatur	Navid Kermani: *Wer ist Wir? Deutschland und seine Muslime* Wladimir Kaminer: *Diesseits von Eden: Neues aus dem Garten*	
Landeskunde	Dialekte	— 28

MODUL 2 — 33

Lektion 4: MODERNES LEBEN → Umwelt und Zukunft — 34

Wortschatz / Themen	Grammatik	Kommunikation
• Wasserverbrauch • Studium: Zukunftsforschung • Urbanes Gärtnern	• Zweiteilige Konjunktionen • Temporalsätze: Konjunktionen *solange, sobald, ehe*	• einen Text zusammenfassen • eine Grafik beschreiben • das Verhältnis von Text und Grafik beschreiben • Vermutungen ausdrücken • eine Diskussion führen • eine Meinung äußern und begründen • Beispiele nennen

Lektion 5: GESCHMACKSACHE → Mode und Ernährung — 40

Wortschatz / Themen	Grammatik	Kommunikation
• Schuhe • Produktionsbedingungen • Ernährungstrends	• Subjektive Bedeutung des Modalverbs *sollen* • Indirekte Rede mit Konjunktiv I und II	• eine Meinung äußern und begründen • Ratschläge geben • jemandem von etwas abraten • ein Bild beschreiben • Vermutungen ausdrücken • etwas vergleichen • einen Kommentar schreiben • Wichtigkeit ausdrücken • über persönliche Erfahrungen berichten • Beispiele nennen

Lektion 6: STREBEN NACH FORTSCHRITT → Technik und Wissenschaft — 46

Wortschatz / Themen	Grammatik	Kommunikation
• Zukunftsvisionen von gestern • Fahrradhauptstadt Münster • Self-Tracking • Bienensterben	• Relativsätze mit *wer, wen, wem* • Konsekutivsätze: Adverbien *infolgedessen, folglich, so, also*; Präposition *infolge* • Nomen-Verb-Verbindungen I • Wortbildung: Nomen mit *-e, -nis, -ung, -ation*	• etwas vergleichen • etwas bewerten • Überraschung ausdrücken • über persönliche Erfahrungen berichten • eine Diskussion führen • eine Meinung äußern und begründen • einen Text zusammenfassen
Literatur	Charlotte Kerner: *Blueprint Blaupause*	
Landeskunde	Der Schrebergarten	— 54

MODUL 3 — 59

Lektion 7: IM WANDEL → Gesellschaft und Digitalisierung — 60

Wortschatz / Themen	Grammatik	Kommunikation
• Soziales Engagement • Digitalisierung • Demografischer Wandel	• Finalsätze: Adverbien *dafür*, *dazu* • Präpositionen *für* und *zu* • Präpositionen mit Genitiv • Wortbildung: Nomen aus Verben	• einen Kommentar schreiben • Beispiele nennen • einen Vortrag halten • etwas bewerten • etwas vergleichen • Überraschung ausdrücken • eigenes Interesse formulieren

Lektion 8: BEWUSST LEBEN → Körper und Psychologie — 66

Wortschatz / Themen	Grammatik	Kommunikation
• Alpenüberquerung • Allergien und Erkältung • Intuition	• Lokale Präpositionen *um … herum*, *entlang*, *von … aus*, *oberhalb*, *unterhalb* • Partizip Präsens als Adjektiv • Konzessivsätze: Konjunktionen *auch wenn*, *selbst wenn*; Adverbien *dennoch*, *allerdings*; Präpositionen *auch bei*, *selbst bei*	• Vermutungen ausdrücken • Sicherheit ausdrücken • eine Präsentation halten • etwas erklären • Voraussetzungen nennen • Vor- und Nachteile nennen

Lektion 9: EIN BLICK ZURÜCK → Geschichte und Erinnerung — 72

Wortschatz / Themen	Grammatik	Kommunikation
• Berliner Luftbrücke • Berliner Mauer und das Leben in der DDR • Gedenktage	• Modalsätze: Konjunktion *dadurch … dass*; Adverb *dadurch* und Präposition *durch* • Irrealer Vergleichssatz mit *als wenn* und *als* • Textgrammatik • Nomen-Verb-Verbindungen II	• einen Buchtipp schreiben • Überraschung ausdrücken • über persönliche Erfahrungen berichten • eine Diskussion führen
Literatur Landeskunde	Thomas Brussig: *Am kürzeren Ende der Sonnenallee* Flüsse	80

MODUL 4 — 85

Lektion 10: GEWINN MACHEN → Wirtschaft und Werbung — 86

Wortschatz / Themen	Grammatik	Kommunikation
• Influencer und Werbung • Wirtschaft und Schule • Alternative Zahlungsmodelle	• *es* als Repräsentant für einen *dass*-Satz und einen Infinitivsatz • Adversativsätze: Konjunktion *während* • Adverbien *dagegen*, *jedoch*, *hingegen* • Präposition *im Gegensatz zu* • Verben, Nomen und Adjektive + Präposition	• eine (halb)formelle E-Mail schreiben • ein Problem beschreiben • etwas vorschlagen • für Verständnis danken

Lektion 11: LAUFBAHNEN → Ausbildung und Beruf — 92

Wortschatz / Themen	Grammatik	Kommunikation
• Berufe am Theater • Schnuppertag an der Uni • Wünsche rund um die Arbeit	• Passiv mit *sein* (Zustandspassiv) • Passivsatz mit *von* und *durch* • Passiversatzformen: *sich* + Infinitiv + *lassen* und *sein* + *zu* + Infinitiv; Adjektive mit *-bar*	• eine Präsentation halten • eine Grafik beschreiben • (Un)wichtigkeit ausdrücken

Lektion 12: DINGE BEWEGEN → Politik und Engagement — 98

Wortschatz / Themen	Grammatik	Kommunikation
• Menschenrechte • Wählen unter 18 • Europäische Union	• Indefinitpronomen *man*, *jemand*, *niemand* • Partizip Präsens und Partizip Perfekt als Adjektive • Nomen-Verb-Verbindungen III	• eine Erörterung schreiben • eine Meinung äußern und begründen
Literatur Landeskunde	Joachim Meyerhoff: *Ach, diese Lücke, diese entsetzliche Lücke* Das politische System in Deutschland	106

Grammatikübersicht	111	Verben, Nomen und Adjektive mit Präpositionen	130
Unregelmäßige Verben	126	Nomen-Verb-Verbindungen	133
		Wichtige Redemittel	136

PIKTOGRAMME UND WICHTIGE ELEMENTE

▶ 06–08		Aufgabe mit Hörtext auf CD
⊕		Aufgabe zur Wortbildung
→ AB, Ü7		Übung im Arbeitsbuch
→ Grammatik, 5.1, S. 116		Grammatikübersicht im Anhang des Kursbuchs
• In Situation A hat jemand eventuell / könnte jemand zum ersten Mal … • Ich vermute / nehme an, (dass) in Situation … • Es könnte sein, dass …		Redemittel zur Aufgabe
Merk dir: kurz vor lang.		Tipps

Wortstellung: Angaben im Mittelfeld

Position 1	Position 2	Mittelfeld				Ende
		temporal (wann? wie oft?)	kausal (warum?)	modal (wie?)	lokal (wo? woher? wohin?)	
Fremde Menschen	sprechen	mich	manchmal	①	②	③	an.

→ Grammatik

→ Selbstentdeckung der grammatischen Phänomene

MODUL 1

1 NEUANFANG UND KOMMUNIKATION
2 MENSCHEN UND BEZIEHUNGEN
3 HEIMAT UND MIGRATION

www.Lucasblog.de

Über mich | Fotos | Freunde

LUCA MARINO: MEIN PERSÖNLICHES ABC

A wie **A**frika. Da lebt und arbeitet zurzeit meine große Schwester. Sie ist mein Vorbild.

B wie **B**ochum. Meine Heimatstadt. Hier bin ich geboren, hier fühle ich mich zuhause.

D wie **D**igitale **D**iät. Ein Leben ohne Smartphone – mein neuestes Experiment.

E wie **E**mojis. Können ganz schön nerven! Vor allem, wenn man falsch verstanden wird.

F wie **F**oto-AG. In unserer Ausstellung zeigen wir Bochum in einem ganz neuen Licht!

H wie **H**eimat. Gibt es von diesem Wort einen Plural? Ein Thema, das mich beschäftigt.

I wie **I**talien. Dort kommt (fast) meine ganze Familie her.

M wie **M**uttersprache. Davon habe ich zwei: Deutsch und Italienisch.

R wie **R**uhr-Stadion. Dort jobbe ich seit Kurzem: Glück gehabt!

V wie **V**fL Bochum. Sechs Jahre lang viel Spaß mit diesem Fußball-Verein.

Z wie **Z**iele. Das Abitur im nächsten Jahr und dann auf die Uni.

Luca

1 Lies das persönliche ABC. Was erfährst du über Luca?

2 Schreib dein persönliches ABC. Du kannst Buchstaben weglassen. Hängt eure persönlichen ABCs in der Klasse auf. Was ist neu für euch?

DAS LERNST DU:

etwas erklären • Vermutungen ausdrücken • einen Kommentar schreiben • eine Meinung äußern und begründen • ein Problem beschreiben • über persönliche Erfahrungen berichten • eine Funktion beschreiben • Bedenken äußern • Wichtigkeit ausdrücken • einen Leserbrief schreiben • einen Vortrag halten • Beispiele nennen • eigenes Interesse formulieren • Vorschläge machen • einen Text zusammenfassen • eine Diskussion führen • einen Ort beschreiben

1 WAS GIBT'S NEUES? NEUANFANG UND KOMMUNIKATION

A Erzähl mal! SPRECHEN / LESEN

A1 a Lies die Redewendungen 1–3. Was bedeuten sie? Sammle Ideen.

1. Der beste Moment, etwas Neues zu beginnen, ist jetzt.
2. Aller Anfang ist schwer.
3. Wer wagt, gewinnt.

b Sprecht zu zweit über die Ergebnisse aus **a**.

- *Mit dem Spruch ... ist gemeint, dass ...*
- *Redewendung Nummer ... heißt für mich / verstehe ich so / drückt aus, dass ...*

A2 a Schau die Bilder A – C an. Um welche neuen Situationen oder Erfahrungen im Leben könnte es hier gehen? Sprecht darüber in der Klasse.

- *In Situation A hat jemand eventuell / könnte jemand zum ersten Mal ...*
- *Ich vermute / nehme an, (dass) in Situation ...*
- *Es könnte sein, dass ...*

b Überflieg die Forumsbeiträge 1–3 und ordne die Bilder A – C aus **a** zu. Welche Vermutungen waren richtig?

> **Wann und wo habt ihr zuletzt etwas Neues angefangen?**
>
> **1 LUCA**
>
> Ich hatte schon seit Längerem vor, mir einen Job zu suchen, um meine Finanzen etwas aufzubessern. Ich hatte zuerst an Zeitungen-Austragen gedacht, aber dann habe ich zufällig erfahren, dass bei uns im Ruhr-Stadion Aushilfen am Kiosk gesucht wurden. Jetzt helfe ich an Spieltagen beim Kassieren und nehme auch Bestellungen an. Da gibt es oft schon vor
> 5 dem Spiel-Anpfiff ganz schön viel[1] zu tun, weil sich die Fans schnell noch mit Getränken und Snacks versorgen wollen. Aber ganz schlimm wird der Andrang dann in der Halbzeitpause, da muss man echt Ruhe bewahren. Am Anfang wusste ich manchmal nicht mehr, wem ich gerade das Wechselgeld zurückgeben musste. Die Leute werden auch manchmal aggressiv, wenn sie meinen, sie wären zuerst dran gewesen und ein anderer hätte sich vor-
> 10 gedrängelt. Es ist gar nicht so einfach, da immer diplomatisch und höflich zu bleiben. Aber es ist nie langweilig und nebenbei kann ich die Spiele auch noch umsonst und die Spieler alle live aus nächster Nähe sehen! ☺ Das Geld, das ich bisher verdient habe, habe ich in ein neues Handy investiert. Aber jetzt will ich auch ein bisschen sparen, denn im Sommer möchte ich einen Trip[2] nach London machen.

2 ANOUK

15 Also, ich hatte gestern eine richtige Mutprobe: Ich habe vor Kurzem den Führerschein bestanden und bin gestern zum ersten Mal allein, ohne Begleitung, gefahren. Ich war ganz schön aufgeregt und habe erst ein paarmal den Motor abgewürgt³. Es hat ein bisschen gedauert, bis er richtig angesprungen ist. Das ist mir in den Fahrstunden am Schluss eigentlich nur noch ganz selten passiert, deshalb hat es mich gestern auch furchtbar geärgert. Das
20 Rückwärtsfahren aus der Parklücke klappte dann prima, aber kurze Zeit später ist mir ein kleiner Hund vors Auto gelaufen und ich musste eine Vollbremsung machen⁴. Es ist zum Glück nichts passiert, aber ich war fix und fertig⁵ und musste erst mal kurz am Straßenrand anhalten. Der kleine Hund hatte sich auch furchtbar erschreckt, er zitterte am ganzen Körper. Ich hätte ihn mir am liebsten ins Auto geholt und ihn mitgenommen. Der Rest der
25 Fahrt verlief aber dann ganz toll und ohne Zwischenfälle. Ich war ganz stolz auf mich selbst.

3 STEVE

Hi, super Thema! Ich bin vor einem Monat von zu Hause ausgezogen und wohne jetzt zum ersten Mal ganz allein. Das Gefühl von Freiheit ist unbeschreiblich: Ich muss meiner Mutter keine Erklärungen mehr geben, wenn ich ausgehe, oder Bescheid sagen, wenn ich jemanden mitbringen will. Ich kann am Wochenende ausschlafen, so lange ich will, und die Klamotten
30 dürfen alle auf dem Stuhl herumliegen, ohne dass mir jemand vorhält, ich bin unordentlich … Allerdings muss ich mich auch erst einmal daran gewöhnen, dass ich jetzt auf mich allein gestellt und für alles selbst zuständig bin. Da habe ich natürlich weniger Bequemlichkeiten als daheim: Der Kühlschrank ist halt leer, wenn ich ihn nicht gefüllt habe, und abends kann man nicht mal eben so ins Wohnzimmer gehen und mit den Eltern quatschen⁶. Aber ich kann
35 mich auch ganz gut allein beschäftigen und finde es fantastisch, dass ich meine eigenen Entscheidungen treffen kann.

1 ganz schön viel: ziemlich viel
2 der Trip: kurze Reise
3 den Motor abwürgen: zu wenig Gas geben, sodass der Motor ausgeht
4 eine Vollbremsung machen: stark bremsen
5 fix und fertig sein (ugs.): kaputt, müde
6 quatschen (ugs.): reden

c Lies die Forumsbeiträge in b noch einmal. Welche der Fragen 1–9 treffen auf *Luca*, *Anouk* oder *Steve* zu? Die Personen können mehrmals gewählt werden.

1. Wer hatte Probleme mit der Technik?
2. Wer ist begeistert davon, alles selbst entscheiden zu können?
3. Wer plant eine Reise?
4. Für wen war die neue Erfahrung mit Angst und Mitleid verbunden?
5. Wer muss mit gestressten Leuten umgehen?
6. Wer hat in der letzten Zeit eine Prüfung gemacht?
7. Wer muss jetzt für sich selbst sorgen?
8. Wer kann regelmäßig ein Sportereignis erleben?
9. Wer hat kein Problem damit, auch mal allein zu sein?

→ AB, Ü3

A3 Aus welchen Wörtern bestehen die Nomen? Ergänze dann die Tabelle.

Wechselgeld ✶ Fußballstadion ✶ Mutprobe ✶ Fahrstunde ✶ Parklücke ✶ Straßenrand

Nomen + Nomen	Verb + Nomen
…	Wechselgeld (wechseln + Geld)

→ Grammatik, 6.1.1, S. 122

A4 Was passt zusammen? Ordne zu.

1. seine Finanzen aufbessern (Z. 1–2)
2. die Ruhe bewahren (Z. 7)
3. in etwas investieren (Z. 12–13)
4. ohne Zwischenfälle verlaufen (Z. 25)
5. jemandem etwas vorhalten (Z. 30)
6. für alles selbst zuständig sein (Z. 32)

a ruhig bleiben
b jemandem etwas vorwerfen
c alles selbst machen müssen
d Geld dazuverdienen
e für etwas Geld ausgeben
f ohne Probleme weitergehen

→ AB, Ü4–5

A5 Schau noch einmal die Sätze in A2b an und ergänze die Tabelle.

Wortstellung: Akkusativ- und Dativergänzungen im Mittelfeld					
	Position 1	Position 2	Mittelfeld		Ende
bei zwei Nomen: *Dativ vor Akkusativ*	Ich	muss	meiner Mutter	①	mehr	geben, (...) (Z. 27–28)
bei Nomen und Pronomen: *Pronomen vor Nomen*	Ich	hatte (...) vor,	②	③	-	zu suchen, (...) (Z. 1)
bei zwei Pronomen: *Akkusativ vor Dativ*	Ich	hätte	④	⑤	(...) ins Auto	geholt, (...) (Z. 24)

Merk dir: kurz vor lang.

→ AB, Ü6–7   → Grammatik, 5.1, S. 116

A6

a Lies die Aussagen 1 – 3. Wer oder was könnte mit den <u>unterstrichenen</u> Pronomen gemeint sein? Schreib Sätze und ersetze dabei mindestens eines der Pronomen durch ein Nomen.

1. Luca: Moment bitte! Ich gebe <u>es</u> <u>Ihnen</u> zurück!
2. Anouk: Ich habe <u>ihn</u> <u>dir</u> wieder auf den Tisch gelegt. Ganz sicher!
3. Steve: Ich möchte <u>sie</u> <u>euch</u> vorstellen.

1. Luca gibt dem Kunden das Geld zurück.

b Arbeitet zu zweit. Was könnten die Jugendlichen noch sagen? Überlegt euch vier weitere Aussagen mit Pronomen wie in **a**. Die anderen raten. Die Verben unten helfen euch.

anbieten × beweisen × bieten × bringen × empfehlen × erklären × erzählen × geben × leihen × sagen × schenken × schicken × schreiben × stehlen × verbieten × versprechen × zeigen × ...

→ AB, Ü8–9

B Kommunizieren wir zu viel?   HÖREN / SCHREIBEN

B1 Lies die Ankündigung einer Radiosendung. Was erfährst du über das Thema und die Studiogäste?

www.radio-youfm.de

RADIO YOU FM

▶ Montag, 21. 9., um 16 Uhr. Radio am Nachmittag – mit viel Musik, Informationen und einer Live-Gesprächsrunde: Thema heute: „**Digitale Diät**"

Nachrichten lesen und versenden, Videos ansehen, im Internet surfen. Es gibt fast nichts,
5 was man mit einem Smartphone nicht machen könnte. Das Gerät wird zum ständigen Begleiter und ist fast pausenlos im Einsatz. Am Ende bleibt die Frage: „Beherrschen wir das Smartphone oder beherrscht das Smartphone uns?"
In unserer heutigen Sendung geht es genau um dieses Thema.
Im Studio erwarten wir den Medienpädagogen Dr. Robert
10 Falke, die Lehrerin Stefanie Kärcher vom Lessing-Gymnasium in Bochum, die ihren Schülerinnen und Schülern eine „Smartphone-Diät" vorgeschlagen hat, sowie Melanie und Luca, die an dem Experiment teilgenommen und eine Woche freiwillig auf ihr Smartphone verzichtet haben.

B2 Lies die Aussagen 1 – 7. Hör dann das Interview. Was ist richtig, a, b oder c?

▶ 01
1. Abhängigkeit vom Smartphone kann man nach Ansicht von Dr. Falke vor allem …
   a an der Häufigkeit der Smartphonenutzung erkennen.
   b bei den Jugendlichen zwischen 17 und 23 Jahren feststellen.
   c daran erkennen, dass Hobbys und Kontakte reduziert werden.

2. Frau Kärcher hat ihrer Klasse die Smartphone-Diät vorgeschlagen, weil …
   a die Schüler die Geräte nicht nur in den Pausen, sondern auch im Unterricht verwendet haben.
   b sie ihre Schüler davon überzeugen wollte, dass die Geräte schädlich für sie sind.
   c sie ihren Schülern bewusst machen wollte, wie häufig sie ihr Smartphone benutzen.

3. Melanie erinnert sich am ersten Abend des Experiments daran, dass sie …
   a ihr Smartphone auch als Wecker benutzt.
   b die Hausaufgaben noch notieren muss.
   c jetzt keine Musik mehr hören kann.

4. Luca hat seinem Freund nicht Bescheid gegeben, dass er später kommen würde, weil er …
   a es vergessen hat.
   b keine öffentliche Telefonzelle gefunden hat.
   c die Telefonnummer des Freundes nicht auswendig wusste.

5. Dr. Falke ist der Meinung, dass …
   a man bei Verspätungen nicht immer gleich anrufen muss.
   b das Smartphone uns hilft, besser zu planen.
   c wir wegen des Smartphones nicht mehr so auf Pünktlichkeit achten.

6. Luca hat nach dem Experiment beschlossen, …
   a nicht mehr freiwillig auf sein Smartphone zu verzichten.
   b weniger Zeit in sein Smartphone zu investieren.
   c mehr nützliche Apps zu installieren.

7. Melanie hat mit ihren Freundinnen abgemacht, …
   a Verabredungen nicht immer nur übers Smartphone zu organisieren.
   b wieder viel mehr Sport zusammen zu machen.
   c bei wirklich wichtigen Dingen keine Nachrichten zu versenden, sondern anzurufen.

→ AB, Ü10 – 11

B3 Übers Smartphone rund um die Uhr erreichbar? Schreib einen Kommentar im Online-Gästebuch des Radiosenders (ca. 80 – 100 Wörter).

Schritt 1: Sammle Argumente dafür und dagegen.

pro	kontra
immer informiert sein	stört beim Lernen

Schritt 2: Schreib einen Kommentar und geh dabei auf die verschiedenen Argumente ein.

- Ein wichtiger Vorteil (von …) ist, dass …
- Ein weiteres Argument dafür ist, dass …
- Dafür spricht auch die Tatsache, dass …
- Ein wichtiges Argument dagegen ist …
- Eine große Gefahr besteht allerdings (auch) darin, dass …
- Dagegen spricht auch, dass …

Schritt 3: Schreib am Ende deine eigene Meinung und zieh ein Fazit.

- Ich selbst stehe auf dem Standpunkt, dass …
- Ich selbst denke, dass in dieser Frage die Vorteile / Nachteile überwiegen.
- Es stimmt zwar, dass … Aber entscheidender ist für mich das Argument, dass …
- Als Fazit kann man festhalten, dass … / Insgesamt zeigt sich, dass …

→ AB, Ü12

C Neue Formen der Kommunikation — LESEN / SPRECHEN

C1 Lies Lucas Eintrag im Schülerforum und schau die Emojis A – F an. Was ist sein Problem? Beantworte dann seine Frage. Die Wörter im Auswahlkasten und die Redemittel helfen dir.

Verwendung von Emojis

Luca: Ich verwende gern Emojis, aber nicht jeder versteht sie so, wie ich sie meine. Mich würde mal interessieren: Wann und wie verwendet ihr diese Emojis?

A Gesicht mit den Freudentränen
B rotes Gesicht
C Gesicht mit dem breiten Grinsen
D Gesicht mit den hochgezogenen Augenbrauen
E Gesicht mit den herzförmigen Augen
F Gesicht mit dem kalten Schweiß

erleichtert sein × verliebt sein × sich freuen × sich schämen × verwundert sein × frustriert sein
begeistert sein × enttäuscht sein × unzufrieden sein × glücklich sein × wütend sein …

- Lucas Problem ist, dass …
- Das Gesicht mit … verwende ich, wenn …
- Wenn ich verwundert /… bin, verwende ich …

→ AB, Ü13

C2 Lies die Fragen 1 und 2. Lies dann den Online-Zeitschriftenartikel und antworte.

1. Welche Informationen findest du zu diesen Jahreszahlen?

   A 1962   B 1972   C 1982   D heute

   1962: H. Ball entwirft …

2. Welche Gründe nennt der Autor für die Missverständnisse bei der Verwendung von Emojis?

Die Geschichte der Emojis

Klingeling! Eine neue Nachricht ist angekommen: ein rundes lachendes Gesicht mit Freudentränen. Die kleinen bunten Bildchen sind aus der digitalen Kommunikation nicht mehr wegzudenken. Kaum eine Nachricht wird versendet, bei der sie nicht an irgendeiner Stelle stehen.

Angefangen hatte alles mit einem gelben Kreis mit zwei ovalen Augen und
5 einem Schmunzeln, dem Smiley. Den hatte der Werbegrafiker Harvey Ball 1962 für eine amerikanische Versicherung entworfen, die bei ihren Mitarbeitern für gute Laune sorgen wollte. Balls Entwurf war in weniger als zehn Minuten fertig. Mit seiner Erfindung ist er allerdings nicht reich geworden, denn er hatte damals nicht an das Copyright gedacht.
10 Das tat dann zehn Jahre später Franklin Loufrani, der für eine französische Zeitung arbeitete. Der Besitzer der Zeitung wollte seinen Lesern zeigen, dass es bei ihm nicht nur negative Nachrichten gab. Loufrani schlug ihm vor, die guten Nachrichten mit einem Smiley zu kennzeichnen. Er veränderte Balls Figur an einigen Stellen ein wenig, gab ihr den Namen „Smiley" und beantragte das Copyright. Von da an war der Smiley nicht mehr kostenfrei, denn
15 jeder, der ab jetzt den Smiley abdrucken wollte, musste Lizenzgebühren bezahlen. Damit wurde Loufrani zum Multimillionär. Ob Balls und Loufranis Figur das Vorbild für den digitalen Smiley war? Sein Erfinder, der amerikanische Professor für Informatik Scott Fahlman, verschickte ihn zum ersten Mal am 19. September 1982. Fahlman hatte festgestellt, dass er in Online-Foren oft missverstanden wurde, wenn er etwas
20 ironisch meinte, denn die Leser erkannten die Ironie meistens nicht. So kam er auf die Idee, das Zeichen :-) an Beiträge anzufügen, die witzig gemeint waren, und ernste oder traurige Beiträge mit dem Symbol :-(zu kennzeichnen.

Auch der digitale Smiley wurde schnell zum Erfolg, und zu den beiden Anfangssymbolen sind viele weitere Figuren und Piktogramme dazugekommen, vor allem aus Japan. Man bezeichnet deshalb alle diese Bildchen inzwischen mit dem japanischen Namen: Emojis. Das bedeutet so viel wie „Bild und Schrift".

Emojis drücken nicht nur Gefühle und Stimmungen aus, sie illustrieren auch Texte oder können sie sogar ersetzen. So kann man statt der Textnachricht „Alles Gute zum Geburtstag!" einfach wortlos die Torte mit den Kerzen, die Partytüte oder das Feuerwerk verschicken.

30 Die Auswahl an Bildchen ist riesengroß und es kommen immer mehr dazu. Und schon wird es wieder missverständlich, denn nicht alle Bildchen sind eindeutig zu interpretieren. Viele Emoji-Nutzer verwenden das Gesicht mit dem breiten Grinsen zum Beispiel nicht als Zeichen, dass ihnen etwas unangenehm oder peinlich ist, sondern als Ausdruck von Freude. Der Grund dafür: Das Emoji wird nicht auf allen Plattformen

35 identisch dargestellt. Und auch kulturelle Unterschiede spielen eine wichtige Rolle: Während Japaner zum Beispiel die beiden zusammengelegten Hände als Gruß interpretieren, sehen andere Kulturen sie als religiöse Geste. Andere wiederum können das Bild nicht verstehen.

* das Copyright: das Recht, als Einziger ein Buch, ein Bild, einen Film, ein Zeichen usw. herstellen und verkaufen zu dürfen. Das Zeichen für das Copyright ist ©.

C3 Lies die Sätze und negiere die unterstrichenen Satzteile. Schreib die Sätze neu und vergleiche deine Ergebnisse mit den Sätzen in C2.

Wortstellung: Position von nicht im Satz		
Negation des ganzen Satzes	am Ende des Satzes	Die Leser erkannten die Ironie meistens. *(Z. 20)* Die Leser erkannten die Ironie meistens nicht.
	vor der rechten Satzklammer	Andere wiederum können das Bild verstehen. *(Z. 37)* ①
	vor Präpositionalergänzungen	Er hatte damals an das Copyright gedacht. *(Z. 8–9)* ②
	vor Adverbialergänzungen (lokal)	(…) bei der sie an irgendeiner Stelle stehen. *(Z. 3)* ③
	vor Adjektiven + sein/werden/ bleiben/nennen/heißen …	(…) ist er allerdings reich geworden. *(Z. 8)* ④
Negation eines Satzteils	vor dem Satzteil, der negiert wird	(…) dass es bei ihm nur negative Nachrichten gab. *(Z. 11–12)* ⑤

→ Grammatik, 5.3, S. 117

C4 Such im Text in C2 das Gegenteil der Adjektive und ergänze. Was haben die Adjektive aus dem Text gemeinsam? Besprecht in der Gruppe.

kostenpflichtig *(Z. 14)* • verständlich *(Z. 31)* • wortreich *(Z. 29)* • angenehm *(Z. 33)*

→ Grammatik, 6.2.3, S. 124

C5 Stellt ein Emoji vor.

Schritt 1: Arbeitet zu dritt. Wählt ein Emoji aus und zeichnet es auf einem extra Zettel. Ihr könnt auch eins erfinden. Macht dann Notizen zur Funktion und zu möglichen Missverständnissen.

Schritt 2: Hängt eure Zeichnungen in der Klasse auf. Sammelt dann die Notizzettel ein und verteilt sie neu.

Schritt 3: Beschreibt die Emojis mithilfe des Notizzettels. Die anderen erraten das Emoji.

- Dieses Emoji ist ein Symbol für …
- Es eignet sich auch gut, um … zu …
- Man kann es auch als … einsetzen / verwenden / …
- Aber Vorsicht: Man kann das Emoji nicht als … verwenden.
- Es könnte als … missverstanden werden.
- … könnte zu Schwierigkeiten führen.

2 LEBENSWELTEN — MENSCHEN UND BEZIEHUNGEN

A   Jugendliche heute
LESEN / SCHREIBEN

A1 Schau die Bilder A – D an und lies die Bildunterschriften. Was ist für dich im Leben am wichtigsten? Was ist dir weniger wichtig? Mach Notizen.

A Freundschaften schließen und pflegen

B sich politisch oder sozial engagieren

C schulisch oder beruflich erfolgreich sein

D eine Familie gründen

→ AB, Ü3
- Entscheidend ist für mich, dass ich ...
- Ich möchte unbedingt / vor allem / ...
- Ich halte es für weniger wichtig, ... zu ...

A2 Lies den Zeitschriftenartikel. Wer hat Verständnis für die Jugend, wer sieht sie eher kritisch?

UNSERE AKTUELLE UMFRAGE
WIE SEHEN SIE DIE JUGENDLICHEN VON HEUTE?

1 Kerstin P. (57): Ich finde die junge Generation ein bisschen zu pragmatisch und angepasst. Sie sind sehr ehrgeizig und lernen in der Schule viel, aber nur weil sie gute Noten wollen. Sie wählen ihr Studienfach nicht aus Interesse, sondern weil sie sich davon gute Berufsaussichten
5 versprechen. Ihr Ziel ist es, später mal möglichst viel Geld zu verdienen und einen hohen Lebensstandard zu haben. Aber die Jugend ist doch die Zeit, in der man rebellisch sein und etwas Neues ausprobieren sollte. Die Jugendlichen sind so unpolitisch und hinterfragen viel zu wenig. Politik, Gesellschaft, Umwelt – diese Themen sind vielen gleich-
10 gültig. Ihre erste Priorität ist ihr kleines privates Glück, nach dem Motto: meine Familie, mein Haus, mein Auto.

2 Jochen K. (72): Die Jugend von heute hat es nicht leicht. Ich wäre heute nicht mehr gern jung. Die Schulen und Unis sind ja die reinsten Lernfabriken. Die Schüler gehen den ganzen Tag zur Schule und am Abend
15 müssen sie noch lernen und sich auf Klausuren vorbereiten. Für Freunde und Sport bleibt da kaum Zeit, ganz zu schweigen von sozialem oder politischem Engagement. Und dann kritisieren wir Älteren, dass junge Menschen heute zu unpolitisch und zu wenig engagiert sind. Aber das zeigt doch nur, dass die ältere Generation ihre eigene Jugendzeit be-
20 schönigt. Wir hatten zwar früher ein bisschen mehr Zeit. Aber bei uns war es den meisten auch wichtiger, Spaß zu haben, auszugehen und in den Urlaub zu fahren, als bei politischen Demos[1] mitzumarschieren. Das muss man ehrlicherweise auch mal sagen.

3 **Gabriele W. (66):** Ich möchte ja eigentlich nicht so gern über die Jugend von heute lamentieren². Aber ich habe neulich einen Bericht über junge Leute gelesen, die nach der Schule orientierungslos sind und überhaupt nicht wissen, was sie machen sollen. Sie hängen in der Luft³, weil sie so viele Möglichkeiten haben und sich nicht entscheiden können. Es wurde ihnen ja schon früh vermittelt, wie wichtig es ist, dass sie sich selbst verwirklichen und ihre Fantasie und Kreativität entwickeln. Wenn es dann darum geht, einen Beruf zu wählen, stehen sie da und sind von so viel Freiheit und all diesen Optionen überfordert. Diese Orientierungslosigkeit erstaunt mich schon. Man muss doch irgendwann wissen, was man will und wie es beruflich weitergehen soll.

4 **Thomas H. (63):** Den Jugendlichen geht es meiner Meinung nach heutzutage viel zu gut. Sie haben zu viel Freizeit, viel Geld und müssen keine Verantwortung übernehmen. Das ist eine überbehütete Generation, der die Eltern alles abgenommen haben. Wir mussten früher noch richtig was leisten und uns anstrengen, um etwas zu erreichen. Aber die Jungen erwarten, dass ihnen alles in den Schoß fällt⁴. Das ist das Ergebnis ihrer Erziehung. Es wurde ihnen immer vermittelt, dass es am wichtigsten ist, dass sie glücklich sind. Es wurde ihnen gesagt, wie toll und einzigartig sie sind, egal was sie gemacht haben. Wer so aufwächst, ist nicht für das Leben gerüstet.

1 Demo: kurz für „Demonstration"
2 lamentieren (ugs.): jammern, klagen
3 jemand hängt in der Luft (ugs.): jemand ist unsicher und kann sich nicht entscheiden
4 jemandem fällt alles in den Schoß (ugs.): Jemand bekommt etwas, ohne dass er sich dafür anstrengen muss.

A3 Lies die Aussagen 1 – 8. Lies dann den Zeitschriftenartikel in A2 noch einmal. Welche Aussage passt zu welcher Person?

1. Manche Jugendlichen haben Probleme, sich zu entscheiden, weil es zu viele Möglichkeiten gibt.
2. Die Jugendlichen strengen sich nur an, wenn sie einen Vorteil darin sehen.
3. Die Jugendlichen haben heutzutage wegen der Schule kaum mehr Zeit für andere Aktivitäten.
4. Die Jugend ist unkritisch und nicht an gesellschaftlichen Problemen interessiert.
5. Die Eltern haben ihre Kinder zu sehr verwöhnt und zu wenig kritisiert.
6. Den Jugendlichen wird gesagt, sie sollen sich vor allem selbst verwirklichen.
7. Die Kinder wachsen mit dem Bewusstsein auf, dass sie sich nicht anstrengen müssen.
8. Ältere Menschen, die die Jungen heute kritisieren, sind oft zu wenig selbstkritisch.

A4 Such die folgenden Adjektive im Text in A2. Sind sie für die Befragten eher positiv oder eher negativ? Vergleiche dann mit deiner Partnerin / deinem Partner.

pragmatisch (Z. 1–2) • angepasst (Z. 2) • ehrgeizig (Z. 2) • rebellisch (Z. 7) •
unpolitisch (Z. 8) • gleichgültig (Z. 9–10) • orientierungslos (Z. 26) • überfordert (Z. 32) •
überbehütet (Z. 37) • einzigartig (Z. 42)

AB, Ü4–7

A5 Schreib einen Leserbrief (80 – 100 Wörter).

Schritt 1: Schau deine Antworten in A1 noch einmal an. Überleg dann, welche Argumente aus A2 dich überzeugen und welche nicht. Nenne jeweils drei Argumente. Mach Notizen.

Schritt 2: Schreib den Leserbrief.

• *Sehr geehrte Damen und Herren,*
• *in Ihrem Zeitschriftenartikel berichten Sie über …*
• *Ihr Artikel „…" spricht ein interessantes / wichtiges Thema an. Dazu möchte ich gern Stellung nehmen.*
• *Das Argument von Herrn / Frau … halte ich für übertrieben / richtig / falsch.*
• *Ich bezweifle, dass …*
• *Es stimmt sicherlich, dass …*
• *Mit freundlichen Grüßen*

AB, Ü8

15 | Modul 1

B Vorbild oder Idol?

HÖREN / SPRECHEN

B1 Arbeitet zu zweit. Lest die Forumsbeiträge: Welche Aspekte zum Thema *Vorbild* werden genannt? Macht Notizen.

A. Rolle der Medien / sozialen Netzwerke und Stars

Schüler helfen Schülern

	LUCA	Hallo Leute, ich muss einen Kurzvortrag zum Thema *Vorbilder* halten. Dazu möchte ich mir die Frage stellen: Brauchen Jugendliche Vorbilder? Wer kann mir Tipps geben? Welche Aspekte sollte ich berücksichtigen?
A	ALIA	Ich habe auch schon so einen Vortrag gehalten … Wichtig finde ich die Frage, welche Rolle die Medien, also vor allem die sozialen Netzwerke und die Stars spielen.
B	MARKUS	Und wie beantwortest du die Frage für dich? Das wäre sicher auch interessant für deine Zuhörer. ☺
C	KERSTIN	Ich denke, du solltest unbedingt auch etwas dazu sagen, wo – also in welchen Bereichen – sich Jugendliche vor allem ihre Vorbilder suchen.
D	TAREK	Das musste ich auch schon machen ☺. Dazu gibt es eine ganz hilfreiche Studie, hier ist der Link dazu.
E	SOPHIA	Ich finde, es hängt ja auch vom Alter der Jugendlichen ab. Ändert sich da nicht etwas, je älter man wird?
F	ANTONIA	Das Thema finde ich spannend. Ich würde mir auch die Frage stellen: Können auch Stars Vorbilder sein? Wenn ich so sehe, wie sich manche Teenies für Stars begeistern, ja sie richtig idealisieren, oje! Ob Idole so gut sind?
G	BASTI	Beispiele sind wichtig, oder? Dann versteht man das Thema auch besser.

B2

a Hört dann Lucas Kurzvortrag. In welcher Reihenfolge geht er auf die Aspekte in B1 ein? Nummeriert die Notizen auf eurem Zettel.

▶ 02

b Lies die Aussagen 1 – 6. Hör dann Lucas Kurzvortrag noch einmal. Was ist richtig, **a** oder **b**?

▶ 02

1. Im Vergleich zum Ende des 20. Jahrhunderts …
   a nahm die Zahl der Jugendlichen, die ein Vorbild haben, zu.
   b ging die Zahl der Jugendlichen, die ein Vorbild haben, zurück.

2. Die Jugendlichen …
   a schwärmen immer mehr für Filme.
   b sind dank der sozialen Netzwerke immer mit ihren Stars verbunden.

3. Jugendliche können vor Begeisterung für die Welt der Stars …
   a ihre Illusionen verlieren.
   b die Orientierung im eigenen Leben verlieren.

4. Je älter Jugendliche werden, desto häufiger haben sie …
   a andere Vorbilder als die Stars aus den Medien.
   b Vorbilder aus den Bereichen Sport, Musik und Film.

5. Viele ältere Jugendliche …
   a sind ehrlich und hilfsbereit, weil sie für ihre eigenen Kinder mal Vorbilder sein möchten.
   b nehmen sich Menschen aus dem sozialen Bereich zum Vorbild.

6. Aufgrund seiner Auseinandersetzung mit dem Thema *Vorbilder* …
   a möchte Luca selbst zum Vorbild für andere werden und als Arzt in Afrika arbeiten.
   b hat Luca gemerkt, wie wichtig Vorbilder für die eigene Orientierung sind.

→ AB, Ü9

B3 Lies die Sätze in der linken Spalte und dann den jeweiligen Satz in der rechten Spalte. Welche Präposition passt? Vergleiche deine Ergebnisse mit den Sätzen in B2b.

Kausalsätze (Begründungen) Konjunktionen	Präpositionen aufgrund + Genitiv, aus/vor + Dativ, dank + Dativ/Genitiv
Die Jugendlichen sind immer mit ihren Stars verbunden, weil sie sie permanent in den sozialen Netzwerken verfolgen.	Die Jugendlichen sind dank der sozialen Netzwerke immer mit ihren Stars verbunden.
Viele ältere Jugendliche nehmen sich Menschen aus dem sozialen Bereich zum Vorbild, da sie Respekt vor ihrer Leistung haben.	Viele ältere Jugendliche nehmen sich Menschen aus dem sozialen Bereich ① Respekt vor ihrer Leistung zum Vorbild.
Adverbien	
Luca hat sich mit dem Thema *Vorbilder* auseinandergesetzt, deshalb hat er gemerkt, wie wichtig Vorbilder für die eigene Orientierung sind.	② seiner Auseinandersetzung mit dem Thema *Vorbilder* hat Luca gemerkt, wie wichtig Vorbilder für die eigene Orientierung sind.
Die Jugendlichen begeistern sich für die Welt der Stars, deswegen können sie die Orientierung im eigenen Leben verlieren.	Die Jugendlichen können ③ Begeisterung für die Welt der Stars die Orientierung im eigenen Leben verlieren.

→ AB, Ü10   → Grammatik, 3.3, S. 112 und 5.4.3, S. 118

Du kennst auch die Adverbien *daher*, *darum* und die Präposition *wegen* + Genitiv.

B4 Formuliere die Sätze 1–4 um. Verwende die vorgegebenen Wörter in der richtigen Form.

1. Philipp Lahm interessiert sich für sozial benachteiligte Kinder in Deutschland und Südafrika. Deshalb hat er 2007 eine Stiftung gegründet. *(aus, Interesse)*
2. Da Philipp Lahm die Kinder unterstützt, können sie Ausflüge zu Fußballspielen machen und an Turnieren teilnehmen. *(aufgrund, seine Unterstützung)*
3. Philipp Lahm ist sehr populär. Deswegen kann er andere Menschen auf die Probleme benachteiligter Kinder aufmerksam machen. *(dank, seine Popularität)*
4. Die Kinder lachen, denn sie sind sehr stolz darauf, dass sie mit Philipp Lahm ein Foto machen dürfen. *(vor, Stolz)*

→ AB, Ü11–12

B5 Halte einen Kurzvortrag zum Thema *Vorbilder*.

Schritt 1: Such dir ein Vorbild und mach Notizen: Wer ist das? Was hat sie/er gemacht? Warum ist sie/er ein Vorbild für dich? Ist sie/er ein echtes Vorbild oder eher ein Idol? Bring dann deine Notizen in eine logische Reihenfolge.

Schritt 2: Such dir passende Redemittel aus und schreib sie zu deinen Notizen.

einen Vortrag einleiten:
- *Das Thema meines Kurzvortrags lautet …*
- *Ich habe einen Kurzvortrag zum Thema … vorbereitet.*

eigenes Interesse formulieren:
- *Interessant fand ich (die Information), dass …*
- *Für mich persönlich ist … interessant, weil …*

einen Vortrag strukturieren:
- *Ich beginne nun mit …*
- *Als Nächstes möchte ich …*
- *Dann komme ich zu meinem zweiten / … / letzten Punkt.*

einen Vortrag beenden:
- *Jetzt bin ich am Schluss meines Kurzvortrags.*
- *Und mein Fazit (zu diesem Thema) ist: …*

Beispiele nennen:
- *Das möchte ich mit einem Beispiel deutlich machen: …*
- *Dafür habe ich folgendes Beispiel: …*

Du kannst deinen Vortrag auch aufnehmen und deinen Text und deine Aussprache überarbeiten. Achte dabei unbedingt auf die Zeit.

→ AB, Ü13–14   **Schritt 3:** Halte nun deinen Kurzvortrag. Du hast 3–4 Minuten Zeit.

C Barriere(frei)

LESEN / SPRECHEN

C1 a Schau das Bild an und lies die Bildunterschrift. Lies dann Maikes Aussagen a – h. Was ist oder wäre aus Maikes Sicht positiv, was negativ?

a Ich komme meistens ohne Hilfe zurecht.

b Ich fühle mich manchmal bevormundet.

c Vieles ist schon rollstuhlgerecht.

d Behinderte Menschen sollen ganz normal am Leben teilhaben können.

e Die Leute nehmen mich oft nicht als Menschen wahr, sondern als Behinderte.

f Behinderte Menschen werden immer noch ausgeschlossen.

g Es gibt viele Hindernisse für mich.

h Wichtig ist, nicht auf andere Leute angewiesen zu sein.

Maike Sämann ist 19 Jahre alt, studiert Kommunikationswissenschaft, schreibt einen Blog und sitzt seit ihrer Kindheit im Rollstuhl, weil sie querschnittsgelähmt ist.

b Lies Maikes Blogeintrag. Bring dann die Aussagen a – h aus a in die richtige Reihenfolge.

www.maikesblog.de

Alltag | Schule | Freunde | Urlaub | Bücher

Barriere(frei)

Tagsüber bin ich meistens an der Uni und in meiner Freizeit gehe ich – wie viele andere junge Menschen auch – in Cafés, shoppen oder zu irgendwelchen Veranstaltungen. Aber was ich auch immer mache oder wohin ich gehe, meine Behinderung begleitet mich. Denn ich sitze seit meiner Kindheit im Rollstuhl. Das bedeutet, jede Treppe oder Stufe ist für mich ein Hindernis. Es ist schwierig, in einen Bus einzusteigen.
5 Ich kann nicht in jedes Lokal gehen, in das ich gern gehen würde. Denn oft gibt es Treppen oder die Toiletten sind im Keller. Es gibt inzwischen aufgrund der Bauvorschriften in meiner Umgebung aber auch viele Bereiche, die rollstuhlgerecht sind: Die neuen Straßenbahnen sind z. B. so konstruiert, dass man gut einsteigen kann und in den meisten öffentlichen Gebäuden wie z. B. Ämtern oder an der Uni komme ich meistens wegen der Aufzüge und Rampen ohne fremde Hilfe zurecht. Es ist mir sehr wichtig, unterwegs
10 nicht auf andere Leute angewiesen zu sein. Das ist manchmal ein bisschen mühsamer und ich brauche länger, als wenn mir jemand hilft. Aber daran bin ich gewöhnt.
Mich stört viel mehr, dass die Leute mich oft nicht als Mensch wahrnehmen, sondern nur meine Behinderung sehen. Für mich ist es normal, im Rollstuhl zu sitzen. Aber viele Mitmenschen benehmen sich völlig anders, wenn ihnen jemand im Rollstuhl begegnet. Manche Leute sind überfreundlich oder aber
15 sie bemitleiden mich. Fremde Menschen sprechen mich manchmal vor Bewunderung überraschend auf der Straße an und sagen Sätze wie z. B.: „Toll, wie Sie Ihr Schicksal meistern. Ich könnte das nicht." Das finde ich übergriffig. Manche schieben meinen Rollstuhl einfach ohne mich zu fragen. Da fühle ich mich bevormundet. Andererseits verstehe ich auch, dass Menschen nicht damit umgehen können, wenn sie noch nie jemand mit Behinderung in ihrem näheren Umfeld hatten.

20 Menschen mit offensichtlicher Behinderung gehören nämlich nicht zum normalen Bild im öffentlichen Alltag – und das obwohl laut Statistik in Deutschland jeder Achte mit Behinderung lebt. Aber sie sind im Alltag kaum sichtbar. Behinderung sollte nicht als individuelles Problem angesehen werden, sondern als gesellschaftliches. Es ist die Aufgabe der Allgemeinheit, etwas dafür zu tun, dass behinderte Menschen, wie alle anderen auch, ein normales Leben führen können und nicht ausgeschlossen werden. Es hilft
25 nicht, behinderte Menschen zu bedauern. Die Gesellschaft sollte sich lieber darum bemühen, Barrieren aus dem Weg zu schaffen, damit alle am Leben teilhaben können und nicht diskriminiert werden. Denn auch Menschen mit Behinderung sind Teil dieser Gesellschaft.

c Lies Maikes Blogeintrag noch einmal. Nenne, wenn möglich, Beispiele zu den Aussagen aus **a**.

a) Neue Straßenbahnen sind so, dass man gut einsteigen kann, …

AB, Ü15–17

C2 Wie heißt der Satz? Ergänze. Vergleiche dann mit Zeile 15–16 in **C1b**.

überraschend ・ manchmal ・ auf der Straße ・ vor Bewunderung

Wortstellung: Angaben im Mittelfeld

Position 1	Position 2	Mittelfeld				Ende
		temporal (wann? wie oft?)	kausal (warum?)	modal (wie?)	lokal (wo? woher? wohin?)	
Fremde Menschen	sprechen	mich	manchmal	①	②	③	an.

→ Grammatik, 5.2, S. 116

Die häufigste Reihenfolge im Mittelfeld ist: **te**mporal, **ka**usal, **mo**dal, **lo**kal. Merk dir *tekamolo*!

AB, Ü18

C3 Lies die Sätze 1–6. Ergänze jeden Satz mit mindestens zwei Informationen. Du kannst auch eigene Beispiele finden.

allein ・ mit Freunden / der Familie / … ・ wegen der Stufen / der Leute / des Regens / des Schnees / … ・ im Winter / Sommer / … ・ aufgrund einer Störung / Verspätung / … ・ ohne Hilfe ・ im Sportzentrum / im Kaufhaus / in der Schule / in der U-Bahn / … ・ dank seiner / ihrer Mitschüler / … ・ jeden / nächsten Montag / … ・ auf vereisten Gehwegen ・ dieses / letztes / seit letztem Jahr

1. Patrick kann ins Kino gehen.
2. Finn kann nicht mit der Straßenbahn fahren.
3. Die Erich-Kästner-Schule hat eine Rollstuhlrampe gebaut.
4. Maria hat Probleme, mit ihrem Rollstuhl zu fahren.
5. Der Aufzug funktioniert nicht.
6. Kilian geht zum Rollstuhlbasketball.

AB, Ü19–20

C4 Welche Hindernisse siehst du auf deinem Schulweg / in deiner Schule für Rollstuhlfahrer? Was müsste getan werden? Mach Notizen und präsentiere deine Vorschläge in der Klasse.

• *Stufen in meinem Haus → Aufzug oder Rampe einbauen*
• *kein Platz für Rollstuhl in öffentlichen Verkehrsmitteln → größere Bereiche für Rollstühle einrichten*
• *Schränke in der Schule schwer erreichbar → niedriger bauen*

• Für viele ist es problematisch, wenn …
• … macht vielen (große) Schwierigkeiten.
• … ist / sind ein großes Problem.
• Man müsste als Erstes / vor allem / natürlich …
• Ich würde … gut finden, weil …
• Es wäre sinnvoll / nützlich / praktisch / besser, wenn …
• … wäre(n) auch denkbar / vorstellbar / eine Möglichkeit.

AB, Ü21

3 FREMD UND VERTRAUT — HEIMAT UND MIGRATION

A Besondere Momente — SPRECHEN

A1 **a** Schau die Bilder A – F an und lies die Bildunterschriften. Wie sind diese Situationen für dich? Ordne sie spontan auf einer Skala von 1 (= sehr fremd) bis 6 (= sehr vertraut) ein.

A auf einem Berggipfel
B im Fußballstadion
C im Stau
D allein im Wald
E im Kino
F auf der Bühne

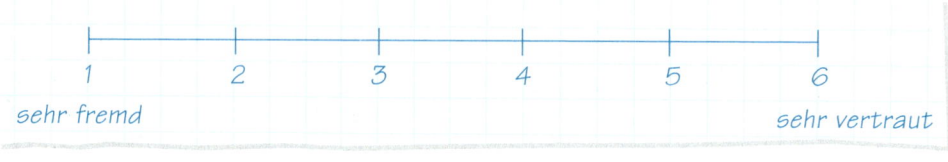

1 sehr fremd — 2 — 3 — 4 — 5 — 6 sehr vertraut

b Lies die Adjektive. Wie fühlst du dich bzw. würdest du dich in diesen Situationen fühlen? Warum? Du kannst auch andere Adjektive nehmen. Mach Notizen.

> einsam   entspannt   gestresst   aufgeregt   nervös   verängstigt
> unsicher   sicher   verloren   ängstlich   glücklich   …

Bild A: entspannt, glücklich, da schöne Natur, Gefühl von Freiheit, …

c Sprecht zu zweit über die Ergebnisse aus b.

- *Auf einem Berggipfel / … wäre ich wahrscheinlich sehr …*
- *Wenn ich auf einem Berggipfel / … wäre, würde ich mich möglicherweise sehr … fühlen, weil …*
- *Ich könnte mir gut vorstellen, dass ich mich auf einem Berggipfel / … sehr … fühlen würde, denn …*
- *Im Kino / … fühle ich mich oft / …, da …*
- *Wenn ich im Kino / … bin, bin ich manchmal sehr …*

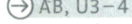 AB, Ü3–4

B „Heimat ist ..."

LESEN / SCHREIBEN

B1 Was bedeutet für dich Heimat? Mach Notizen und präsentiere sie in der Klasse.

Heimat ist ...

B2 a Überflieg den Zeitschriftenartikel. Was ist das Thema?

PORTRÄTS

1 LUCA MARINO
geboren 2000 in Bochum, steht kurz vor seinem Abitur. Er ist zweisprachig (Deutsch und Italienisch) und interessiert sich für Fremdsprachen.

Leider gibt es keinen Plural von „Heimat". Kann man
5 wirklich nur eine Heimat haben? Diese Frage stelle ich mir sehr oft.
Mein Vater ist Italiener, aber er ist in Dortmund geboren. Seine Eltern sind 1964 aus Sizilien, in Italien, nach Deutschland gekommen, um hier zu
10 arbeiten. Sie sind dann aber später wieder zurückgegangen. Meine Mutter ist auch Italienerin. Mein Vater und sie haben sich während des Studiums in Dortmund kennengelernt und sie sind dann gemeinsam nach Bochum gezogen.
15 Zu Hause sprechen wir fast ausschließlich Italienisch. Für meine Eltern und auch für mich ist Italienisch unsere Familiensprache, die Sprache unserer Herkunft. Da fühlen wir uns vertraut und zu Hause. Aber gleichzeitig ist Bochum mein Zuhause. Hier
20 bin ich aufgewachsen, gehe zur Schule, habe meine Freunde und hier werde ich nach dem Abitur studieren. Außerhalb der Familie spreche ich Deutsch. Ich lese, schreibe, diskutiere auf Deutsch. Ich denke auch auf Deutsch.
25 Aber wenn wir dann zu Besuch bei den Großeltern in Italien sind, dann liebe und genieße ich die Vertrautheit und den Klang der italienischen Sprache. Es ist eben so: Ich habe einfach doch zwei „Heimaten".

2 NAVID KERMANI
30 deutscher Schriftsteller, wurde 1967 in Siegen geboren und lebt heute in Köln. Seine Eltern kamen 1959 aus dem Iran nach Deutschland. (Mehr zur Person und zum Werk Kermanis auf S. 28)

„Meine Heimat ist nicht Deutschland. Sie ist mehr
35 als Deutschland: Meine Heimat ist Köln geworden. Meine Heimat ist das gesprochene Persisch und das geschriebene Deutsch. Wenn ich im Ausland bin, fühle ich mich sofort unter Landsleuten, wenn ich Persisch höre – nicht wenn ich Deutsch höre. Aber
40 das erste, was ich tue, ist zu schauen, wo es eine deutsche Zeitung gibt. Ich vermeide, soweit es geht, jede fremdsprachige Lektüre, weil ich für mein Leben gern gutes Deutsch lese. Etwas auf Englisch oder Persisch zu lesen, ist mir niemals Vergnügen,
45 auch wenn ich es verstehe. Schreiben gar will ich nur auf Deutsch, in dieser Hinsicht bin ich ein regelrechter Nationalist. Als Wissenschaftler werde ich immer wieder angehalten, auf Englisch zu veröffentlichen. Ich kenne keinen Wissenschaftler,
50 der so halsstarrig wie ich darauf beharrt, auf Deutsch zu schreiben. Die geschriebene deutsche Sprache ist meine Heimat; nur sie atme ich, nur in ihr kann ich sagen, was ich zu sagen habe. Aber nur die geschriebene Sprache. Mit meinen Kindern
55 sprach ich vom ersten Augenblick an, ohne darüber nachgedacht zu haben, Persisch. Mit der gesprochenen deutschen Sprache verbinde ich nicht Gefühle der Vertrautheit, Wärme, Geborgenheit, ich spreche Deutsch auch viel zu schnell. Ich fühle mich nicht
60 wohl darin. Wenn ich dagegen Persisch höre, fühle ich mich zuhause. Zwar beherrsche ich es weiß Gott nicht perfekt – aber es ist nun einmal meine Muttersprache."

Navid Kermani, Wer ist Wir? Deutschland und seine Muslime, C. H. Beck Verlag, München 2009, S. 136

3

b Lies die Fragen 1 – 4. Lies dann den Text 1 in a noch einmal und antworte.
1. Was erfährst du über Lucas Familie?
2. In welchen Situationen spricht Luca Italienisch bzw. Deutsch?
3. Was verbindet Luca mit Italienisch bzw. Deutsch?
4. Was bedeutet „Heimat" für Luca?

c Lies Text 2 in a noch einmal. Wie beurteilt Navid Kermani folgende Situationen 1 – 5 für sich: positiv ☺ oder negativ / skeptisch ☹? Vergleicht eure Ergebnisse in der Klasse.
1. Persisch im Ausland hören
2. das Lesen von Büchern in englischer oder persischer Sprache
3. auf Englisch veröffentlichen
4. auf Deutsch schreiben
5. auf Deutsch sprechen

B3 Lies die Aussagen 1 – 5 noch einmal. Was bedeuten die kursiven Ausdrücke? Vergleiche mit den passenden Textstellen in Text 2 in B2a und notiere.
1. Wenn ich im Ausland bin, fühle ich mich sofort *wie zu Hause*, wenn ich Persisch höre. *(Z. 37–39)*
2. Ich vermeide, soweit es geht, *Texte in anderen Sprachen zu lesen*, weil ich wahnsinnig gern gutes Deutsch lese. *(Z. 41–43)*
3. Schreiben gar will ich nur auf Deutsch, *was dieses Thema betrifft*, bin ich ein richtiger Nationalist. *(Z. 45–47)*
4. Ich kenne keinen Wissenschaftler, *der wie ich so sehr fordert*, auf Deutsch zu schreiben. *(Z. 49–51)*
5. Zwar *kann ich Persisch nicht so gut*, aber es ist nun mal *die erste Sprache, die ich in meiner Kindheit gelernt habe*. *(Z. 61–63)*

→ AB, Ü5–6

B4 a Suche in den Texten in B2a Wörter zur Wortfamilie *sprechen* und ergänze das Wörternetz. Du kannst auch mit dem Wörterbuch arbeiten.

Lern Wörter in Wortfamilien.

b Arbeitet zu zweit und erklärt euch die Wörter gegenseitig.

B5 Fasse die Texte 1 und 2 aus B2a zusammen.

Schritt 1: Lies noch einmal die Texte 1 und 2 in B2a und die Aufgaben dazu.

Schritt 2: Schreib eine Zusammenfassung der Texte 1 und 2. Die Fragen 1–3 helfen dir.
1. Worum geht es in den Texten?
2. Was ist für Luca und Navid Kermani jeweils wichtig? Warum?
3. Was haben Lucas und Kermanis Texte gemeinsam? Und wo gibt es Unterschiede?

- *Luca beschreibt / stellt fest / weist darauf hin, dass …*
- *… fragt sich, ob …*
- *Für Luca ist es wichtig, weil / da …*
- *Entscheidend für … ist, dass … Deswegen …*
- *In beiden Texten geht es um … / Beide Texte handeln von … / behandeln die Frage …*
- *Anders als bei … geht es bei … um … / Bei … geht es hingegen um …*
- *Zusammenfassend kann man sagen, dass …*

Schritt 3: Schreib zum Schluss auch deine eigene Meinung zu Lucas und Kermanis Texten.

- *Die Situation von … stelle ich mir spannend / schwierig / … vor, denn …*
- *Ich kann mir sehr gut / überhaupt nicht vorstellen, dass …, weil …*
- *Meines Erachtens war besonders erstaunlich, dass …*
- *Ich bin (nicht) der gleichen Meinung wie …*
- *Für mich persönlich hat … auch eine / keine besondere Bedeutung, da …*

→ AB, Ü7

C Meine Stadt

HÖREN / SPRECHEN

C1 a Schau die Bilder A – F an und lies die Bildunterschriften. Hör dann Teil 1 des Interviews mit Luca. Warum haben die Schüler die Ausstellung gemacht?

▶ 03

A

Der Kemnader See: Der Fluss Ruhr wurde hier zu einem See gestaut. Das Ruhrgebiet, in dem Bochum liegt, wurde nach diesem Fluss benannt.

B

Die Currywurst: Für den Hunger unterwegs gibt es zahlreiche Würstchenbuden in der Stadt.

C

Das Deutsche Bergbau-Museum Bochum mit dem Förderturm: Hier kann man erleben, wie früher in Bergwerken Kohle gefördert wurde.

Bochum

D

Der bekannte deutsche Musiker **Herbert Grönemeyer** im Konzert: Er singt seine Hymne an die Stadt.

E

Das Ruhrstadion: Bei Heimspielen des Fußballvereins VfL Bochum herrscht hier eine tolle Stimmung.

F

Der Blick auf die Stadt: Viele Nachkriegsbauten und Gebäude aus den 60er-Jahren.

▶ 04 b Hör Teil 2 des Interviews. Bring dann die Bilder A – F aus a in die richtige Reihenfolge.

C2 Lies die Aussagen 1–8. Hör dann Teil 2 des Interviews noch einmal. Sind die Aussagen richtig oder falsch? Korrigiere die falschen Aussagen.

▶ 04

1. Das Ruhrstadion steht am Stadtrand.
2. Luca gefallen die Gesänge der Fans sehr gut.
3. Der Geruch und der Geschmack von Currywurst erinnern Luca an den Sommer.
4. Im Krieg wurden nur wenige Gebäude zerstört.
5. Die Luft in Bochum ist noch genauso verschmutzt wie früher.
6. Im Museum kann man den Ausblick vom Förderturm aus genießen.
7. Der Sänger Herbert Grönemeyer singt, dass Bochum sehr schön ist.
8. Im Erholungsgebiet Kemnader See gibt es nur wenige Tierarten, da der See künstlich angelegt ist.

→ AB, Ü8

1. mitten in der Stadt

C3 Schau die Verben an. Welche Nomen lassen sich davon ableiten? Such sie in C2 und ergänze den Artikel.

Nomen mit: Vorsilbe Ge- + Verbstamm			
singen → der Ge**sang**	riechen → 1	schmecken → 2	bauen → 3

Die Vorsilbe *Ge-* bezeichnet oft ein Ergebnis.

→ Grammatik, 6.1.2, S. 123

23 | Modul 1

C4 **a** Lies die Sätze 1 und 2. Wodurch können *falls* und *sofern* ersetzt werden? Schreib die Sätze neu.

| als wenn | *Falls* und *sofern* können nur bei eindeutig konditionalen Sätzen verwendet werden. |

1. Fragt mal eure Eltern, *falls* ihr das Lied von Herbert Grönemeyer nicht kennt.
2. Die Ausstellung solltet ihr euch unbedingt ansehen, *sofern* ihr das noch nicht getan habt.

b Lies die Sätze 3 und 4 und formuliere sie in *wenn*-Sätze um.

3. *Bei gutem Wetter* fahren wir morgen mit dem Rad rund um den See.
4. *Habt ihr dort noch nie eine Currywurst probiert*, dann solltet ihr das unbedingt mal machen.

c Schau noch einmal die Sätze 1 – 4 in **a** und **b** an und ergänze die Tabelle.

Konditionalsätze (Bedingungen)		
Konjunktionen	Fragt mal eure Eltern, falls ihr das Lied von Herbert Grönemeyer nicht kennt.	*ebenso:* wenn
	Die Ausstellung solltet ihr euch unbedingt ansehen, ① ihr das noch nicht gemacht habt.	
ohne Konjunktion (= uneingeleiteter Nebensatz)	② , dann solltet ihr das unbedingt mal machen.	
Präposition + Dativ	③ gutem Wetter fahren wir morgen mit dem Rad rund um den See.	

→ AB, Ü9–10   → Grammatik, 5.4.4, S. 118

C5 Formuliere die Sätze um. Verwende die vorgegebenen Wörter.

Schüleraustausch Bochum: Ausflugsprogramm für das Wochenende

1. a) Wir machen eine Bootstour auf dem Kemnader See, wenn das Wetter gut ist. (*bei gutem Wetter*)
   b) Wenn es stark regnet, gehen wir ins Bergbau-Museum. (*sofern*)

2. a) Wenn ihr euch dafür interessiert, sehen wir uns das Heimspiel des VfL Bochum im Stadion an. (*bei Interesse*)
   b) Wenn ihr Fußball nicht mögt, gehen wir in das bekannte Kneipenviertel „Bermudadreieck". (*falls*)

Achtung!
3. a) Ihr müsst absagen, wenn ihr nicht teilnehmen möchtet. (*bei Nichtteilnahme*)
   b) Kommt ihr nicht mit, müsst ihr in den Unterricht gehen. (*falls*)

1a) Bei gutem Wetter machen wir …

→ AB, Ü11–13

C6 Macht Plakate über eure Stadt oder Region und präsentiert sie in der Klasse.

Schritt 1: Überleg dir drei Motive (Orte, Veranstaltungen, Gerichte …), die für eure Stadt oder Region typisch sind und mach Notizen, warum du sie gewählt hast.

Schritt 2: Arbeitet in der Gruppe (3–4 Schüler). Einigt euch auf die fünf besten Motive.

Vorschläge und Gegenvorschläge machen:
- *Könntet ihr euch vorstellen, … als Motiv zu nehmen?*
- *Keine schlechte Idee, aber wie wär's, wenn wir …*
- *Wäre es nicht besser, wenn … / Lass uns doch lieber …*

sich einigen:
- *Schön, dann einigen wir uns also auf …*
- *Das halte ich für eine gute Lösung.*

Schritt 3: Macht Fotos oder sucht Fotos im Internet zu euren Motiven und schreibt Bildunterschriften. Macht dann Plakate und präsentiert sie den anderen Gruppen.

einen Ort beschreiben:
- *… ist vor allem für … berühmt / bekannt.*
- *… ist vor allem dafür bekannt, dass …*
- *Nirgendwo sonst kann man …*
- *Das Besondere an … ist … / Einmalig an … ist …*

→ AB, Ü14

3

D Migration – Aufbruch in eine andere Welt — LESEN / SCHREIBEN

D1 a Schau die Karte an. Die Pfeile A – D zeigen Migrationsströme von und nach Deutschland. Ordne die Wörter *Emigration* und *Immigration* den Pfeilen zu.

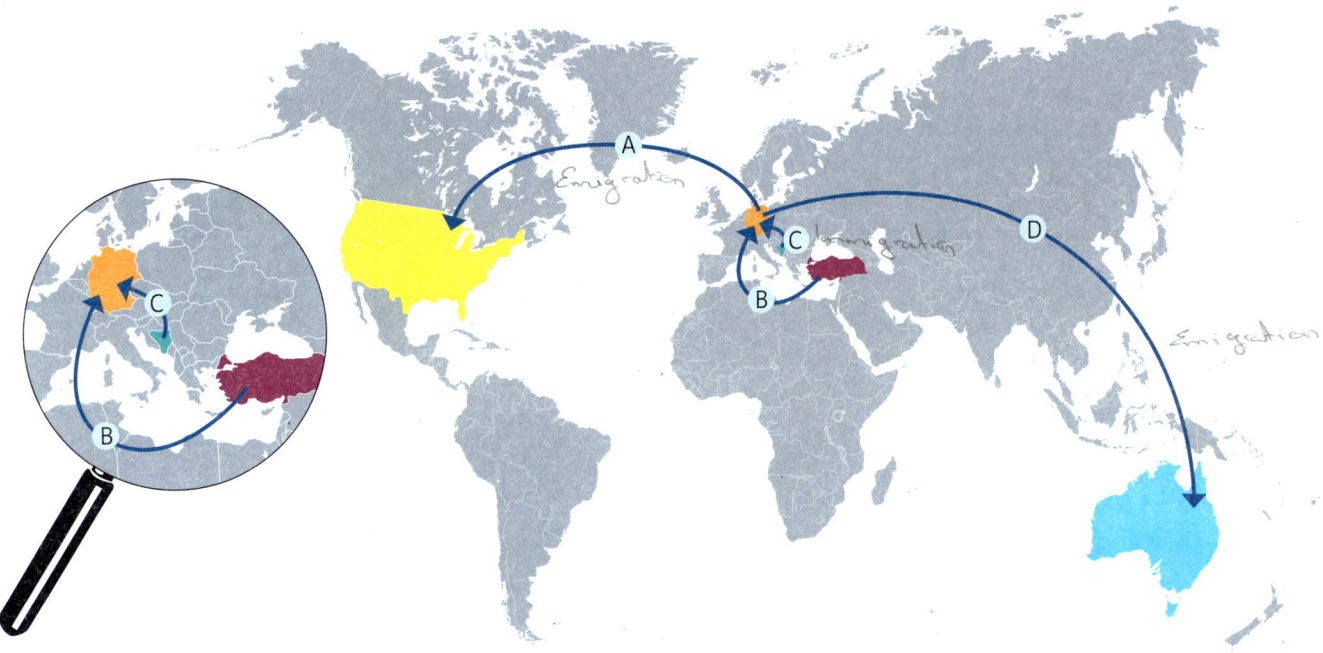

b Lies die Wörter zum Thema *Migration*. Welche Wörter passen eher zu *Emigration*, welche zu *Immigration*? Mach Notizen und vergleiche dann mit deiner Partnerin / deinem Partner.

→ AB, Ü15

ausreisen   ankommen   aufbrechen   einwandern   seine Heimat verlassen
eine neue Heimat suchen   fliehen   einreisen   auswandern   Asyl beantragen
sich integrieren   zuwandern

Emigration	Immigration
ausreisen	…

D2 a Lies den Zeitschriftenartikel zum Thema *Migration*. Schau dann noch einmal die Karte in D1a an und ordne die Texte 1 – 4 den Pfeilen A – D zu.

MIGRATIONSGESCHICHTEN

1 WIR HABEN JUGENDLICHE UND JUNGE ERWACHSENE AUF DER GANZEN WELT BEFRAGT Ⓐ

Seit ein paar Jahren interessiere ich mich sehr dafür, woher meine Familie ursprünglich kommt. Ich will wissen, wo meine eigenen Wurzeln sind. Ich habe
5 nachgeforscht und herausgefunden, dass mein Ur-Ur-Großvater Wilhelm von Tübingen in Deutschland nach Amerika emigriert ist. Er war 17 Jahre alt, als er 1888 Deutschland in Richtung New York verließ. Sein Onkel war bereits zehn Jahre zuvor in die USA ausgewandert und verdiente mit einem Transportunternehmen viel Geld. Er hat Wilhelm angeboten, dass er bei ihm einsteigen
10 kann. So begann Wilhelms „amerikanischer Traum". Er heiratete, hatte drei Kinder und wurde sehr erfolgreich. Sein Heimweh nach Tübingen hat ihn aber nie ganz verlassen.
Er war nicht der einzige Deutsche, der in der Zeit nach Amerika kam. Ich habe herausgefunden, dass zwischen 1850 und 1930 über 8 Millionen Menschen
15 aus Deutschland und Österreich in die USA emigrierten. Dafür gab es mehrere Gründe, vor allem Hunger, Armut und Krieg in Europa.
Ich habe selbst keine Beziehung mehr zu Deutschland. In meiner Familie sind wir mittlerweile hundertprozentige Amerikaner.
(übersetzt aus dem Amerikanischen von Karin Wolf)

John, 17 Jahre, aus Idaho, USA

25 | Modul 1

3

2 In den 1950er- und 1960er-Jahren gab es in Australien zu wenig Arbeitskräfte. Darum suchte die australische Regierung Einwanderer, die eine gute Ausbildung haben sollten. In der Zeit von 1945 bis 1975 konnten rund 135.000 Deutsche nach Australien einwandern. Dabei war auch mein Großvater. 1959 hatte er in einer Zeitung gelesen, dass in Australien ausgebildete Handwerker gesucht werden.
25 Mein Opa war Schreiner, also entschied sich der 19-Jährige, nach Australien zu gehen. Ende Juli 1960 brach er auf und kam nach einer fünfwöchigen Seereise am 7. September 1960 im Hafen von Melbourne an. Bereits wenige Tage später hatte er eine Arbeit als Schreiner gefunden und musste viel arbeiten. Die Lebensbedingungen waren viel besser für ihn und er integrierte sich schnell in seine neue
30 Heimat, obwohl er immer wieder von seiner „alten" Heimat erzählt. Als Kind fand ich seine Geschichten immer besonders spannend. Mittlerweile kenne ich sie alle und sage dann: „Opa, die Geschichte hast du doch schon so oft erzählt." Dann lacht er und sagt: „Ich vermisse eben mein „old Germany"."
(übersetzt aus dem Englischen von Karin Wolf)

Steve, 16 Jahre, aus Melbourne, Australien

3

Hülya, 20 Jahre, aus Berlin, Deutschland

35 Mein Opa, Mehmet Aytun, kam 1963 aus Amasya nach Deutschland. Seine Frau Ayşe und seine vier Kinder blieben in der Türkei. Ab Ende der 1950er Jahre wurden von deutschen Firmen immer mehr Arbeitnehmer im Ausland gesucht, weil in Deutschland Arbeitskräfte gebraucht wurden. Die sogenannten „Gastarbeiter" kamen aus Italien, Griechenland, Spanien und besonders aus der Türkei.
40 Die Firma, die meinen Opa angeworben hatte, bezahlte ihm auch ein Zimmer in einem Wohnheim. Im Wohnheim war es sehr eng und laut und Opa fand keine eigene Wohnung. Er hatte auch nur ganz wenig Kontakt zu Deutschen und hat deshalb auch nur ganz wenig Deutsch gelernt. Später konnte er dann seine Familie aus der Türkei nachholen. So kamen meine Oma und die Kinder zu
45 meinem Opa nach Berlin. Sie wollten nun für längere Zeit bleiben. Eins der Kinder war Ali, mein Vater. Ich bin in Berlin geboren, aber ich fühle mich immer noch mehr als Türkin. Und da bin ich ja auch nicht allein. In Deutschland leben heute mehr als drei Millionen Menschen mit türkischem Migrationshintergrund.

4

Susanna, 31 Jahre, aus Gummersbach, Deutschland

Heute leben meine Eltern wieder in Sarajevo. Doch 1993, als in unserem Heimat-
50 land Bosnien-Herzegowina Krieg herrschte, flohen wir mit der ganzen Familie nach Deutschland. In Deutschland konnten wir Asyl beantragen und durften so lange bleiben, bis in unserem Land wieder Frieden war. Von 1994 bis 1996 lebten über 300.000 Flüchtlinge aus Bosnien-Herzegowina in Deutschland.
Mein Vater ist Arzt, meine Mutter Architektin. Arbeiten durften beide in Deutsch-
55 land allerdings nicht, wir wurden vom Staat unterstützt. Meine Schwester und ich gingen zur Schule und nach kurzer Zeit konnten wir schon sehr gut Deutsch und hatten viele Freundinnen. Für uns war die Zeit in Deutschland sehr schön und wir konnten uns kaum noch an Bosnien-Herzegowina erinnern.
1998 gingen wir zurück nach Sarajevo, der Krieg war beendet. Das Land musste
60 wieder aufgebaut werden. Da waren ein Arzt und eine Architektin besonders wichtig. Meine Schwester und ich beendeten unsere Schule, ich studierte in Sarajevo Pharmazie, meine Schwester Germanistik. Aber wir vermissten das Leben in Deutschland sehr. So schnell es ging, wollten wir zurückkehren. Heute leben und arbeiten wir beide in Gummersbach bei Köln.

b Lies die Fragen 1 – 3. Lies dann die Texte 1 – 4 in **a** noch einmal und antworte.

1. Was ist in diesen Zeiträumen passiert?

   A 1850 – 1930   B 1945 – 1975   C Ende der 1950er-Jahre   D 1994 – 1996

2. Über welche Personen berichten die Jugendlichen und jungen Erwachsenen?

3. Warum sind diese Personen aus Deutschland ausgewandert bzw. nach Deutschland eingewandert?

→ AB, Ü16 – 17

D3 Ergänze die Modalverben in der richtigen Form. Vergleiche dann deine Ergebnisse mit den Sätzen in D2a.

Bedeutung der Modalverben		
dürfen	Erlaubnis	Wir durften so lange bleiben, bis in unserem Land wieder Frieden war. (Z. 51–52)
(nicht) dürfen	Verbot	Arbeiten (1) [durften] beide in Deutschland allerdings nicht, (…). (Z. 54–55)
können	Möglichkeit	In der Zeit von 1945 bis 1975 (2) [konnten] rund 135.000 Deutsche nach Australien auswandern. (Z. 22–23)
	Fähigkeit	(…) nach kurzer Zeit (3) [konnten] wir schon sehr gut Deutsch und hatten viele Freundinnen. (Z. 56–57)
	Erlaubnis	Später (4) [konnte] er dann seine Familie aus der Türkei nachholen. (Z. 43–44)
müssen	Notwendigkeit	Das Land (5) [musste] wieder aufgebaut werden. (Z. 59–60)
	Pflicht	Bereits wenige Tage später hatte er eine Arbeit als Schreiner gefunden und (6) [musste] viel arbeiten. (Z. 27–28)
sollen	Erwartung an eine andere Person / Aufforderung	Darum suchte die australische Regierung Einwanderer, die eine gute Ausbildung haben (7) [sollten]. (Z. 21–22)
wollen	Wunsch / Plan / Absicht	So schnell es ging, (8) [wollten] wir zurückkehren. (Z. 63)

→ AB, Ü18–19   → Grammatik, 4.11, S. 113

Für die Vergangenheit benutzt man die Modalverben meistens im Präteritum (Mein Opa musste viel arbeiten.), manchmal aber auch im Perfekt (Mein Opa hat viel arbeiten müssen).

D4 Lies die Aussagen 1–5. Was bedeuten die *kursiven* Ausdrücke? Formuliere die Sätze um und verwende Modalverben.

1. Für viele Europäer *war es* im 19. Jahrhundert *notwendig*, ihr Land zu verlassen, weil sie von Hunger oder Armut bedroht waren. [mussten]
2. Mitte des 19. Jahrhunderts *hatten* viele junge Männer *den Plan*, in den USA ein Stück Land zu kaufen. [wollten]
3. Viele deutsche Auswanderer *hatten* in den 1950er-, 1960er- und 1970er-Jahren *die Möglichkeit*, sich in Australien ein neues Leben aufzubauen. [konnten]
4. Anfang der 1960er-Jahre *wurde* von den Gastarbeitern *erwartet*, dass sie nur für zwei Jahre nach Deutschland kommen. [sollten]
5. Während des Balkankonflikts *wurde* vielen Menschen aus Bosnien *erlaubt*, in Deutschland zu leben. [durften]

→ AB, Ü20–21

D5 Schreib einen Forumsbeitrag zum Thema *Migration* (ca. 80–100 Wörter).

Schritt 1: Kennst du jemanden, der ausgewandert ist? Recherchiere Migrationsgeschichten aus deiner Familie oder deinem Bekanntenkreis. Du kannst auch im Internet über eine bekannte Persönlichkeit recherchieren.

Schritt 2: Sammle Wörter zum Thema *Migration* und ergänze das Wörternetz.

Schritt 3: Mach Notizen zu den folgenden Inhaltspunkten:

- Herkunfts- und Zielland
- Alter zum Migrationszeitpunkt
- Migrationsgründe
- Herausforderungen (Probleme / Risiken / …) im Zielland

Wörternetz: Migration – Nomen (Krieg), Adjektive, Verben (auswandern)

Bei einer Prüfung ist es wichtig, alle Inhaltspunkte zu bearbeiten.

LITERATUR & LANDESKUNDE

LITERATUR

Navid Kermani: *Wer ist Wir? Deutschland und seine Muslime*
Wladimir Kaminer: *Diesseits von Eden: Neues aus dem Garten*

1 Lies die Lebensläufe von Navid Kermani und Wladimir Kaminer und die Aussagen 1–5. Auf wen trifft das zu: Navid Kermani, Wladimir Kaminer oder auf beide?

1. (?) ist in Deutschland geboren.
2. (?) lebt als Schriftsteller in Deutschland.
3. (?) schreibt auf Deutsch.
4. (?) lebt in Berlin.
5. (?) erhielt den Friedenspreis des Deutschen Buchhandels.

Navid Kermani wurde 1967 in Siegen, Nordrhein-Westfalen, geboren, und bereits mit 15 Jahren begann er regelmäßig für Zeitungen zu schreiben. Er studierte in Köln, Kairo und Bonn Islamwissenschaften, Philosophie und Theaterwissenschaft, ist Orientalist und arbeitete als Wissenschaftler, Journalist und Dramaturg. Er ist Mitglied der Deutschen Akademie für Sprache und Dichtung. Heute lebt er als freier Schriftsteller in Köln. Für seine Romane, Essays, Reportagen und Monografien erhielt Navid Kermani viele Preise, 2015 den vielleicht wichtigsten Preis der deutschen Literatur, den *Friedenspreis des Deutschen Buchhandels*.

Wladimir Kaminer ist ein deutscher Schriftsteller russisch-jüdischer Herkunft. Er wurde 1967 in Moskau geboren. Zunächst machte er eine Ausbildung zum Toningenieur für Theater und Rundfunk. Anschließend studierte er Dramaturgie am Moskauer Theaterinstitut.
1990 kam Kaminer nach Berlin, wo er Deutsch lernte und anfing, Texte in Zeitschriften und Zeitungen zu veröffentlichen. Er schreibt seine Texte in deutscher Sprache und nicht in seiner Muttersprache Russisch. Zu seinen bekanntesten Büchern gehören die Erzählbände *Russendisko* und *Militärmusik*. Für sein literarisches Werk erhielt er den *Ben Witter Preis* (2002) und den *Literaturpreis der Stahlstiftung Eisenhüttenstadt* (2005).

2 Lies nun die Fragen 1–6 und die Textauszüge A und B auf S. 29. Was ist richtig, a, b oder c?

1. An welchen Orten fühlt sich Navid Kermani in Deutschland fremd?
   a in einer Buchhandlung
   b in einem Restaurant
   c in der Eckkneipe

2. Was ist Navid Kermani vertraut?
   a deutsches Essen
   b deutsche Literatur
   c persische Literatur

3. Warum geht Navid Kermani in den Buchladen, wenn er ein Buch von sich im Regal sieht?
   a Das Buch von ihm soll in die Abteilung ‚persische Literatur' gestellt werden.
   b Er will sein Buch in der Abteilung ‚deutsche Literatur' sehen.
   c Er will, dass sein Buch in der Abteilung ‚Migrationsliteratur' steht.

4. Warum fühlte sich Wladimir Kaminer in der Sowjetunion als Fremder? Weil in seinem Pass ... stand.
   a *Deutscher*
   b *Jude*
   c *Russe*

5. In Deutschland gilt Kaminer als ...
   a Russe.
   b Deutscher.
   c Jude.

6. Kaminer sagt, dass alle Menschen einen Migrationshintergrund haben. Wie begründet er das?
   a Weil jeder schon einmal in einem anderen Land war.
   b Weil alle Menschen schon einmal eine gewohnte Umgebung verlassen mussten.
   c Weil alle Menschen Vorfahren haben, die ausgewandert sind.

LITERATUR & LANDESKUNDE

A — Wer ist Wir? Deutschland und seine Muslime
(N. Kermani)

Es gibt in Deutschland Orte, an denen fühle ich mich so fremd wie jemand aus dem Urwald – deutsche Eckkneipen[1] zum Beispiel. Oder typisch deutsches Essen – ein Eisbein, ein Sauerbraten, ein Leberkäs, das ist für mich Exotik[2] pur. Manches davon schmeckt mir, aber es schmeckt mir als etwas Fremdes und Exotisches, so wie jemand bestimmte Speisen der balinesischen
5 Küche mag. Und dann gibt es die deutsche Literatur, mit der ich großgeworden bin, die ich in mich aufgesogen[3] habe, die meine Literatur ist (nicht etwa die persische, die ich erst im Studium kennenlernte). Sehe ich in einem Buchladen meine Bücher im Regal mit der nahöstlichen Literatur[4], gehe ich gegen alle Gewohnheit und trotz meiner Schüchternheit[5] zum Buchhändler, stelle mich vor und bitte ihn, meine Werke zur deutschen Literatur zu stellen. Verständlicher-
10 weise ist mir auch das Label[6] Migrantenliteratur zuwider[7].

1 die Eckkneipe: eine kleine Kneipe an einer Straßenecke, in der vor allem Bier konsumiert wird
2 die Exotik: etwas aus einem fernen Land, das fremd und geheimnisvoll wirkt
3 aufsaugen: *hier:* aufnehmen
4 nahöstliche Literatur: Literatur aus den arabischen Staaten Vorderasiens und Israel
5 die Schüchternheit: die Zurückhaltung im Kontakt mit anderen Menschen
6 das Label: *hier:* die Einordnung in eine bestimmte Literaturrichtung
7 zuwider sein: überhaupt nicht sympathisch sein

B — Diesseits von Eden: Neues aus dem Garten
(W. Kaminer)

Auf zum neuen Garten!

Seit ich in Deutschland bin, werde ich hier als etwas Besonderes, nämlich als Mensch mit „Migrationshintergrund" behandelt. Eigentlich schleppe ich diesen Hintergrund ein Leben lang mit mir herum[1]. Früher in der Sowjetunion war ich ein Fremder, weil in meinem Pass unter Nationalität „Jude" stand, also etwas nicht ganz Dazugehöriges. In Deutschland bin ich zum
5 Russen geworden, verschmäht[2] und manchmal auch integriert. Dabei ist ein Migrationshintergrund etwas, das alle Menschen besitzen. Sie sind dazu verdammt[3], ihr Leben lang immer wieder ihre gewohnte Umgebung zu verlassen, sei es die Schule, die Familie oder Mutters Bauch. Sie brechen aus, um in der Fremde das Glück zu suchen. Und wenn sie selbst zu faul zum Verreisen sind, werden sie vertrieben[4], vom Staat, von der Verwandtschaft oder von der
10 klugen Mutter Natur.

1 etwas mit sich herumschleppen: etwas schwer mit sich herumtragen
2 verschmähen: ablehnen
3 zu etwas verdammt sein: zu etwas gezwungen, verurteilt sein
4 vertrieben werden: dazu gezwungen sein, einen Ort zu verlassen

---

3 Arbeitet zu zweit. Spielt ein Gespräch zwischen Navid Kermani und Wladimir Kaminer.

Schritt 1: Stellt euch vor, die beiden Schriftsteller kennen sich nicht und treffen sich zufällig im Café. Welche Fragen könnten sie sich gegenseitig stellen und welche Antworten würden sie geben?
Lest dazu noch einmal die biografischen Texte in 1 und die Textauszüge in 2 und macht Notizen.

Schritt 2: Schreibt einen Dialog.

Schritt 3: Präsentiert euren Dialog vor der Klasse. Achtet darauf, dass ihr ihn nicht ablest, sondern, dass ihr frei sprecht.

LITERATUR & LANDESKUNDE

LANDESKUNDE

Dialekte

1 Schau die Karten A und B an und lies den Text. Beantworte dann die Fragen 1–4. Die Bundesländer findest du auf der Karte im Umschlag vorn.

Die deutschen Dialekte lassen sich in drei Dialektgruppen einteilen.

Die erste Gruppe ist das Niederdeutsche (Karte A: gelb), das in Norddeutschland gesprochen wird. ‚Niederdeutsch' heißt es deshalb, weil der Norden Deutschlands kaum Berge hat und zum großen Teil eine flache Küstenregion ist, also eher ‚niedrig' ist. Die niederdeutschen Dialekte lassen sich aber noch in mindestens acht Untergruppen unterteilen, darunter das Ostfriesische, das Westfälische oder das Mecklenburgische (Karte B).

Die zweite große Dialektgruppe ist das Mitteldeutsche (Karte A: blau). Hierzu gehören Dialekte wie das Obersächsische, das Thüringische oder das Mosel-Fränkische (Karte B).

Zur dritten Gruppe, dem Oberdeutschen im Süden Deutschlands (Karte A: braun), gehören das Alemannische, das Schwäbische oder das Bayrische ebenso wie das Österreichische und Schweizer Hochdeutsch (Karte B).

1. Zu welcher Dialektgruppe gehört die Sprache, die man in Schleswig-Holstein spricht?
2. Welchen Dialekt spricht man in Frankfurt, welchen in Dortmund?
3. Aus welcher Dialektgruppe haben sich die Hochsprachen entwickelt, die man in Österreich und der Schweiz spricht?
4. In welchem Bundesland spricht man auch Alemannisch?

LITERATUR & LANDESKUNDE

2 Lies die Aussagen 1 – 3 und dann den Sachtext. Welche Aussage gibt den Inhalt des Berichts am besten wieder?

1. Der Text erläutert, dass es in Deutschland viele Dialekte gibt und wie sich daraus das Hochdeutsche entwickelt hat.
2. Der Text beschreibt, welche Dialekte in Deutschland besonders beliebt sind.
3. Der Text erklärt, warum viele Menschen in Deutschland kein Hochdeutsch sprechen.

Und das soll Deutsch sein?

„Entschuldigen Sie bitte, wo geht es hier zum Bahnhof?" Irgendwo in Bayern, Schleswig-Holstein oder Sachsen fragt man einen Passanten[1] grammatisch richtig und klar verständlich nach dem Weg zum Bahnhof. Der Bayer, Holsteiner oder Sachse ist auch sehr freundlich und erklärt dem Deutschlerner genau den Weg. Dieser versteht aber kein Wort und glaubt, die falsche Sprache gelernt zu haben oder im falschen Land zu sein. Das kann jedem Touristen passieren, der in Deutschland seine in der Schule, der Universität oder in Sprachkursen erworbenen Deutschkenntnisse anwenden will. Der Grund: In Deutschland gibt es im Vergleich zu anderen Ländern sehr viele, sehr unterschiedliche und für Ausländer sehr schwer zu verstehende Dialekte. Und Ausländer ist in diesem Fall auch der Kölner in Sachsen oder der Bayer in Hamburg.

Unter einem Dialekt versteht man die regionale Variante[2] einer Standardsprache. Die Standardsprache, also das Hochdeutsche, ist dagegen die allgemein verbindliche Sprachform für ganz Deutschland. Sie wird zum Beispiel im Fernsehen und im Radio gesprochen und in der Zeitung oder in Büchern geschrieben. Es ist die Sprachform, die in der Schule gesprochen und gelernt wird und die in jeder Form der schriftlichen Kommunikation verwendet wird.

Dass es in Deutschland so viele Dialekte gibt, hat geografische und historische Gründe: Zum einen die Lage Deutschlands in der Mitte Europas, wo sich im Laufe der Jahrhunderte die Aussprache der Laute im Norden anders entwickelte als im Süden. Zum anderen die sogenannte deutsche Kleinstaaterei[3]. Anders als zum Beispiel in Frankreich, gab es lange keinen einheitlichen Zentralstaat, so dass Bayrisch im Königreich Bayern oder Schwäbisch im Großherzogtum Schwaben oder Sächsisch im Herzogtum Sachsen Landessprachen waren.

Ein Problem war diese „Vielsprachlerei" früher eigentlich nicht. Die gebildeten Kreise sprachen und schrieben Latein und die einfachen Leute kamen auch nur mit den einfachen Leuten der Umgebung in Kontakt, die den gleichen Dialekt sprachen. Zum Problem wurde es aber spätestens für den Martin Luther[4], der die Bibel ins Deutsche übersetzte und natürlich möglichst viele deutsche Gläubige ansprechen wollte. 1538 stellte er in einer Rede fest, dass die Menschen in Deutschland so viele verschiedene Dialekte sprechen und sich gegenseitig nicht verstehen. Luther lebte und arbeitete in Wittenberg, im mittleren Teil Deutschlands, der zu den mitteldeutschen Dialektgruppen gehört. Seine Bibelübersetzung wurde zu einem wichtigen Maßstab[5] der geschriebenen deutschen Sprache, dem heutigen Hochdeutschen.

Martin Luther

Wie sich aus den verschiedenen Sprachvarianten dann so etwas wie eine Standardsprache, in unserem Fall also das Hochdeutsche, herausbildet, hat damit zu tun, dass die Sprache, die nach einheitlichen Regeln geschrieben wird, auch eine einheitlich gesprochene Sprache zur Folge hatte. Die nach einheitlich geltenden Regeln geschriebene Sprache wurde auch nach einheitlichen Regeln ausgesprochen. Und da im Laufe der Zeit immer mehr geschrieben und gelesen wurde, gewann neben den gesprochenen Dialekten das einheitlich geschriebene und gesprochene Hochdeutsch immer mehr an Bedeutung. Die Erfindung des Buchdrucks, die Einführung der allgemeinen Schulpflicht, die Festlegung einer Amtssprache[6] – all das sind auch wichtige Gründe für die Entwicklung einer einheitlichen Hochsprache für den deutschen Sprachraum.

Heute lernt jedes Kind in der Schule Hochdeutsch. Durch die gestiegene Mobilität der Menschen wird die Hochsprache als allgemeingültiges Verständigungsmittel immer wichtiger und die Dialekte nehmen an Bedeutung ab. Heute bilden sich eher

LITERATUR & LANDESKUNDE

Sprachvarianten wie eine spezielle Jugendsprache oder berufliche Fachsprachen heraus oder aber auch Sprachvarianten, die durch die Migration vieler Bevölkerungsgruppen beeinflusst werden.
90 Doch viele Leute finden es schade, dass die Dialekte immer mehr verschwinden. Sie besuchen dann Sprachkurse, in denen man Bayrisch, Hessisch oder Sächsisch lernen kann.

1 der Passant: der Fußgänger
2 die regionale Variante: eine Form der Sprache, die in einer bestimmten Region gesprochen wird
3 die Kleinstaaterei: In einem bestimmten geografischen Gebiet existieren viele kleine Staaten nebeneinander
4 Martin Luther (*1483, † 1546): Theologe, der die Reformation angestoßen hat
5 der Maßstab: die Norm, an der man sich orientiert
6 die Amtssprache: die verbindlich geregelte Sprache eines Landes oder Staates, die für die Regierung und alle staatlichen Stellen untereinander und gegenüber den Bürgern gilt

3 Lies die Aufgaben 1–5. Lies dann den Text in 2 noch einmal. Was ist richtig, a, b oder c?

1. Der Tourist fragt den Passanten, …
    a wie er zum Bahnhof kommen kann.
    b wie er zur Universität kommen kann.
    c wo der Zug nach Schleswig-Holstein abfährt.

2. In Deutschland gibt es so viele Sprachvarianten, weil …
    a die Herrschenden nur Französisch sprachen.
    b Deutschland lange Zeit kein einheitlicher Staat war.
    c sich die einzelnen Staaten nicht auf eine Sprache einigen konnten.

3. Luther war für die Entwicklung des Hochdeutschen wichtig, weil er …
    a die Bibel ins Deutsche übersetzte.
    b es ablehnte, Dialekt zu sprechen.
    c er die Sprache in Wittenberg zum Hochdeutschen machte.

4. Für die Entwicklung einer Sprachvariante zur Standardsprache …
    a ist es wichtig, welcher Dialekt von den meisten Menschen gesprochen wird.
    b ist eine einheitliche Aussprache der geschriebenen Sprache wichtig.
    c spielt es keine Rolle, welcher Dialekt zur Amtssprache bestimmt wird.

5. Die Dialekte nehmen an Bedeutung auch ab, weil …
    a Jugendliche keinen Dialekt mehr sprechen wollen.
    b es keine Sprachkurse mehr gibt, in denen man einen Dialekt lernen könnte.
    c die Menschen mobiler geworden sind und öfter innerhalb Deutschlands umziehen.

4 Macht eine Präsentation zu Sprachvarianten in eurem Land.

Schritt 1: Arbeitet in der Gruppe (4–5 Schüler). Findet im Internet eine Karte eures Landes mit den wichtigsten Städten und Regionen und übertragt sie auf ein Plakat. Tragt in die Karte ein, welche Dialekte in welcher Region gesprochen werden. Gibt es weitere Sprachvarianten, die in eurem Land gesprochen werden? Notiert sie auf dem Plakat.

Schritt 2: Findet zu jeder Sprachvariante Informationen zur Geschichte und zur aktuellen Situation. Nennt auch Beispiele. Macht euch Notizen.

Schritt 3: Teilt die Sprachvarianten innerhalb der Gruppe auf. Gibt es jemanden in der Gruppe, der selbst eine dieser Sprachvarianten spricht?

Schritt 4: Präsentiert das Plakat und eure Ergebnisse in der Klasse.

MODUL 2

4 UMWELT UND ZUKUNFT
MODE UND ERNÄHRUNG
5
6 TECHNIK UND WISSENSCHAFT

Interview mit Elisa Schuster von der Umwelt-AG

Elisa

Schülerzeitung: Hallo Elisa, du hast vor zwei Jahren die Umwelt-AG in der Schule mitgegründet. Was macht ihr denn da so?

Elisa: Gerade beschäftigen wir uns mit dem Thema Bienen. Ich habe neulich einen Bienenforscher interviewt und habe erfahren, dass Bienen sehr bedroht sind und was es bedeuten würde, wenn es keine Bienen mehr gäbe. Wir arbeiten gerade an einer Präsentation darüber für die Homepage.

Schülerzeitung: Darauf sind wir sehr gespannt! Lebst du denn selbst auch umweltbewusst?

Elisa: Klar, das ist mir wichtig. Ich bin zwar keine richtige Vegetarierin, aber wenn ich Fleisch esse, dann nur aus dem Bio-Laden. In der Umwelt-AG haben wir uns vor Kurzem gegenseitig Bücher vorgestellt, die mit Gesundheit und Umwelt zu tun haben.

Schülerzeitung: Welches Interesse sollte jemand mitbringen, der neu in eure Umwelt-AG kommen möchte?

Elisa: Man muss kein 100-prozentiger Umwelt-Freak sein, aber man sollte sich für alles interessieren, was in der Umweltpolitik so passiert. Zum Beispiel hier bei uns in Münster haben wir zwar bereits ein tolles Fahrradnetz, aber man kann immer noch etwas verbessern. Deshalb engagieren wir uns dafür, dass die Fahrradwege und die Fahrradparkplätze ausgebaut werden.

Schülerzeitung: Wofür interessierst du dich denn noch, außer für die Umwelt?

Elisa: Ich gehe oft ins Kino, am liebsten in Science-Fiction-Filme. Und zweimal pro Woche jogge ich. Seit Kurzem kontrolliere ich meine Ergebnisse mit Self-Tracking. So weiß ich genau, wie fit ich bin.

Schülerzeitung: Willst du denn später beruflich auch etwas im Bereich Umwelt machen?

Elisa: Ja, eigentlich schon. Ich interessiere mich sehr für die Zukunftsforschung. Ich finde es spannend zu erfahren, wie wir uns als Gesellschaft so in den kommenden 50 Jahren entwickeln und wie die Umwelt aussieht, in der wir leben werden.

1 Lies das Interview. Was erfährst du über Elisa?

2 Arbeitet in der Gruppe (3 – 4 Schüler). Stellt euch vor, ihr möchtet eine Umwelt-AG an eurer Schule gründen. Welche Themen würden euch interessieren? Und welche Aktivitäten würdet ihr gern organisieren? Macht Notizen und sprecht darüber in der Klasse.

DAS LERNST DU:

einen Text zusammenfassen ● eine Grafik beschreiben ● das Verhältnis von Text und Grafik beschreiben ● Vermutungen ausdrücken ● eine Diskussion führen ● eine Meinung äußern und begründen ● Beispiele nennen ● Ratschläge geben ● jemandem von etwas abraten ● ein Bild beschreiben ● etwas vergleichen ● einen Kommentar schreiben ● Wichtigkeit ausdrücken ● über persönliche Erfahrungen berichten ● etwas bewerten ● Überraschung ausdrücken

4 MODERNES LEBEN — UMWELT UND ZUKUNFT

A Wasser: Hier zu wenig – da zu viel? LESEN / SCHREIBEN

A1 Arbeitet zu zweit. Was fällt euch zum Thema *Wasser* ein? Sammelt Ideen.

A2
a) Lies den Zeitschriftenartikel. Welche Aspekte zum Thema *Wasser* werden genannt? Ergänze das Wörternetz in A1.

b) Lies den Zeitschriftenartikel noch einmal und formuliere zu jedem Absatz 1–6 eine Frage.

> 1. Wie ist das Wasser weltweit verteilt?

c) Arbeitet zu zweit. Stellt euch gegenseitig eure Fragen und antwortet. Macht Notizen.

UNSER (UN)SICHTBARER WASSERVERBRAUCH

UNSERE UMWELT — Ein Magazin für die Natur

1 Wasser ist das Lebensmittel Nummer eins. Vier Tage kann ein Mensch ohne Wasser überleben. Wasser bedeckt 71 % unseres Planeten. Allerdings sind davon 97 % Salzwasser, nur 1 % der Wasservorräte weltweit ist direkt als Trinkwasser verfügbar. Und dieses eine Prozent ist sehr ungleich verteilt: Während die einen genügend Wasser zur Verfügung haben und sogar unter Überschwemmungen leiden, ist bei anderen das Wasser knapp. Viele Menschen haben nicht einmal genügend zu trinken und fliehen vor Trockenheit und Dürre.

2 Aber nicht nur in Privathaushalten wird Wasser verbraucht, sondern auch die Landwirtschaft und die Industrie sind vom Wasser abhängig. Hauptsächlich die chemische Industrie braucht Wasser, und zwar als Kühl- und Reinigungsmittel im Produktionsprozess. Sehr viel Wasser wird auch in der Metallindustrie und in der Papierherstellung verbraucht. In diesem Zusammenhang spricht man vom direkten und indirekten Verbrauch. Aber was heißt das genau?

3 Wasser verbrauchen wir jeden Tag – oft ohne viel darüber nachzudenken. Wir waschen uns die Hände, duschen, baden, putzen uns die Zähne und waschen uns die Haare. Alles, was mit Körperpflege zu tun hat, hat auch mit Wasser zu tun. Und dazu kochen, trinken, putzen wir, waschen Wäsche und spülen das Geschirr. Im Privathaushalt verbraucht jeder Deutsche etwa 140 Liter Wasser pro Tag. Dieses Wasser, das wir täglich verbrauchen, indem wir den Wasserhahn aufdrehen, nennen wir unseren direkten Wasserverbrauch.

4 Der direkte Wasserverbrauch macht aber nur 30 % unseres tatsächlichen Verbrauchs aus. Über 70 % des Verbrauchs entsteht, ohne dass
40 wir es wirklich wissen, bei der Herstellung von Produkten, die wir uns kaufen. Auch beim Kauf eines T-Shirts verbraucht man Wasser, nämlich das Wasser, das benötigt wird, um das T-Shirt herzustellen. Ein einfaches T-Shirt
45 aus Baumwolle zum Beispiel verbraucht durchschnittlich 2700 Liter Wasser, da für die Bewässerung der Baumwolle sehr viel Wasser erforderlich ist. Eine Jeans verbraucht durchschnittlich 6000 Liter. Ein Computer
50 etwa 20.000 Liter, ein Handy 1300 Liter, jedes DIN-A4-Blatt Papier zehn Liter. Diesen Verbrauch bezeichnet man als indirekten Verbrauch.

5 Den größten Anteil an indirektem Wasser
55 braucht man allerdings für die Herstellung von Nahrungsmitteln. Dabei verbrauchen tierische Produkte wie Fleisch oder Milch viel mehr indirektes Wasser als pflanzliche Nahrungsmittel. Man benötigt nämlich nicht
60 nur Trinkwasser für die Tiere, sondern auch das Futter muss angebaut und bewässert werden. In Ländern, in denen viel Fleisch und Milchprodukte konsumiert werden, ist der indirekte Wasserverbrauch dement-
65 sprechend hoch.

6 Die nördlichen Industrieländer, wie z. B. Deutschland, importieren viele Nahrungsmittel aus südlichen Ländern, in denen man für die Landwirtschaft meist sehr viel Wasser
70 für die künstliche Bewässerung braucht. Obst und Gemüse, das z. B. in Südspanien oder Marokko angebaut wird, muss oft künstlich bewässert werden, da es in diesen südlichen Regionen weniger regnet. Dadurch erhöht sich
75 für Deutschland der indirekte Verbrauch. Wenn wir also wissen wollen, wie viel Wasser wir täglich verbrauchen, müssen wir den direkten und indirekten Wasserverbrauch zusammenzählen. Zu den 140 Litern Wasser,
80 die ein Deutscher täglich direkt nutzt, kommen also noch ca. 5300 Liter hinzu, die er täglich indirekt verbraucht.

Jonas Mittenweiler

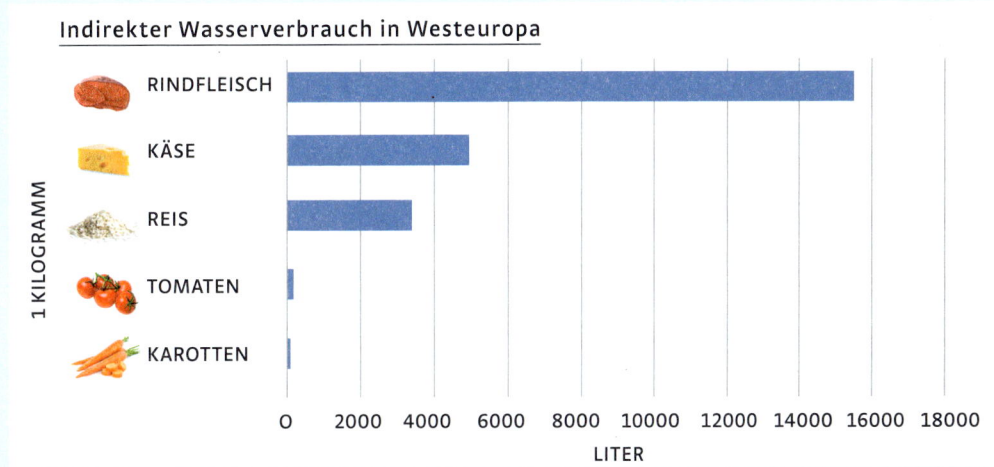

AB, Ü3 – 4

A3 Schreib eine Erörterung zum Thema *Wasserverbrauch* (ca. 100 – 120 Wörter).

Schritt 1: Arbeite wichtige Aussagen aus dem Text heraus (1– 2 Sätze pro Absatz).
Die Notizen aus A2c helfen dir.

- *In diesem Artikel geht es um …*
- *Im ersten / zweiten / … Abschnitt steht, dass …*

Schritt 2: Schau die Grafik in A2 an. Was ist das Thema? Formuliere die wichtigsten Aussagen.

- *Die Grafik gibt Auskunft über … / Die Grafik stellt dar, wie … / Die Grafik verdeutlicht …*
- *An erster / zweiter / … / letzter Stelle steht …*
- *Der Wasserverbrauch von … ist wesentlich / erheblich höher / niedriger als der Wasserverbrauch von …*

Schritt 3: Vergleiche die Grafik mit dem Text. Wo gibt es Gemeinsamkeiten? Wo gibt es Unterschiede?

- *Die Grafik bestätigt / stützt die Aussagen aus dem Text, denn …*
- *Die Grafik ergänzt den Text, denn … / Die Aussagen des Textes werden durch die Grafik vertieft, denn …*
- *Im Vergleich zum Text enthält / bietet die Grafik mehr / weniger / keine Informationen über …*

AB, Ü5 – 6

4

B Die Zukunft studieren   HÖREN / SPRECHEN

B1 Hör das Telefongespräch. Warum telefoniert Elisa mit Nora?

▶ 05

Elisa   Nora

B2 a Lies die Themen a – e und hör das Gespräch zwischen Elisa und Nora im Café.
Bring dann die Themen in die richtige Reihenfolge.

▶ 06
- a Voraussetzungen für das Studium der Zukunftsforschung
- b Berufliche Perspektiven für Zukunftsforscher
- c Projekt: Stimmen aus Berlin
- d Themen im Masterstudium   1. d
- e Projekt: Die Zukunft der Mobilität in den Großstädten

▶ 06 **b** Ordne die Stichpunkte den Themen in **a** zu. Hör dann das Gespräch noch einmal und vergleiche.

- Bachelorstudium und ein Jahr Berufserfahrung
- Befürchtungen und Wünsche der Menschen
- Luftverschmutzung und Lärmbelastung
- Trends und Entwicklungen der nächsten 30 bis 50 Jahre
  (z. B. Klimawandel, demografische Entwicklung und Berufe)
- Berater in Technologiefirmen und Umweltorganisationen

1. d Themen im Masterstudium: Trends und Entwicklungen in den nächsten 30 bis 50 Jahren ...

→ AB, Ü7–8

c Arbeitet zu zweit. Erklärt euch gegenseitig, was Elisa über den Studiengang *Zukunftsforschung* erfahren hat.

B3 Ergänze die zweiteiligen Konjunktionen.
Hör dann das Gespräch aus B2 noch einmal und vergleiche.

▶ 06

sowohl ... als auch ✕ nicht nur ... sondern auch ✕ entweder ... oder ✕ weder ... noch ✕ zwar ... aber

Zweiteilige Konjunktionen	
positive Aufzählung (= und)	Nicht nur der Straßenverkehr nimmt immer mehr zu, sondern auch die Umweltprobleme werden immer größer.
	In der Schule habe ich mich ① für Wirtschaft ① für Computer interessiert.
negative Aufzählung (= nicht ... und nicht ...)	Ich hatte ② einen Plan ② eine Idee, was ich machen sollte.
alternative Aufzählung (= oder)	Ich könnte mir vorstellen, ③ in einer Technologiefirma ③ bei einer Umweltorganisation zu arbeiten.
Einschränkung (= obwohl)	Ich habe ④ nur bis halb fünf Zeit, ④ das müsste reichen, oder?

→ AB, Ü9–10   → Grammatik, 5.6, S. 122

B4 a Lies Elisas Zukunftspläne 1–5 und verbinde die Sätze mit zweiteiligen Konjunktionen. Vergleiche dann mit deiner Partnerin / deinem Partner.

1. Nach dem Abitur möchte ich keine Ausbildung machen. Ein Freiwilliges Soziales Jahr kommt auch nicht infrage.
2. Ich könnte mir vorstellen, ein Bachelorstudium in Wirtschaft zu machen. Oder in Informatik.
3. Das Masterstudium *Zukunftsforschung* hört sich interessant an. Ich weiß jedoch nicht, ob ich in Berlin studieren möchte.
4. Während des Studiums möchte ich Berufserfahrung sammeln. Und reisen möchte ich natürlich auch.
5. In meinem zukünftigen Beruf möchte ich eigene Ideen entwickeln. Ich möchte sie aber auch in die Praxis umsetzen.

b Was sind deine eigenen Zukunftspläne? Schreib Sätze mit zweiteiligen Konjunktionen. Sprich dann mit deiner Partnerin / deinem Partner.

→ AB, Ü11–12

C Pflanzen erobern die Stadt.

LESEN / SPRECHEN

C1 a Schau die Bilder A und B an. Was denkst du: Was macht der Mann auf den Bildern?

- *Vermutlich ist … / Es ist denkbar, dass …*
- *Es könnte sein, dass … / Es sieht so aus, als ob … / Vielleicht ist …*

b Lies das Interview mit Maurice Maggi (S. 37–38). Welche Vermutungen in a waren richtig? Was ist neu?

1 Herr Maggi, Sie sind schon in den Achtziger-Jahren nachts durch Zürich gegangen und haben auf Verkehrsinseln oder am Straßenrand heimlich Samen verstreut und Blumen und Sträucher gepflanzt. Was hat Sie damals dazu gebracht?
Es hat mich geärgert, wie grau unsere Stadt aussah. Pflanzen, Bäume und Sträucher wurden von Parkplätzen und Straßen immer mehr verdrängt. Und bevor das Auto die Stadt komplett beherrscht, wollte ich den Pflanzen ihren Platz zurückgeben – zuerst an kleinen Stellen, die dann aber immer größer werden und das Stadtbild verändern. In meiner Lebensphilosophie gilt die Priorität des Schwächeren. Das heißt in diesem Fall: Zuerst kommt die Natur, dann der Fußgänger, dann das Fahrrad und danach erst das Auto.

2 Gab es für diese Idee der grünen Stadt Vorbilder?
Als ich damit anfing, gab es schon seit mehr als zehn Jahren die Bewegung „Urbanes Gärtnern" in New York. Die Bewegung gab es dort also bereits schon lange, ehe das Konzept überhaupt in Europa verbreitet wurde. Dort wurde ein Programm mit dem Ziel gestartet, bis zum Jahr 2030 die grünste Stadt der Welt zu werden. Eine Million Bäume wurden seitdem gepflanzt, das müssen Sie sich einmal vorstellen, eine Million, ganz offiziell. Während der vergangenen Jahre sind die Städte zwar sowohl in Amerika als auch in Europa grüner geworden, aber die europäischen Großstädte haben immer noch einiges nachzuholen.

3 Ist es egal, was man in der Stadt pflanzt, Hauptsache die Stadt wird grün?
Nein, so kann man das nicht sagen. Wichtig für mich ist, dass es heimische und standortgerechte Pflanzen sind, die wir als Nahrungsmittel verwenden können. Das heißt, es sollten Pflanzen sein, die auch ursprünglich hier wachsen und für die unser Klima und unser Boden optimale Bedingungen darstellen. Sobald die Städte wieder bepflanzt werden, verbessert sich dort die Lebensqualität umso mehr, wenn wir das Grün auch noch nutzen können.

37 | Modul 2

4 Bekannt geworden sind Sie in Zürich allerdings durch Ihre Malvenbeete. Die sind sehr schön, aber sind sie auch nützlich?

Ich liebe Malven. Sie blühen bis zum ersten Frost und sind unkompliziert. Sie blühen in vielen Farben auf Augenhöhe und wirken daher beruhigend. Wenn man auf einer Verkehrsinsel ein Malvenbeet anlegt, führt das zu einem friedlicheren Verhalten im Straßenverkehr, da bin ich sicher. Solange sie blühen, verhalten sich die Autofahrer entspannter. Und wenn man die Malven etwas weiter weg von der Straße pflanzt, also mit ein paar Metern Abstand, dann kann man aus den Blättern ein sehr leckeres Gemüse machen, besser als Spinat.

5 Sie sind gelernter Landschaftsgärtner, haben aber auch als Spitzenkoch gearbeitet, zum Beispiel in New York. Und Sie haben Kochbücher veröffentlicht, eins davon heißt „Essbare Stadt". Was ist das Besondere daran?

Das Buch ist ein Ergebnis von dem, was ich gesät und geerntet habe. Ich will zeigen, wie gut man mit den Pflanzen aus der Stadt kochen kann. Und sie schmecken besser als so manches, was man im Supermarkt findet. Doch ehe man Pflanzen aus der Stadt verwendet, muss man wissen, dass Straßen mit viel Verkehr kein geeigneter Platz für den Anbau von Nahrungsmitteln sind.

6 Herr Maggi, als Sie mit Ihren heimlichen Pflanzaktionen angefangen haben, hat die Stadt Zürich Ihre Pflanzen wieder ausreißen lassen und Ihre Arbeit als illegal verurteilt. Wie sieht das heute aus?

Das hat sich zum Glück sehr verändert. Auch die Stadt hat gemerkt, wie wichtig es ist, mehr Grün zu haben. Heute unterstützt die Stadt viele meiner Aktionen und die Malvenbeete sind zur touristischen Attraktion geworden. Sogar die Tourismus-Büros in Zürich und der Schweiz machen mit meinen Aktionen Werbung für ein wildes und urbanes Zürich. Das freut mich, aber noch mehr freut mich, dass die Einwohner an den Blumen und Pflanzen ihre Freude haben.

c Lies die Fragen 1–5. Lies dann das Interview in **b** noch einmal und antworte.

1. Was hat Maurice Maggi dazu motiviert, in Zürich heimlich Pflanzen zu säen?
2. Was ist Maurice Maggi bei seinen Bepflanzungs-Aktionen wichtig?
3. Was ist das Besondere an Malvenbeeten?
4. Warum sind Maurice Maggis Kochbücher so speziell?
5. Wie hat sich das Verhältnis der Stadt Zürich zu Maurice Maggis Aktionen verändert? Warum?

C2 Lies die Sätze in der Tabelle. Wodurch können *ehe*, *solange* und *sobald* ersetzt werden? Schreib die Sätze neu.

bevor ✻ während ✻ in dem Moment, wo

Temporalsätze mit den Konjunktionen ehe, solange, sobald	
nicht gleichzeitig	Die Bewegung gab es dort (…), ehe das Konzept überhaupt in Europa verbreitet wurde. (Z. 23–25)
gleichzeitig: Zeitdauer	Solange sie blühen, verhalten sich die Autofahrer entspannter. (Z. 58–59)
Zeitpunkt	Sobald die Städte wieder bepflanzt werden, verbessert sich dort die Lebensqualität (…). (Z. 45–47)

→ Grammatik, 5.4.8, S. 120

C3 Lies die Tipps und ergänze die passende Konjunktion aus **C2**.

Tipps zum Gärtnern in der Stadt
✻ Schau dir zuerst die Umgebung an, (1) du eine Aktion machst. Welche Plätze in deiner Stadt findest du zu grau?
✻ Überleg, welche Pflanzen in deiner Stadt heimisch sind, (2) du die Samen kaufst.
✻ Such dir dann einen freien Platz am Straßenrand. (3) du einen passenden gefunden hast, kannst du darauf Samen von Blumen und Pflanzen verstreuen.
✻ Du musst die Samen sofort gießen, (4) du sie gepflanzt hast.
✻ (5) es sehr warm ist, solltest du täglich zu deinen Pflanzen gehen und sie gießen.

C4 Macht eine Talkshow.

Schritt 1: Lest das Thema und die Rollenkärtchen.
Bildet dann fünf Gruppen.
Jede Gruppe übernimmt eine Rolle (A – E).

Thema der Talkshow:
„Gemeinschaftsgarten: Pro oder Kontra?"
Es gibt eine große freie Fläche mitten in der Stadt.
Eine Bürgerinitiative will dort einen Gemeinschaftsgarten anlegen, andere Bürger wollen,
dass dort ein Parkplatz gebaut wird.

Moderator/in: Du begrüßt die Teilnehmer und das Publikum, stellst das Thema der Talkshow vor und leitest die Diskussion. Achte auf die Redezeit jedes Teilnehmers. Du forderst das Publikum auf, Fragen zu stellen. Du beendest die Diskussion und bedankst dich bei den Anwesenden.

A

Pro: Du arbeitest als Experte in einer Umweltorganisation. Aus deiner Sicht wäre der Garten sehr wichtig (bessere Luft, Lebensraum für Tiere usw.).

B

Kontra: Du arbeitest in der Verwaltung der Stadt. Du denkst, für die Entwicklung der Stadt wäre der Parkplatz sehr wichtig (mehr Touristen, besseres Einkaufen, große Veranstaltungen usw.).

D

Pro: Du wohnst im Stadtzentrum und hast ein kleines Kind. Du hast kein Auto. Für dich wäre ein Gemeinschaftsgarten etwas Schönes (Erlebnis für das Kind, Obst und Gemüse anpflanzen usw.).

C

Kontra: Du lebst außerhalb der Stadt und arbeitest im Stadtzentrum. Mit öffentlichen Verkehrsmitteln kommst du nur sehr schwer zur Arbeit. Du musst mit dem Auto fahren. Ein Parkplatz wäre sehr praktisch (schnell zur Arbeit und nach Hause, Parkplatz in der Stadt usw.).

E

Schritt 2: Notiert in eurer Gruppe Argumente und Beispiele für eure Meinung.

Schritt 3: Jede Gruppe schickt eine Vertreterin/einen Vertreter in die Talkshow. Jede Teilnehmerin/ Jeder Teilnehmer hat maximal eine Minute Redezeit für seinen Beitrag.

Moderator/in:
- *Ich möchte Sie herzlich zu der Sendung ... begrüßen.*
- *Wie in jedem Konflikt gibt es verschiedene Interessen. / Einerseits ..., andererseits ...*
- *Ich möchte Ihnen Frau/Herrn ... vorstellen.*
- *Ich bedanke mich für Ihre Beiträge. / Ich möchte mich für heute verabschieden.*

Teilnehmer:
- *Ich bin (nicht) der Ansicht, dass ... / Ein großer Vorteil / Nachteil unserer / eurer Idee ist, dass ...*
- *Es hat sich deutlich gezeigt, dass ... / Ein gutes Beispiel dafür / dagegen ist ...*
- *Es wäre bestimmt viel besser, wenn ... / Ich hätte einen anderen Vorschlag: ...*
- *Das kann man gut umsetzen, zum Beispiel könnte man ...*
- *Dann könnten wir also festhalten, dass ... / Wir könnten uns vielleicht auf Folgendes einigen: ...*

→ AB, Ü20

5 GESCHMACKSACHE — MODE UND ERNÄHRUNG

A Wo drückt der Schuh?
SPRECHEN / LESEN

A1 Schau die Bilder A – F von Elisas Schuhen an. Was sollte sie bei diesen Anlässen <u>nicht</u> tragen? Gib Tipps und begründe sie.

> Party × Hochzeit des Bruders × Referat in der Schule × Wandertag × Shoppen

- A Flip-Flops
- B Wanderschuhe
- C Turnschuhe
- D Pumps
- E Sandalen
- F Gummistiefel

- *An Elisas Stelle würde ich bei einer Party auf keinen Fall … tragen, denn …*
- *Meiner Meinung nach kommen … bei einem Schulreferat nicht infrage. … sind nämlich viel zu …*
- *… Aus diesem Grund kann ich nur davon abraten, beim Shoppen anzuziehen.*

A2 Lies die Fragen 1–3. Lies dann den Chat zwischen Elisa und Marlon und antworte.

1. Was ist Elisas Problem?
2. Von welchen Schuhen rät Marlon ab? Warum?
3. Bist du mit Marlons Empfehlung einverstanden?

Elisa: Hi Marlon, Notfall!! Muss morgen in Latein ein Referat halten 😟

Marlon: Okay: Was muss ich übersetzen? 😎😉

Elisa: Ne, der Vortrag ist fertig. Ich brauch dich als Style-Experten! Wie ich das hasse: Du stehst vorne und alle starren dich an. 😅 Okay: Jeans und T-Shirt, wie immer. Fehlen noch die Schuhe. Ich schick dir Fotos.

Marlon: Ah, da drückt der Schuh*! 😂 So. Hab grad im Internet gelesen, laut Wettervorhersage soll es richtig heiß werden. Wanderschuhe und Gummistiefel kommen also nicht infrage. Und die Sandalen – naja … Die Römer sollen zwar zu jedem Anlass Sandalen getragen haben, aber wir leben ja zum Glück nicht mehr in der Antike! 😉 Mein Favorit: die Turnschuhe, ganz klassisch und neutral.

* Da drückt der Schuh: Da ist das Problem!

→ AB, Ü3

A3 Lies die Sätze in der Tabelle und vergleiche mit dem Chat in A2. Wie formuliert es Marlon?

Subjektive Bedeutung des Modalverbs sollen		
Gegenwart oder Zukunft: sollen + *Infinitiv*	Ich habe gelesen, dass es morgen richtig heiß wird.	1
Vergangenheit: sollen + *Infinitiv Perfekt* (= *Infinitiv* + haben/sein)	Es heißt, dass die Römer zu jedem Anlass Sandalen getragen haben.	2

→ AB, Ü4–5   → Grammatik, 4.1.2, S. 113

A4 Formuliere die Sätze 1–4 um. Verwende *sollen* in der richtigen Form.

Gerüchte rund um den Schuh:

1. In einem Blog habe ich gelesen, dass es in Japan üblich ist, auf der Toilette besondere Schuhe zu benutzen.
2. Es heißt, dass viele Deutsche ihre Straßenschuhe vor der Wohnungstür ausziehen.
3. Es wird behauptet, dass Schuhe in Ägypten als schmutzig gelten.
4. Im Internet steht, dass in England offene Schuhe im Büro ein Tabu sind.

→ AB, Ü6–7

1. In Japan soll es üblich sein, …

B Selbst gemacht! HÖREN / SPRECHEN

B1 Produktionsbedingungen weltweit: Schau die Bilder A – D an und lies die Bildunterschriften. Lies dann die Fragen 1 – 4 und antworte.

A **Handarbeit:** Wer es sich leisten kann, lässt sich seine Kleidung vom Schneider herstellen.

B **Massenware *made in …*:** In riesigen Textilfabriken in Asien nähen Frauen Kleidung für die westlichen Industrieländer.

C **Selbermachen liegt im Trend:** Jugendliche häkeln und stricken sich individuelle Accessoires.

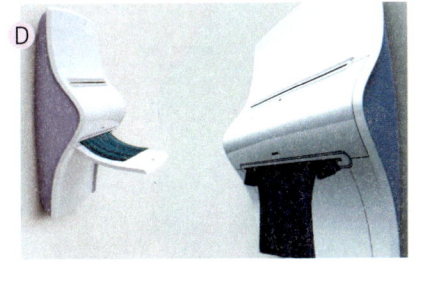

D **T-Shirt-Produktion auf Knopfdruck:** Können wir unsere Kleidung in Zukunft einfach ausdrucken?

1. Was sieht man auf dem Bild?
2. Wo könnte das sein?
3. Was schätzt du: Wie lange dauert die Herstellung?
4. Wie viel kostet wohl das Produkt?

- *Auf dem Bild … ist … abgebildet.*
- *Ich könnte mir vorstellen, dass dieses Bild in … gemacht wurde.*
- *… wird / werden vermutlich / sicherlich viel / wenig kosten.*
- *Die Produktion von … dauert wahrscheinlich (nicht) lange. / Ich schätze, er / sie muss für … (nicht) lange arbeiten.*

→ AB, Ü8

B2 Schau noch einmal Bild C in B1 an und lies die Themen a – j. Hör dann ein Interview mit Helga Knitter, der Geschäftsführerin des Handarbeitsladens „Knitterei". Welche acht Themen kommen vor?

▶ 07

a Handarbeit als aktueller Trend
b Jugendliche und Handarbeit
c Hobby für Mädchen?
d Kommunikation zwischen den Generationen
e Handarbeit offline und online
f Internet als Informationsquelle
g Digitalisierung und Handarbeit
h Vorteile für die Gesundheit
i Wunsch nach etwas Einzigartigem
j Protest gegen Billigkleidung

5

B3 Lies die Aussagen 1–7. Hör dann das Interview noch einmal.
Sind die Aussagen richtig oder falsch? Korrigiere die falschen Aussagen.

▶ 07
1. Handarbeit liegt nicht mehr im Trend.
2. Auch junge Leute haben ein großes Interesse an Handarbeit.
3. Der Trend beschränkt sich auf Frauen und Mädchen.
4. Im Internet kann man z. B. Wolle kaufen und Anleitungen herunterladen.
5. In der digitalen Welt sehnen sich die wenigsten nach praktischer Handarbeit.
6. In einer globalisierten Welt wünschen sich die Menschen immer seltener, etwas Besonderes zu sein.
→ AB, Ü9
7. Mit selbst gemachter Kleidung kann man an Produktionsbedingungen Kritik äußern.

1. Voll im Trend

B4 Ist das deiner Meinung nach *in* oder *out*? Schreib Sätze mit den Ausdrücken unten.

> von gestern sein ✕ voll im Trend liegen ✕ angesagt sein ✕ aus der Mode gekommen sein
> trendy sein ✕ in Mode sein ✕ der letzte Schrei sein ✕ altmodisch sein ✕ out sein

> Briefmarken sammeln ✕ Bärte ✕ Yoga ✕ rauchen ✕ wandern
> Jogginghosen in der Schule ✕ Fleisch essen ✕ Socken in Sandalen ✕ …

→ AB, Ü10

Briefmarkensammeln ist altmodisch.

B5 Selbermach-Trend: Wie ist die Situation in deinem Land?
Vergleiche mit den Informationen aus **B3** und nenne Beispiele.

- Bei uns gibt es ein / kein vergleichbares Phänomen: …
- In meinem Land ist die Situation ähnlich / ganz anders / nicht zu vergleichen, denn …
- Meiner Erfahrung nach / Soviel ich weiß …
- Genau wie in Deutschland …
→ AB, Ü11
- Während in Deutschland …, … bei uns …

C Schmeckt's? — LESEN / SCHREIBEN

C1 Lest die Aussagen 1–8. Wie ist eure Meinung? Macht eine Blitzabstimmung in der Klasse.

Wie hältst du's mit dem Essen?

1. Hauptsache, es macht satt.
2. Darf nicht viel kosten.
3. Muss gesund sein.
4. Darf maximal 5 Minuten dauern.
5. Muss appetitlich aussehen.
6. Alles wird aufgegessen! (Essen wirft man nicht weg.)
7. Das Wichtigste: lecker!
8. Gern auch mal was Ungewöhnliches!

	stimme zu	stimme nicht zu	keine Meinung
Aussage 1			

C2

a Lies den Titel und die Einleitung. Schau die Bilder an. Worum geht es?

b Lies die Buchtitel A – C. Lies dann die Buchrezension von Peter Bischoff.
Welcher Buchtitel passt zu welcher Buchrezension?

A Zu wertvoll zum Wegwerfen   B Satt und fit!   C Natur schmecken

www.meine-ernährung.at

Büchermarkt: Neues zum Thema „Wie sollen wir uns ernähren?"

BUCHREZENSION

Heute gibt es – zumindest in den reichen Industrieländern – eine riesige Auswahl an Lebensmitteln. Man kann entscheiden, was man essen will, wo man einkauft und wie man das Essen zubereitet. Vor diesem Hintergrund beschäftigen sich immer mehr Menschen bewusst mit dem Thema: Wie will ich mich eigentlich ernähren? Was ist gesund? Was schadet der Umwelt möglichst wenig?
5 Was bringt keine Nachteile für andere Menschen mit sich? Zu solchen Fragen sind inzwischen auch zahlreiche Ratgeber erschienen. Peter Bischoff hat drei davon für Sie gelesen:

In ihrem Buch „ 1 " beschäftigt sich die Fitnessberaterin Jolanda
10 Kurtz mit dem Zusammenhang von Ernährung und Gesundheit. Sie stellt fest, auch im Supermarkt finde man inzwischen schon
15 viele „funktionelle Lebensmittel", also etwa Getränke und Joghurts mit zusätzlichen Vitaminen oder Bakterien. „Eine andere Möglichkeit für gesunde Ernährung sind natürliche Lebensmittel, die besonders wertvolle Nährstoffe
20 enthalten und deshalb auf Englisch auch als ‚super food' bezeichnet werden", schreibt Kurtz. Quinoa z. B. sei reich an pflanzlichem Eiweiß, Vitaminen und Mineralien und könne sogar von Menschen mit Gluten-Intoleranz problemlos
25 konsumiert werden.

Unter dem Titel „ 2 " berichtet Markus Färbinger von dem aktuellen Trend, sich
30 aus der Natur selbst mit Lebensmitteln zu versorgen. Auf Balkonen, Terrassen und anderen freien Flächen würden sogar in der Stadt immer
35 mehr Menschen wieder ihr eigenes Gemüse anbauen, so der Autor. „Aber auch wer keinen Garten hat, muss nicht unbedingt in den Supermarkt gehen", meint Färbinger, der von Beruf Heilpraktiker ist. Er habe seinen Patienten schon
40 immer empfohlen, sich in Wald und Wiese* frische Kräuter, Pilze und Beeren zu holen. Das sei nicht nur umsonst, sondern auch gesund und außerdem schade es der Umwelt weniger als industrielle Landwirtschaft. Färbinger warnt
45 jedoch: „Natürlich gilt dabei die Regel: Iss nur das, was du kennst!"

Allein in Deutschland landen ca. 300 kg Lebensmittel auf dem Müll – und
50 zwar pro Sekunde. Diese schockierende Information war für Annett Schelling der Grund, das Buch „ 3 " zu verfassen.

55 „Ca. 40 % der Lebensmittelabfälle kommen aus Privathaushalten. Jeder Einzelne kann also etwas dagegen tun!" Nicht zu viel einkaufen, frisch kochen, alles aufessen – das ist für Schelling sowieso klar. Darüber hinaus hätten verschiedene
60 Initiativen interessante Lösungen gefunden, wie man gegen die Verschwendung von Lebensmitteln aktiv werden kann. Hier zwei Beispiele aus Schellings Liste:

Reste-Supermärkte
65 Obst und Gemüse, das nicht perfekt aussieht, kommt gar nicht in den normalen Supermarkt, sondern wird vorher aussortiert.
Es gibt aber alternative Läden, die diese Lebensmittel vor dem Müll retten, wie z. B. in Köln
70 „The good food".

„Essensretter"
Die Organisation „foodsharing" stellt an öffentlich zugänglichen Orten Kühlschränke und Regale auf, die sogenannten „Fair-Teiler". Jeder
75 kann sich registrieren, bei Supermärkten oder Restaurants übrig gebliebene Lebensmittel abholen und damit den „Fair-Teiler" füllen. Dort können andere sich dann umsonst bedienen.

* in Wald und Wiese = in der Natur

C3 Lies die Buchrezensionen in C2b ab Z. 7 noch einmal und ergänze die Tabelle.

Autor/in: Titel	Thema	Empfehlung(en) des Autors/der Autorin
J. Kurtz: …	Ernährung und Gesundheit	Funktionelle Lebensmittel

C4 Welche Wörter zum Thema *Ernährung* kennst du? Ergänze das Wörternetz. Such dann weitere Wörter im Text in C2.

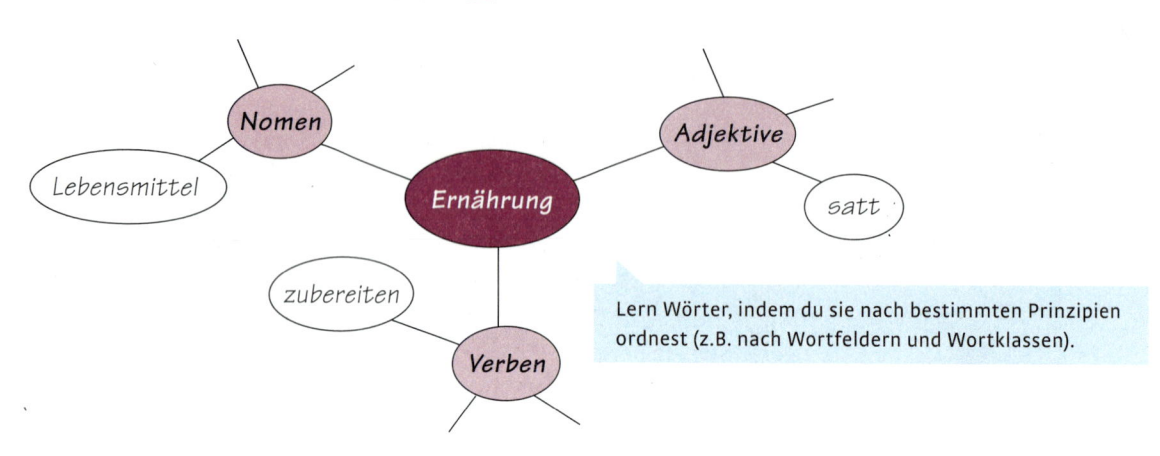

- Nomen: Lebensmittel
- Adjektive: satt
- Verben: zubereiten
- Ernährung

> Lern Wörter, indem du sie nach bestimmten Prinzipien ordnest (z.B. nach Wortfeldern und Wortklassen).

→ AB, Ü12–15

C5 Lies die Zitate in der linken Spalte und dann den jeweiligen Satz in der rechten Spalte. Wie zitiert Peter Bischoff die Autoren? Ergänze die Verben in der richtigen Form. Vergleiche dann deine Ergebnisse mit den Sätzen in C2.

Indirekte Rede mit Konjunktiv I und II	
direkte Rede mit Indikativ	indirekte Rede mit Konjunktiv I (Verbstamm + Endungen -e, -est, -e, -en, -et, -en)
„Auch im Supermarkt **findet** man (…) viele ‚funktionelle Lebensmittel'."	Sie stellt fest, auch im Supermarkt finde man (…) viele „funktionelle Lebensmittel (…)". (Z. 12–15)
„Quinoa (…) **kann** sogar von Menschen mit Gluten-Intoleranz problemlos konsumiert werden."	Quinoa (…) ① sogar von Menschen mit Gluten-Intoleranz problemlos konsumiert werden. (Z. 22–25)
„Das **ist** nicht nur umsonst, sondern auch gesund (…)."	(!) Das ② nicht nur umsonst, sondern auch gesund (…). (Z. 41–42)
	indirekte Rede mit Konjunktiv II
„Darüber hinaus **haben** verschiedene Initiativen interessante Lösungen **gefunden**, (…)"	Darüber hinaus ③ verschiedene Initiativen interessante Lösungen ③, (…). (Z. 59–60)
„Auf Balkonen (…) **bauen** immer mehr Menschen wieder ihr eigenes Gemüse **an**."	Auf Balkonen (…) ④ (…) immer mehr Menschen wieder ihr eigenes Gemüse ④, so der Autor. (Z. 32–36)

→ AB, Ü16–17 → Grammatik, 4.3.1, S. 114–115 und 4.4., S. 115

> Es werden nur solche Konjunktiv I-Formen verwendet, die sich vom Indikativ Präsens unterscheiden (z.B. *er finde, er könne*). Sonst verwendet man den Konjunktiv II (z.B. *sie hätten gefunden, sie würden anbauen*). Die Verbformen des Konjunktiv I für *du* und *ihr* sind veraltet. Auch hier verwendet man den Konjunktiv II.

C6 Lies die Sätze 1–4. Schau dann noch einmal die Sätze in C2 an und ergänze das Verb in der richtigen Form.

1. Kurtz weist darauf hin, eine andere Möglichkeit [seien] natürliche Lebensmittel, die besonders wertvolle Nährstoffe enthalten. (Z. 17–20)
2. Färbinger meint, auch wer keinen Garten [habe], [müsse] nicht unbedingt in den Supermarkt gehen. (Z. 36–38)
3. Färbinger warnt jedoch, natürlich [gelte] dabei die Regel: Iss nur das, was du kennst! (Z. 45–46)
4. Schelling behauptet, dass ca. 40% der Lebensmittelabfälle aus Privathaushalten [kämen / kommen würden]. Jeder Einzelne [könne] also etwas dagegen tun. (Z. 55–57)

→ AB, Ü18–21

C7 Schreib einen Kommentar (ca. 80–100 Wörter).

Schritt 1: Schau dir Elisas Beitrag an. Wie beantwortest du ihre Frage?

> **Elisa** hat einen Link geteilt
> am 24. Oktober
>
> Hallo Freunde! Habe gerade ein paar interessante Buchtitel entdeckt. Es geht um Themen wie gesunde Ernährung, Umweltschutz und Lebensmittelverschwendung. Im Buch „Natur schmecken" beispielsweise präsentiert der Autor verschiedene Beispiele für vegetarische Lebensmittel vom Balkon oder direkt aus der Natur. Das fand ich besonders interessant, weil ich mir gerade wieder die Frage stelle: Fleisch essen – ja oder nein?
> Wie steht denn ihr zu diesem Thema?
>
> 👍 Gefällt mir   💬 Kommentieren

Schritt 2: Lies die Argumente zum Thema *Fleischessen* und sortiere sie in Pro und Kontra. Fallen dir weitere Aspekte ein?

> Fleisch enthält wichtige Nährstoffe ✱ Fleisch macht satt ✱ Fleischproduktion schadet der Umwelt ✱ Fleischgerichte gehören zur Tradition / Kultur ✱ man kann sich auch vegetarisch gesund ernähren ✱ Fleisch schmeckt gut ✱ für Fleischgenuss müssen Tiere leiden ✱ statt Nahrungsmittel für Menschen wird Tierfutter angebaut …

pro	kontra
– Fleisch enthält wichtige Nährstoffe	– …

Schritt 3: Schreib selbst einen Kommentar zum Thema *Fleisch essen – ja oder nein?* Entscheide dich für eine Position (pro oder kontra). Begründe deine Meinung und nenne Beispiele.

eine Meinung äußern und begründen:
- *Meiner Ansicht nach spricht vieles für / gegen …*
- *Ein wichtiger Vorteil / Nachteil von … ist …*
- *Ein wesentlicher Aspekt beim Thema … ist für mich …, denn …*
- *Gerade bei … ist wichtig, dass …*
- *Zu diesem Aspekt ist noch / zudem Folgendes zu bedenken: …*

Beispiele nennen:
- *So … beispielsweise …*
- *Untersuchungen / Studien zeigen, dass …*
- *Es ist bekannt, dass …*

über eigene Erfahrungen berichten:
- *Ich habe festgestellt, dass …*
- *Aus eigener Erfahrung weiß ich, dass …*

ein Fazit ziehen:
- *Meine persönliche Meinung … / Mein persönliches Fazit lautet: …*
- *Abschließend lässt sich sagen, dass …*
- *Man könnte vielleicht zusammenfassend sagen, dass …*

→ AB, Ü22

45 | Modul 2

6 STREBEN NACH FORTSCHRITT

TECHNIK UND WISSENSCHAFT

A Zukunftsvisionen von gestern

LESEN

A1 a Lies die Fragen 1–3. Schau dann das Filmplakat an, lies den ersten Teil von Elisas Blogeintrag und antworte.

1. Welches Film-Genre (Komödie, Zeichentrick, Science-Fiction ...) ist das?
2. Worum geht es in dem Film?
3. Was mag Elisa an dem Film?

www.filmfan.blogspot.de

Ich liebe Science-Fiction-Filme, ich habe eine ganze Sammlung davon zu Hause. Einer meiner Lieblingsfilme ist der zweite Teil der Filmreihe *Zurück in die Zukunft*, in dem Marty McFly zusammen mit seinem Freund, dem Wissenschaftler Doc Brown, dreißig
5 Jahre in die Zukunft reist und im Jahr 2015 ankommt. Die Ideen und Zukunftsvisionen, die im Film vorkommen, finde ich genial! Unglaublich, wie nah die Filmemacher von 1989 an die spätere Realität herangekommen sind – jedenfalls da, wo es um technische Erfindungen geht.

10 Ich habe mal eine Top-5-Liste meiner Favoriten unter diesen Zukunftsvisionen aus *Zurück in die Zukunft II* erstellt:

b Lies den Rest von Elisas Blogeintrag. Über welche Gegenstände schreibt sie? Mach Notizen.

*Top 5:
Reaktor am Auto*

Top 5: Bio-Energie
Alles, was Doc Brown für seine Zeitmaschine braucht, sind ein paar Küchenabfälle. Die wirft er in den
15 „Mr.-Fusion"-Reaktor an seinem Auto und dieses kommt in Gang. Das ist etwas, was die Zuschauer zum Lachen bringt, aber überlegt mal: Eigentlich ist es gar nicht so weit von unserer eigenen Realität entfernt, denn heute kann man ja wirklich schon aus Biomüll Strom gewinnen. Und wem das Thema Umwelt wichtig ist, der wird an diesem Gerät im Film seine Freude haben ...

Top 4: Verarbeitung von Lebensmitteln
20 Ein äußerst nützlicher Apparat, der aber wohl noch länger ein Zukunftstraum bleiben wird, ist der Hydrator. Er verwandelt ein kleines trockenes Stück Teig ganz schnell in eine leckere Pizza, indem er beim Backen das nötige Wasser hinzufügt. Am besten kann man ihn wohl mit einer Mikrowelle vergleichen, auch wenn diese mit der Geschwindigkeit des Hydrators noch nicht mithalten kann. Eine Mikrowelle müsste außerdem noch dazu in der Lage sein, Wasser zu spenden. Das schafft aber, soweit ich weiß, noch
25 keine. Oder habe ich da etwas verpasst???

Top 3: Telekommunikation
Handys sucht man im Film vergeblich. Eine ähnliche Funktion übernehmen aber spezielle Brillen, mit denen man mobil telefonieren und seinen Gesprächspartner sogar sehen kann. Martys zukünftige Kinder tragen solche Brillen beim Abendessen. Allerdings können sie damit keine Daten aus dem Internet
30 abrufen, wie das ja bei unserem Smartphone möglich ist. Und auch Datenbrillen, die das können, gibt es ja heute schon. Das Internet war in den 1980er-Jahren zwar schon erfunden, es spielt aber im Film überhaupt keine Rolle. Das ist etwas, worüber ich mich immer wieder wundere!

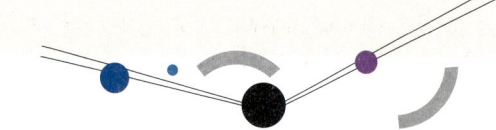

Top 2: Intelligente Kleidung

Martys Schuhe im Film sehen nicht nur cool aus, er muss sich auch gar keine Mühe geben, sie zuzu-
35 machen, denn immer wenn er sie anzieht, schließen sie sich von selbst. Mindestens ebenso praktisch
wie die selbst schließenden Schuhe finde ich Martys futuristische Jacke: Sie passt sich automatisch an
die Größe des Protagonisten an, und nachdem er damit ins Wasser gefallen ist, trocknet sie sich von
selbst. Wen solche technischen Hilfsmittel begeistern, der muss allerdings noch ein bisschen Geduld
haben, denn in der Realität gibt es sie noch nicht. Schuhe mit einem ähnlichen Design sind aber schon
40 zu haben. ☺

Top 1: Fortbewegung

DAS Gerät aus *Zurück in die Zukunft II*, bei dem nicht nur bei mir das Herz höher schlägt*, ist wohl das
„Hoverboard". Dabei handelt es sich um eine Art Skateboard ohne Räder, das sich durch Schweben
fortbewegt. Wer den Film kennt, erinnert sich an die wilden Szenen, bei denen es zum Einsatz kommt.
45 Einige Firmen haben die Entwicklung solcher Skateboards ja schon in Aussicht gestellt. Die Modelle,
die aber bisher vorgestellt wurden, können noch nicht wirklich schweben, denn sie funktionieren
nur auf einem magnetischen Boden. Auf normalen Straßen und Wegen sind sie noch nicht zu
gebrauchen. Aber das kommt hoffentlich noch …

* Das Herz schlägt höher.: *hier:* begeistert sein

c Lies den Blogeintrag in **b** noch einmal und ergänze die Tabelle.

Gegenstände:	So ist es im Film:	So ist es heute:
Reaktor am Auto	Auto fährt mit Küchenabfällen	Man kann aus Biomüll Strom gewinnen

- Ähnlich wie im Film / Im Gegensatz zum Film … heute …
- Während man im Film …, macht man heute …
- Im Film kann man … Heute ist die Situation ähnlich / ganz anders / nicht zu vergleichen, denn …

→ AB, Ü3–5

A2 Lies die Sätze 1–6 und formuliere die *kursiven* Ausdrücke um.
Die Verben im Auswahlkasten helfen.

> können   nicht wichtig sein   einsetzen   sich bemühen
> versprechen   anfangen, sich zu bewegen

Ausdrücke mit Nomen-Verb-Verbindungen sind in der Schriftsprache häufig. In der gesprochenen Sprache wird oft nur ein Verb mit derselben oder einer ähnlichen Bedeutung verwendet.

1. Die wirft er in den „Mr.-Fusion"-Reaktor an seinem Auto und dieses *kommt in Gang*. (Z. 14–15)
2. Eine Mikrowelle müsste außerdem noch dazu *in der Lage sein*, Wasser zu spenden. (Z. 23–24)
3. Das Internet war (…) zwar schon erfunden, es *spielt* aber im Film überhaupt *keine Rolle*. (Z. 31–32)
4. Er muss *sich* auch gar *keine Mühe geben*, die Schuhe zuzumachen (…). (Z. 34–35)
5. Wer den Film kennt, erinnert sich an die wilden Szenen, bei denen *es zum Einsatz kommt*. (Z. 44)
6. Einige Firmen haben die Entwicklung solcher Skateboards ja *in Aussicht gestellt*. (Z. 45)

→ AB, Ü6   → Nomen-Verb-Verbindungen, S. 133–135

A3 Ersetze in den Relativsätzen die unterstrichenen Ausdrücke durch *wer, wen, wem* und schreib die Sätze neu. Vergleiche dann deine Ergebnisse mit den Sätzen in **A1b**.

Relativsätze mit wer, wen, wem

Nominativ	<u>Jemand, der</u> den Film kennt, (der) erinnert sich an die wilden Szenen, … Wer den Film kennt, (der) erinnert sich an die wilden Szenen, (…) (Z. 44)
Akkusativ	<u>Jemand, den</u> solche technischen Hilfsmittel begeistern, <u>der</u> muss (…) Geduld haben, denn (…) (Z. 38)
Dativ	<u>Jemand, dem</u> das Thema Umwelt wichtig ist, <u>der</u> wird (…) seine Freude haben. (Z. 17–18)

Sind Relativpronomen und Demonstrativpronomen im selben Kasus, kann das Demonstrativpronomen wegfallen.

→ AB, Ü7–8   → Grammatik, 5.5.3, S. 122

6

A4 Wähl einen Satz aus 1–5 und ergänze ihn. Deine Partnerin / dein Partner formuliert ihn mit dem Relativpronomen *wer*, *wen* oder *wem* um.

1. Jemand, der gern shoppen geht, …
2. Jemand, den das Aufräumen nervt, …
3. Jemand, dem oft etwas wehtut, …
4. Jemand, dem immer die Zeit fehlt, …
5. Jemand, der ständig Musik auf dem Smartphone hört, …

→ AB, Ü9–10

1. ◆ Wer gern shoppen geht, …

B Ein Herz fürs Rad   HÖREN / SCHREIBEN

B1 Schau die Bilder A – E und die Deutschlandkarte auf der Innenseite des Buchumschlags an. Lies dann die Schlagzeilen. Wo liegt Münster? Was ist das Besondere an der Stadt? Sprecht darüber in der Klasse.

A Fahrrad-Hauptstadt Münster: stressfreies Radfahren auf Münsters Fahrradstraße

B Erfolgreiches Verkehrskonzept im Stadtzentrum von Münster: die „unechten" Einbahnstraßen

C Münsters Ring-Promenade wird bei den Radlern immer beliebter.

D Radfahrer freuen sich übers *Radlager*, das zentrale Fahrradparkhaus in Münster.

E Münster: Fahrradschleuse am Aegidiitor

Modul 2 | 48

B2 a Hör Elisas Präsentation über ihre Heimatstadt Münster beim Jugend-Fahrrad-Festival. In welcher Reihenfolge spricht sie über die Verkehrskonzepte und Orte A – E in B1?

▶ 08

Jugend-Fahrrad-Festival:

Münster – eine Stadt mit Herz fürs Rad

Präsentation von Elisa Schuster

Elisa Schuster unterwegs in Münster

▶ 08 **b** Lies die Aussagen 1–5. Hör dann die Präsentation noch einmal. Was ist richtig, a, b oder c?

1. Radfahrer schätzen die Promenade, weil …
   a ⨯ Autos hier verboten sind.
   b man von dort aus die alte Stadtmauer sehen kann.
   c sie zwischen 16 und 17 Uhr für Fußgänger gesperrt ist.

2. „Unechte" Einbahnstraßen …
   a helfen den Autofahrern, besser in die Innenstadt zu kommen.
   b ⨯ können von Radfahrern in beide Richtungen befahren werden.
   c sind kompliziert und führen bei den Radfahrern zu Stress.

3. Fahrradschleusen bedeuten mehr Sicherheit für die Radfahrer, denn …
   a die Radfahrer können hier bei einem Unfall am Straßenrand halten.
   b ⨯ Radfahrer können sich hier in Ruhe an den richtigen Platz stellen.
   c die Autos dürfen hier nicht nach rechts oder links fahren.

4. Auf den sogenannten Fahrradstraßen …
   a dürfen Radfahrer nicht schneller als 30 km/h fahren.
   b haben Radfahrer Vorfahrt, müssen aber auf die Autofahrer Rücksicht nehmen.
   c ⨯ dürfen Radfahrer nebeneinander fahren und können sich unterhalten.

5. Im Fahrradparkhaus *Radlager* …
   a können sowohl Räder als auch Autos abgestellt werden.
   b kann man für wenig Geld auch Helme und Rucksäcke leihen.
   c ⨯ kann man auch sein Gepäck aufbewahren.

B3 Lies die Aussagen 1–4. Was bedeuten die *kursiven* Ausdrücke? Vergleiche mit den Sätzen in B2b und notiere.

1. Autos sind hier *nicht zugelassen*. verboten
2. Unechte Einbahnstraßen können *auch in der Gegenrichtung befahren werden*. beide Richtungen
3. Man kann *sich* in Ruhe *einordnen*, je nachdem, ob man geradeaus fahren oder abbiegen will.
4. Auf Fahrradstraßen dürfen Radfahrer *eine Geschwindigkeit von 30 km/h nicht überschreiten*.

→ AB, Ü11–12

B4 Stell dir vor, ein Schüler aus Münster macht demnächst ein Austauschjahr an deiner Schule. Schreib dem Schüler eine E-Mail (ca. 80–100 Wörter).

Schritt 1: Schreib, wie du die Verkehrskonzepte für Fahrräder in Münster findest. Begründe deine Meinung.
• *Aus meiner Sicht ist/sind … / Ich halte … für … / Ich bin überzeugt, dass …*
• *Bemerkenswert / Neu war für mich …*
• *Ich hätte nicht gedacht, dass …*

Schritt 2: Berichte, wie man sich in deiner Stadt fortbewegt.
• *In unserer Stadt fährt man (auch) viel … / nimmt man (auch) meistens …, wenn man …*
• *Bei uns fahren nur wenige Leute / fährt man nicht viel … Man benutzt lieber / meistens …*
• *Der Grund dafür ist, dass …*
• *Es wird immer noch zu wenig / zu viel für … getan.*

→ AB, Ü13

Lieber …,
ich habe eine Reportage über das Fahrradfahren in Münster gehört.
…

6

C Die Technik macht es möglich. — LESEN / SPRECHEN

C1 Lies die Fragen 1 und 2 und schau das Bild an.
Lies dann den Online-Zeitschriftenartikel und antworte.

1. Was ist das Thema?   2. Was bedeutet *tracken*?

www.Self-Tracking-für-die-Gesundheit.de

Self-Tracking findet immer mehr Anhänger!

Schritte und Kalorien zählen, den Schlaf oder das Körpergewicht kontrollieren und die Fitness errechnen: Technische Apparate wie Armbänder mit Sensoren und Apps machen es möglich. Die Daten kann man
5 regelmäßig tracken, sie sammeln und die Ergebnisse auswerten. Das Ziel? Selbstoptimierung.
Die Idee kommt aus Amerika und findet auch bei uns immer mehr Anhänger, besonders unter jungen Leuten.

→ AB, Ü14

C2 a Lies die Online-Kommentare 1 – 6 zum Online-Zeitschriftenartikel in C1.
Wer ist für Self-Tracking? Wer ist dagegen? Wer sieht sowohl Vor- als auch Nachteile?

Leserkommentare

1 Ich glaube, Self-Tracking ermöglicht uns, mehr über uns selbst zu lernen und bewusster zu leben.
10 Außerdem können die Daten, die beim Tracking entstehen, auch wieder für Erkenntnisse in der Medizin und Wissenschaft genutzt werden. Man darf es allerdings mit dem Daten-Sammeln auch nicht übertreiben, sonst kann es zur Sucht werden!
Elisa S., Schülerin

2 Das Ziel jedes Einzelnen muss doch sein, mehr zu schaffen. Der Arbeitsmarkt ändert sich, Unternehmen
15 werden effizienter, Menschen werden durch Maschinen ersetzt. Da muss der Mensch eben besser werden, um mithalten zu können. Ich finde es richtig und gut, dass dafür auch technische Hilfsmittel entwickelt werden.
Frank M., Informatiker

3 Messbarkeit und Kontrolle sind wichtig, wenn man Ziele erreichen will. Man nimmt zum Beispiel viel
20 leichter ab, wenn man sich täglich auf die Waage stellt, als wenn man sich nur auf sein Gefühl verlässt. In der Politik und in der Wirtschaft orientieren wir uns doch auch an Zahlen, also warum dann nicht auch im Alltag? Wir müssen allerdings im Auge behalten, dass wir einen Menschen nicht nur nach seiner Leistung beurteilen dürfen!
Peer A., Student

4 Viele junge Leute veröffentlichen ihre Ergebnisse ganz stolz in ihren sozialen Netzwerken. Aber was passiert mit all den gesammelten Daten? Diese Informationen könnten nicht nur Firmen interessieren, die auf der Suche nach neuen Kunden sind, sondern auch die Krankenkassen. Diese könnten zum Beispiel auf die Idee kommen, Profile von Risikopatienten zu erstellen und nach den Daten Tarife zu berechnen. Das wäre nicht in Ordnung.
30 Timo F., Lehrer

Modul 2 | 50

5   Es ist ein Fehler, sich nur noch auf Zahlen zu verlassen, denn wir verlernen, auch auf unsere Intuition zu hören und geben die Verantwortung an Apps ab. In den gesammelten Daten wird außerdem permanent nach Bestätigung gesucht, nur so fühlen wir uns letztlich sicher. Es besteht die Gefahr, dass die Daten zur Grundlage des Selbstbewusstseins werden. Das gilt besonders für junge Menschen.
35 Brigitte T., Psychologin

6   Ich habe bisher immer einen großen Bogen um alles gemacht*, was mit Sport zu tun hatte. Aber seit ich meine Lauf-App habe und ich sehe, wie die Zahlen immer besser werden, habe ich richtig Motivation bekommen und muss mich nicht mehr so überwinden. Mir hilft Self-Tracking, nicht aufzugeben und weiter Sport zu machen. Ich habe jetzt viel mehr Selbstdisziplin.
40 Carla T., Studentin

* einen großen Bogen um etwas machen: etwas vermeiden

b Arbeitet in der Gruppe. Lest die Kommentare in a noch einmal.
Welche Argumente für und gegen das Self-Tracking werden genannt?
Macht Notizen.

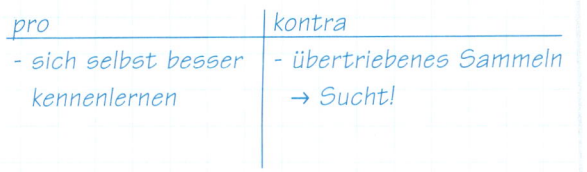

pro	kontra
- sich selbst besser kennenlernen	- übertriebenes Sammeln → Sucht!

→ AB, Ü15–16

C3 Arbeitet zu zweit. Lest die Aussagen 1–6 noch einmal. Was bedeuten die *kursiven* Ausdrücke?
Überlegt gemeinsam.

1. Die Idee *findet* (...) immer mehr Anhänger (...). (Z. 7–8)
2. Da muss der Mensch eben besser werden, um *mithalten zu können*. (Z. 15–16)
3. Wir müssen (...) *im Auge behalten*, ... (Z. 22)
4. Wir *geben die Verantwortung* an Apps *ab*. (Z. 32)
5. In den gesammelten Daten *wird* permanent *nach Bestätigung gesucht*. (Z. 32–33)
6. Ich *muss mich* nicht mehr so *überwinden*. (Z. 38)

C4 a Schau dir die Verben an. Welche Nomen lassen sich von diesen Verben ableiten?
Such sie in den Texten in C2a und ergänze sie mit Artikel.

Nomen mit Verbstamm und Nachsilbe

-e	-nis	-ung	-(a)tion
suchen → die Suche (Z. 27)	erkennen → ① (Z. 10)	bestätigen → ② (Z. 33)	motivieren → ③ (Z. 37)

→ Grammatik, 6.1.2, S. 122–123 und 6.1.3, S. 124

b Bilde Nomen nach dem Muster in a und überprüfe sie gegebenenfalls mit einem Wörterbuch.
Schreib zu jedem Nomen einen Satz.

bewegen kontrollieren erlauben organisieren
optimieren leisten informieren verstehen

1. bewegen → die Bewegung: Regelmäßige Bewegung fördert die Gesundheit.

6

C5 Arbeitet in der Gruppe (3 – 4 Schüler). Diskutiert über die Vor- und Nachteile von Self-Tracking. In jeder Gruppe gibt es zwei Befürworter und zwei Gegner.

Schritt 1: Verteilt in euren Gruppen die Rollen und schaut noch einmal eure Notizen in C2b an.
Schritt 2: Diskutiert in der Gruppe. Die Redemittel helfen euch.

eine Meinung äußern und begründen:
- *In meinen Augen ist Self-Tracking eine gute / schlechte Initiative, weil …*
- *Meiner Ansicht nach ist es von Vorteil / Nachteil, (bestimmte) Daten zu sammeln.*

zustimmen und widersprechen:
- *Ich bin ganz deiner Meinung. / Da hast du völlig recht.*
- *Ich glaube, dass du im Irrtum bist, wenn du meinst, dass …*
- *Dein Argument, dass … kann ich nicht ganz verstehen, denn …*

das Wort ergreifen:
- *Entschuldige, dass ich dich unterbreche, aber … / Darf ich da mal kurz einhaken?*
- *Lass mich bitte mal ausreden. / Einen Moment, ich war noch nicht (ganz) fertig.*
- *Ich würde gern noch auf einen anderen Punkt eingehen / noch etwas ergänzen: …*

→ AB, Ü17–18

D Hilfe für die Bienen! — HÖREN / SCHREIBEN

D1 a Die Umwelt-AG an Elisas Schule beschäftigt sich mit einem aktuellen Thema. Schau das Bild an und lies das Zitat. Was ist das Thema?

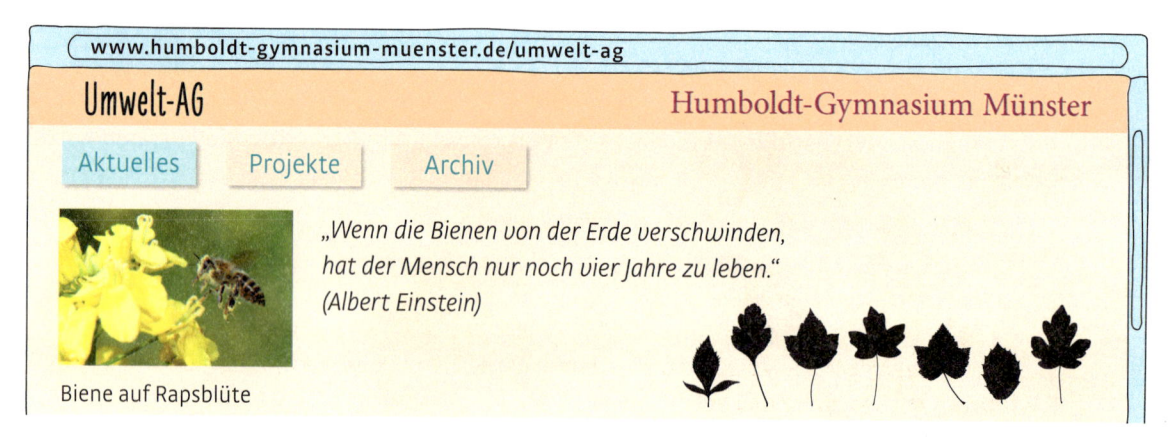

www.humboldt-gymnasium-muenster.de/umwelt-ag

Umwelt-AG   Humboldt-Gymnasium Münster

Aktuelles   Projekte   Archiv

„Wenn die Bienen von der Erde verschwinden, hat der Mensch nur noch vier Jahre zu leben."
(Albert Einstein)

Biene auf Rapsblüte

b Lies die Einleitung zum Thema. Welche Vermutungen in a waren richtig?

Hallo, liebe Freunde, wusstet ihr schon,
1. dass auch Bienen zu Zehntausenden gezüchtet werden?
2. dass die steigenden Temperaturen auch für die Bienen ein Problem sind?
3. dass die Bienen immer weniger Nahrung finden, weil es auf den Feldern und Wiesen nicht genug unterschiedliche Pflanzen gibt?
4. dass wir die Bienen langsam vergiften?
5. dass die Bienenvölker besonders unter der Varroa-Milbe leiden?
6. dass mehr als die Hälfte aller Pflanzenarten Bienen braucht, um sich zu vermehren?

Hier könnt ihr mehr dazu erfahren →

Biene, die von einer Varroa-Milbe befallen ist

D2 a Hör das Interview mit Dr. Ziegler und ordne die Wörter im Auswahlkasten den Fragen in D1b zu.
▶ 09

| Klimawandel | Massentierhaltung | Fortpflanzung | Monokulturen | Pestizide | Parasiten |

6

▶09 **b** Lies die Fragen 1–6. Hör dann das Interview noch einmal und antworte. Mach Notizen.

1. Warum ist Massentierhaltung ein Problem?
2. Warum können die Bienen sich nicht mehr richtig ausruhen?
3. Warum sind die Monokulturen in der Landwirtschaft ein Problem?
4. Warum finden die Bienen ihren Bienenstock nicht mehr?
5. Warum können sich die Bienen nicht gegen die Varroa-Milbe wehren?
6. Warum sind die Bienen für die Natur und den Menschen so wichtig?

→ AB, Ü19–20

1. wenig Platz → Stress für die Bienen → Bienen sterben

D3 Lies die Aussagen 1–7 aus dem Interview und achte auf die kursiven Wörter. Ordne dann die Sätze in die Tabelle ein.

1. Die Zahl der Bienenvölker, die verschwinden, ist stark gestiegen, *sodass* wir uns ernsthaft Sorgen machen.
2. Dort haben die Tiere meistens *so* wenig Platz, *dass* sie sich kaum bewegen können.
3. *Infolge* der steigenden Temperaturen blühen viele Pflanzen heute früher als noch vor 20 oder 30 Jahren.
4. Andere Pflanzen gibt es nicht. Die Bienen müssen *also* den Rest des Jahres Hunger leiden.
5. Für unsere Tiere war dieser Parasit bisher unbekannt, sie können sich *folglich* gegen den Parasiten nicht wehren.
6. Wenn die Bienen sterben, verschwinden auch all diese Pflanzen und *infolgedessen* verschwinden auch die Tiere, die sich von ihnen ernähren.
7. Das ganze Ökosystem würde sich verändern. Und *so* könnten sich letztlich auch die Menschen nicht mehr ausreichend versorgen.

Konsekutivsätze (Folgen)		
Konjunktionen	Die Zahl der Bienenvölker, die verschwinden, ist stark gestiegen, *sodass* wir uns ernsthaft Sorgen machen.	ebenso: 1
Adverbien	2, 3, 4, 5	
Präposition + Genitiv	6	

→ AB, Ü21–22   → Grammatik, 5.4.5, S. 119

D4 Lies die Schlagzeilen 1–5 und formuliere sie in Konsekutivsätze um. Es gibt mehrere Möglichkeiten.

1 Immer mehr Monokulturen: Die Schmetterlinge werden vertrieben

2 Klimawandel immer deutlicher: Der Nordpol wird eisfrei sein

3 Immer mehr Pestizide im Einsatz: Die Lebensmittel werden stärker belastet

4 In Südeuropa seit Monaten kein Regen: Wasser könnte knapp werden

5 Gefährlicher Parasit verbreitet sich: Viele Bäume müssten gefällt werden

1. Es gibt immer mehr Monokulturen. Infolgedessen werden die Schmetterlinge vertrieben.

→ AB, Ü23–24

D5 Lies die Fragen zum Interview in D1b und deine Notizen aus D2 noch einmal. Fass dann das Interview mit Herrn Dr. Michael Ziegler zusammen. Die Redemittel helfen dir.

- Im Interview geht es um … / Das Interview behandelt die Frage, …
- Herr Dr. Ziegler behauptet / hebt hervor / führt aus, dass …
- Er führt einige Beispiele an: …
- Am Ende betont der Bienenforscher, dass …

→ AB, Ü25

LITERATUR & LANDESKUNDE

LITERATUR

Charlotte Kerner: *Blueprint Blaupause*

1 Lies den Lebenslauf von Charlotte Kerner und die Zusammenfassung des Romans *Blueprint Blaupause*. Beantworte dann die Fragen 1 – 3. Was ist richtig, a, b oder c?

Die deutsche Buchautorin und Journalistin **Charlotte Kerner** wurde am 12. November 1950 in Speyer geboren. Sie studierte Volkswirtschaft und Soziologie in Mannheim und absolvierte Studienaufenthalte in Kanada und in der Volksrepublik China. Als Journalistin arbeitete sie unter anderem für die Zeitschrift *GEO-Wissen* und die
5 Wochenzeitung *Die Zeit*. In ihren Romanen befasst sich die Schriftstellerin oft mit aktuellen Wissenschaftsthemen und stellt Frauen in den Mittelpunkt ihrer Geschichten. Im Jahr 1987 erhielt sie zum ersten Mal den Deutschen Jugendliteraturpreis für ihre Biografie *Lise, Atomphysikerin* und dann noch einmal im Jahr 2000 für den Zukunftsroman *Blueprint Blaupause*, der 2004 mit Franka Potente in der Hauptrolle
10 verfilmt wurde. Heute lebt Charlotte Kerner mit ihrer Familie in Lübeck.

Am Anfang des Romans *Blueprint*[1] *Blaupause* ist Siri 22 Jahre alt. Ihre Mutter Iris ist vor Kurzem gestorben und Siri erzählt nun ihre Lebensgeschichte: Die berühmte Pianistin Iris erfährt, dass sie an MS[2] erkrankt ist und ihren Beruf als Musikerin vielleicht nicht mehr lange ausüben kann. Sie hat keine Kinder und bedauert, dass sie ihre Begabung nicht weitergeben kann. Zufällig liest
15 sie einen Artikel über einen kanadischen Wissenschaftler, der erfolgreich Lebewesen geklont[3] hat. Daher entschließt sie sich, nach Kanada zu reisen und den Wissenschaftler zu bitten, aus ihren Genen[4] den ersten menschlichen Klon, ihre Tochter Siri, zu erzeugen. Als Klon ist Siri natürlich Tochter und Zwilling[5] zugleich.

1 die Blaupause (*engl. blueprint*): Kopie eines Dokuments. Es wird mit einem blauen Durchschreibpapier, der sogenannten Pause, hergestellt.
2 MS (die Multiple Sklerose): eine chronisch-entzündliche, neurologische Erkrankung
3 klonen (der Klon): künstliche Herstellung eines Lebewesens, das mit einem anderen Lebewesen genetisch identisch ist
4 das Gen: Träger von Erbinformation, die an die Kinder weitergegeben wird
5 der Zwilling: ein Kind, das mit einem anderen innerhalb derselben Schwangerschaft heranwächst und gleichzeitig zur Welt kommt

1. Was ist zu Beginn des Romans passiert?
   a Iris bekommt ein Kind.
   b Iris muss ins Krankenhaus.
   c Iris ist gestorben.

2. In welchem verwandtschaftlichen Verhältnis stehen Iris und Siri zueinander?
   a Cousinen
   b Mutter und Tochter
   c Tante und Nichte

3. Was ist das Besondere an ihrer Beziehung?
   a Siri ist ein Klon von Iris.
   b Siri ist krank und Iris pflegt sie.
   c Siri will zu ihrem Vater.

2 Lies die Fragen 1 – 4. Lies dann den Textauszug aus *Blueprint Blaupause* und antworte.

1. Was will Siri herausfinden?
2. Warum heißt der Roman *Blueprint Blaupause*?
3. Wie fühlt sich Siri als Klon von Iris?
4. Wie fühlt sich Iris, nachdem sie den Bericht über den kanadischen Wissenschaftler gelesen hat?

LITERATUR & LANDESKUNDE

Blueprint Blaupause

Iris war rücksichtslos, also erwartet auch keine Rücksicht von mir. Ich trete nur in ihre Fußstapfen[1]. Es ist doch auch eine Art Klonen, wenn ich meine Erinnerungen und Gedanken hervorhole und mich neu zusammensetze. Nach zweiundzwanzig Jahren erschaffe ich mich noch einmal. Denn ich bin eine Überlebende, die versucht zu verstehen: unser Ende und unseren Anfang, ihr Ende und meinen klonigen Anfang.

Vor zwei Wochen ist mein Mutterzwilling gestorben und ich sitze wie früher an unserem schwarzen Konzertflügel[2], der mir als Kind so furchtbar mächtig erschienen ist. Mister Black haben wir ihn getauft[3], als ich sieben Jahre alt geworden war und Iris mir endlich erlaubt hatte, darauf zu spielen. Voller Stolz hatte ich damals das schwarz glänzende Holz und die weißen und schwarzen Tasten gestreichelt.

Ich werde diese Tasten nie mehr anschlagen. Der Deckel bleibt für immer zu, wie bei dem Sarg[4], in dem Iris jetzt liegt.

Auf Mister Blacks hölzernem Rücken liegen leere Blätter. Doch ich setze nicht wie sie Noten[5] auf die schwarzen Linien, komponiere keine Musikstücke. Ich reihe nur Buchstabe an Buchstabe, Wort an Wort. Ich will herausfinden, wer das ist, der hier am Konzertflügel sitzt.

Das Wort Klon mag ich übrigens nicht, weil es inzwischen zu abgenutzt[6] und abgelacht ist. Ich nenne mich lieber Blueprint. (…)

Als Iris mich zum ersten Mal gedacht hat, war sie sicher genauso allein und verzweifelt[7], wie ich es bin, seit sie mich verlassen hat. Und deshalb bin ich ihr nun wieder so nah, dass es wehtut. Es ist schrecklich, allein zu sein, wenn man krank ist. Das wissen wir beide. Sie hatte damals MS und ich bin heute seelenkrank[8].

Dass ich einer der ersten Menschenklone bin und noch dazu eine der Ersten unserer Art, die erwachsen geworden sind und überlebt haben, sieht man mir natürlich nicht an. Äußerlich wirke ich ganz normal, sehe aus und rede wie jeder Einling[9]. Der Horror spielt sich innen ab und der beste Horror war schon immer der von der unsichtbaren Sorte. Wer sich im Dunkeln fürchtet, singt manchmal laut. (…)

Iris war gerade dreißig Jahre alt geworden, als sich ihr Sehnerv[10] zum zweiten Mal entzündet[11] hatte und sie ihre letzte Hoffnung begraben musste. Nun gab es keinen Zweifel mehr: Sie hatte die Multiple Sklerose im Leib und das bestätigten auch die verschiedensten medizinischen Tests. (…)

Die Diagnose MS schleuderte sie heraus aus der normalen Welt und machte sie aufsässig[12] und trotzig. Sie wollte sich diesem Schicksal nicht beugen, nicht sie! Niemals! Nacht um Nacht wälzte sie sich schlaflos im Bett und verfluchte ihren Körper, der so jämmerlich versagte[13]. „Warum gerade ich!", schrie sie. Ihre Karriere, ihre Kunst, das Komponieren waren immer alles für sie gewesen. Doch plötzlich zählte das nicht mehr. Plötzlich trauerte sie, dass sie keine Kinder hatte. Niemand, dem sie ihr Talent, ihr Wissen weitergeben konnte. Niemand, der ihr Erbe antreten würde. Niemand, in dem sie weiterleben würde. Niemand, den sie wirklich liebte und der sie wiederliebte. Iris hatte nie geahnt, wie allein sie war. In tiefster Ausweglosigkeit überfielen sie Gefühle, die sie zuvor als primitive Fortpflanzungsinstinkte[14] belächelt hatte. In dieser Zeit der Verzweiflung stieß sie zufällig auf einen Zeitungsartikel über Professor Mortimer G. Fisher aus dem Center for Reproductive Medicine and Bioengineering in Montreal, Kanada. Zu einer anderen Zeit hätte sie den Bericht wohl überlesen oder bestenfalls überflogen und genauso schnell wieder vergessen. Aber was hier stand, elektrisierte sie: Der englische Forscher hatte das Klonen von Säugetieren sicherer gemacht, denn endlich hatte er den so lange gesuchten zentralen Entwicklungsschalter in den Genen entdeckt und konnte ihn nun ganz gezielt „anschalten". Nachdem Iris den Bericht mehrmals durchgelesen hatte, wusste sie, was sie zu tun hatte, um ihr Schicksal zu ändern.

1. in jmds. Fußstapfen treten:
   hier: eine Karriere von jdm. fortsetzen
2. der Konzertflügel: eine besondere Form des Klaviers
3. taufen (die Taufe): Zeremonie, die jdm. oder etwas einen Namen gibt
4. der Sarg: Holzbehälter, in den Tote gelegt werden, um sie zu beerdigen
5. die Noten: *hier*: Zeichen, mit denen man Musik komponiert und aufschreibt
6. abgenutzt: etwas hat an Bedeutung verloren, weil es zu oft gebraucht wurde
7. verzweifelt: deprimiert und ohne Hoffnung
8. seelenkrank: psychisch krank
9. der Einling: Gegenteil von Zwilling
10. der Sehnerv: der Nerv, der das Sehen möglich macht
11. sich entzünden: Reaktion des Immunsystems des Körpers auf schädliche Reize, meist mit Schmerzen verbunden
12. aufsässig: auf etwas negativ reagieren; sich gegen etwas intensiv wehren
13. versagen: ein Ziel nicht erreichen; etwas nicht schaffen
14. primitive Fortpflanzungsinstinkte: einfacher menschlicher Instinkt, eigene Kinder haben zu wollen

3 Arbeitet zu zweit. Entwickelt einen Dialog, den Siri nach dem Tod ihrer Mutter mit dem kanadischen Wissenschaftler geführt haben könnte. Tragt euren Dialog der Klasse vor.

LITERATUR & LANDESKUNDE

LANDESKUNDE

Der Schrebergarten

1 Lies die Tätigkeiten zum Thema *Gartenarbeit* und schau die Bilder A – F an. Welches Bild passt zu welcher Tätigkeit? Ordne zu. Hast du selbst schon so etwas gemacht? Berichte in der Klasse.

> Äpfel pflücken × Unkraut ausrupfen × Rasen ernten × Hecken schneiden ×
> Gemüse ernten × Rasen mähen × Blumen gießen × Gemüse mähen

2 Lies die Reportage zum Thema *Schrebergarten*. Warum finden junge Leute einen Schrebergarten attraktiv? Vergleiche deine Ergebnisse dann mit deiner Partnerin / deinem Partner.

Die kleine Oase in der Stadt
Immer mehr junge Leute wollen einen Schrebergarten
Eine Reportage von Heinz Somme

Arbeit je nach Wetter
Wenn Maria Kaster (23) am Nachmittag, nach Vorlesungen und Seminaren, aus dem Uni-Gebäude tritt, gilt ihr erster Blick dem Himmel. Das Wetter interessiert sie. Ob es regnet, ob die Sonne scheint, ob es friert oder ob es glühend[1] heiß ist. Denn dann weiß sie, welche Arbeit auf sie wartet: Rasen mähen, Blumen gießen, Unkraut jäten[2] oder Äpfel pflücken. Maria geht dann nur kurz in ihr Zimmer in der Wohngemeinschaft, zieht sich schnell um und geht dahin, wo sie ihre Freunde und Mitbewohner, Kai (24) und Reiner (23), trifft: in ihren Schrebergarten.

Die eigene Parzelle
Maria studiert Psychologie, Kai Technik und Reiner Mathematik. Und alle drei an der Uni in Lübeck. Sie wohnen mitten in der Stadt. Die Wohnung ist eng, die Zimmer relativ klein, da hatten sie die Idee, sich am Rand der Stadt ein Stück Garten, ein bisschen frische Luft und einen Platz zum Chillen zu suchen. Maria, Kai und Reiner wurden Mitglied im Kleingartenverein „Die Gartenzwerge" und pachteten[3] eine Parzelle[4]. Der Vorbesitzer war 79 Jahre alt und konnte die Gartenarbeit nicht mehr machen. Maria und ihre Mitbewohner legten zusammen, kauften von dem alten Herrn alle Sachen, die auf dem Grundstück waren, vom Rasenmäher über die Gartenlaube[5] bis hin zum Spaten[6].

eine Parzelle

Körperliche Arbeit statt Theorie
Maria findet die Arbeit im Garten super. „Ich liebe die körperliche Arbeit im Garten nach so viel Theorie an der Uni. Was mir aber nicht so ganz gefällt, sind die regelmäßigen Mitgliederversammlungen im Verein. Als Vereinsmitglied muss man da hingehen, und die langen Diskussionen über Ordnung und Sauberkeit und die gemeinsamen Arbeiten in der Kolonie sind schon ziemlich nervend", sagt sie. Kai konnte sich früher nichts Langweiligeres vorstellen als Gartenarbeit. „Das sehe ich heute anders", sagt er, „mittlerweile kann ich es gar nicht mehr abwarten, nach der Uni hierher zu kommen, mich zu entspannen und eben

LITERATUR & LANDESKUNDE

45 auch im Garten zu arbeiten. Nach Stunden am Computer tut die körperliche Arbeit richtig gut. Da brauche ich kein Fitness-Center mehr." Und Reiner betont: „Die Arbeit ist schon anstrengend, doch wenn man dann das eigene Gemüse und das eigene Obst
50 ernten kann, dann sieht man, dass sich die Arbeit gelohnt hat."

Die Geschichte des Schrebergartens: früher und heute

Aber was genau ist ein Schrebergarten? Mitte des
55 19. Jahrhunderts entwickelte der Leipziger Kinderarzt und Hochschullehrer Dr. Schreber die Idee, in der Stadt Grünflächen anzulegen, auf denen die Kinder aus Arbeiterfamilien spielen können. Der Pädagoge Dr. Hauschild griff diese Idee auf, legte aber zu den
60 Spielflächen auch Beete an, um den Kindern die Natur näherzubringen. Diese Anlage wurde 1865 eingeweiht und Dr. Hauschild gab ihr, seinem Erfinder zu Ehren, den Namen ‚Schreberverein'.

Die Idee entwickelte sich zum Erfolgsmodell, denn
65 schon bald entdeckten auch die Erwachsenen ihre Lust an der Gartenarbeit und sie parzellierten die großen Flächen. Aus den Kinderbeeten wurden Familiengärten, eben Schrebergärten. Alle Gärten auf einem Areal[7] nennt
70 man eine Gartenkolonie. Im Jahre 1870 gab es allein in Leipzig schon 100 solcher Schreber-
75 gärten und bald gründeten sich auch in anderen deutschen Städten Schrebergartenkolonien. Heute gibt es in Deutschland rund eine Million Schrebergärten, die
80 von rund fünf Millionen Menschen genutzt werden.

eine Schrebergartenkolonie

Das Land, auf dem Schrebergärten liegen, gehört der Stadt, der Verein verpachtet die einzelnen Parzellen an seine Mitglieder. Doch ab den 1960er-Jahren bis in die 2000er galt der Schrebergarten als Sinnbild für
85 deutsches Spießbürgertum[8]. Der typische Schrebergärtner war über 50 Jahre, hatte einen Gartenzwerg vor der Gartenlaube stehen, schnitt jeden Samstag mit der Schere den Rasen auf gleiche Höhe und rupfte jedes kleine Unkraut im Garten sofort aus. Und
90 dann prüft er mit einem Blick über die perfekt geschnittene Hecke, ob der Nachbar das auch so gemacht hat.

Dieses Klischee stimmt heute nicht mehr. Seit Neuestem gilt der Schrebergarten als hip, als cool,
95 als in. Fast die Hälfte aller Gärten ging laut Bundesverband Deutscher Gartenfreunde, bei dem alle Schrebergartenvereine organisiert sind, in den vergangenen fünf Jahren an junge Familien mit Kindern.

100 Ein Verein braucht Regeln

Doch egal ob alt oder jung, an die strengen Regeln, die ein Kleingartenverein aufstellt, müssen sich alle halten. Es wird kontrolliert, ob der Rasen regelmäßig gemäht wird und ob nicht zu viel Unkraut vor dem
105 Eingang wächst. Die Laube darf nicht größer als 24 qm sein und man darf nicht darin übernachten. Auf einem Drittel der Gartenfläche muss Obst und Gemüse angepflanzt werden und die Hecken dürfen nicht höher als 1,20 m sein. Jedes Vereinsmitglied
110 muss helfen, die Anlage zu pflegen. Und wenn man gegen diese Regeln verstößt, droht die Kündigung.

Diese Regeln gelten natürlich auch für Maria, Kai und Reiner. Und da klappt noch nicht alles so, wie es sich die Nachbarn wünschen. Ihr Nachbar zum Beispiel,
115 der 73-jährige Rentner Horst Baumann, sagt: „Ich mag die jungen Leute sehr gerne, aber sie könnten etwas fleißiger und ruhiger sein. Am Anfang haben sie bis spät in die Nacht im Garten laute Partys gefeiert, das ist nicht erlaubt. Doch da habe ich mit
120 ihnen geredet und die Sache war in Ordnung. Aber statt dauernd zu grillen, könnten sie etwas mehr Wert auf Ordnung in ihrem Garten legen."

Das Sommerfest

Maria lächelt: „Klar, da hat er schon
125 recht, dass wir oft grillen, aber nur im Sommer und immer erst nach der Gartenarbeit. Und den Freunden, die uns besuchen, sagen wir immer, dass sie möglichst leise sein sollen.
130 Und fleißig sind wir auch. In zwei Wochen zum Beispiel ist das große Sommerfest hier in der Kolonie. Da haben alle besondere Aufgaben. Wir stellen die Tische und Bänke auf,
135 gehen die Getränke einkaufen und organisieren eine gute Musikanlage. Ich freue mich schon sehr auf das Fest, denn da haben alle Spaß – Alt und Jung – und alle lernen sich besser kennen. Da werden wir dann auch sicherlich in aller Ruhe mit Herrn Baumann
140 reden können."

ein Gartenzwerg

---

1 glühend: *hier*: sehr
2 (das) Unkraut jäten: Pflanzen, die nicht gewünscht sind, ausreißen
3 pachten: *hier*: eine Fläche mieten, um darauf Pflanzen anzubauen
4 die Parzelle: eine Fläche / ein Grundstück, das durch Vermessung festgelegt wurde
5 die Gartenlaube: ein kleines Gartenhaus, das zu einer Seite offen ist
6 der Spaten: eine Art Schaufel
7 das Areal: die Fläche
8 das Spießbürgertum: die Einstellung von Menschen, die (auf unangenehme Art) konservativ und engstirnig sind

LITERATUR & LANDESKUNDE

3 Lies die Aussagen 1 – 5 von Maria, Kai und Reiner und noch einmal die Zeilen 33 – 51 in **2**. Welche Aussage passt zu welcher Person? Ordne zu.

1. Mit der körperlichen Arbeit im Garten spare ich mir das Fitness-Center.
2. Ich kann es oft kaum erwarten, in unseren Garten zu kommen.
3. Was ich nicht mag, sind die Vereinssitzungen.
4. Wenn ich lange am Computer gearbeitet habe, bin ich froh, im Garten körperlich zu arbeiten.
5. Ich finde es toll, eigenes Gemüse und Obst zu ernten.

1. Kai

4 Was war wann? Lies die Zeitangaben A – D und noch einmal die Zeilen 52 – 99 in der Reportage in **2**. Wofür stehen die Zahlen? Schreib Stichworte.

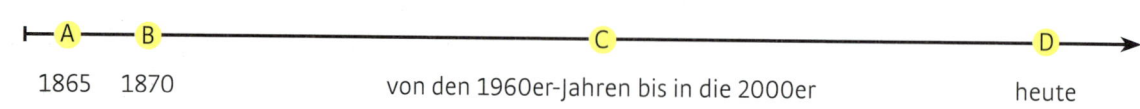

A — B ———————————— C ———————————— D →
1865   1870   von den 1960er-Jahren bis in die 2000er   heute

5 Lies die Regeln 1 – 8 und noch einmal die Zeilen 100 – 122 in der Reportage in **2**. Welche Regeln gelten in der Schrebergartenkolonie „Die Gartenzwerge"?

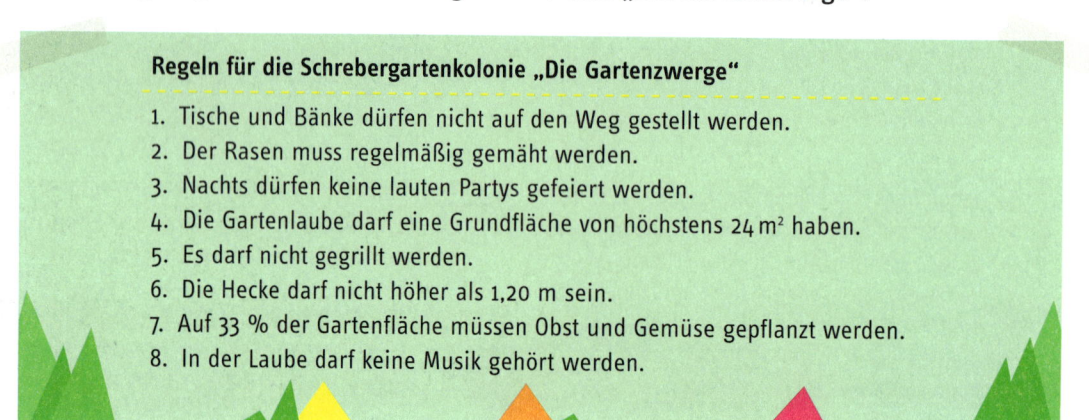

Regeln für die Schrebergartenkolonie „Die Gartenzwerge"

1. Tische und Bänke dürfen nicht auf den Weg gestellt werden.
2. Der Rasen muss regelmäßig gemäht werden.
3. Nachts dürfen keine lauten Partys gefeiert werden.
4. Die Gartenlaube darf eine Grundfläche von höchstens 24 m² haben.
5. Es darf nicht gegrillt werden.
6. Die Hecke darf nicht höher als 1,20 m sein.
7. Auf 33 % der Gartenfläche müssen Obst und Gemüse gepflanzt werden.
8. In der Laube darf keine Musik gehört werden.

6 Macht eine Diskussion zum Thema *Schrebergarten – ja oder nein?*

Schritt 1: Arbeitet in Gruppen zu viert. Ihr seid vier Studenten, die in einer WG zusammenleben. Ihr diskutiert darüber, ob ihr als WG eine Parzelle in einer Schrebergartenkolonie pachten sollt. Lest die Rollenkärtchen.

Kontra: Simon, 23 Jahre studiert Informatik im 6. Semester steht kurz vor seinem Bachelorabschluss. Die wenige Zeit, die ihm bleibt, verbringt er am liebsten im Fitness-Studio oder mit seinen Freunden.

Pro: Susanne, 18 Jahre, studiert Biologie im 1. Semester und begeistert sich für Pflanzen. Außerdem lebt sie sehr gesundheitsbewusst und verbringt ihre Freizeit am liebsten in der Natur.

Kontra: Tabea, 22 Jahre, studiert Kunst und verbringt ihre Freizeit gern in Museen oder in Cafés. Sie feiert gern Partys und hält sich nicht gern an Regeln.

Pro: Felix, studiert Wirtschaft und muss viel lernen. Er möchte sich gern körperlich betätigen, hat aber bisher noch keinen Sport gefunden, der ihm gefällt. Er hat einen Hund, mit dem er gern im Park spazieren geht.

Schritt 2: Verteilt die Rollen und notiert Argumente.

Schritt 3: Führt dann die Diskussion und findet eine Lösung.

MODUL 3

7 GESELLSCHAFT UND DIGITALISIERUNG
8 KÖRPER UND PSYCHOLOGIE
9 GESCHICHTE UND ERINNERUNG

ÜBERFLIEGER
die Schülerzeitung des Stadtgymnasiums Stuttgart

STECKBRIEF JAKOB BRENNER
Schüler der Klasse 11a und Medientutor

- **Unsere Schule ist …** stark im Bereich Neue Medien: Es gibt die Internet-AG, das Projekt „digital, aber sicher" und uns Medientutoren.

- **Bei mir bist du richtig, wenn …** du Stress in sozialen Netzwerken hast oder unsicher bist, was im Netz okay ist und was nicht.

- **Für's Leben gelernt habe ich, …** dass man viele Konflikte durch Kommunikation lösen kann. Und dass man das lernen muss.

- **Wenn nicht hier, dann …** bitte Berlin! In keiner anderen Stadt ist man so nah dran an der deutschen Geschichte.

- **Berg oder Strand?** Klare Antwort: Berge. Das weiß ich seit meiner Alpenüberquerung letzten Sommer.

- **Glücklich bin ich, wenn …** ich anderen helfen kann. Und auch, wenn ich von anderen Hilfe bekomme.

- **Das macht mich fertig:** Heuschnupfen und Höhenangst

- **Mein Motto:** Gemeinsam sind wir stark!

1 Lies den Steckbrief. Was erfährst du über Jakob?

2 Füll den Steckbrief für dich aus. Hängt eure Ergebnisse (ohne Namen) in der Klasse aus. Wer ist wer?

DAS LERNST DU:

einen Kommentar schreiben • Beispiele nennen • einen Vortrag halten • etwas bewerten • etwas vergleichen • Überraschung ausdrücken • eigenes Interesse formulieren • Vermutungen ausdrücken • Sicherheit ausdrücken • eine Präsentation halten • etwas erklären • Voraussetzungen nennen • Vor- und Nachteile nennen • einen Buchtipp schreiben • über persönliche Erfahrungen berichten • eine Diskussion führen

7 IM WANDEL — GESELLSCHAFT UND DIGITALISIERUNG

A Sozialer Einsatz
LESEN / SCHREIBEN

A1 a Lies die Fragen 1 – 3. Schau dann die Bilder im Zeitschriftenartikel in b an und lies die Bildunterschriften. Sprich mit deiner Partnerin / deinem Partner und antworte.

1. Was ist ein Ehrenamt?
2. Welche Ehrenämter kennst du?
3. Was bekommen die Ehrenamtlichen dafür?

b Lest Absatz 1 des Zeitschriftenartikels und vergleicht mit euren Ergebnissen aus a.

Ehrenamt – wer, für wen, wozu?

1 Sie bringen Schulkinder sicher über die Kreuzung, sie setzen sich für verlassene Hunde ein, sie fahren Einsätze als Rettungssanitäter und machen Bereitschaftsdienste für die Freiwillige Feuerwehr. Sie säubern Naturschutzgebiete vom Müll der Touristen, trainieren Nachwuchsmannschaften in Hockey oder zählen nach der Wahl die Wahlscheine aus. (X) Ungefähr ein Drittel der Erwachsenen und Jugendlichen in Deutschland ist freiwillig, ohne Bezahlung, bis zu mehreren Stunden wöchentlich aktiv – zum Nutzen der Gesellschaft.

2 Das ehrenamtliche Engagement ist aber nicht nur gut für die anderen, sondern hat auch Vorteile für die Ehrenamtlichen selbst, weiß Helga Mierlinger aus eigener Erfahrung. „Die Begeisterung von Arif, wenn ich ihm vorlese, die Dankbarkeit der Eltern und überhaupt das Gefühl, etwas wirklich Sinnvolles zu tun – das ist mir Lohn genug"[1], sagt sie. (1) Unter dem Motto „Man ist nie zu alt zum Lernen" beschäftigt sich die ehemalige Bankkauffrau also nun damit, wie man Kindern am besten das Lesen beibringt.

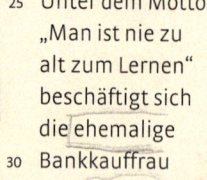

Helga Mierlinger (72), Rentnerin und Lesepatin, kennt keine Langeweile. Sie übt mit einem syrischen Jungen Lesen auf Deutsch.

3 So oft die aktiven Senioren in den Medien Thema sind, so oft liest man auch, dass Jugendliche immer weniger Interesse an sozialem Einsatz zeigen würden. Defne Özdemir, die in der Jugendarbeit tätig ist, beobachtet dagegen, dass es nicht an Interesse mangelt, sondern dass oft einfach die Zeit für zusätzliches Engagement nicht reicht. Die Jugendlichen seien heute durch Ganztagsschulen und gestiegene Leistungsanforderungen stärker unter Druck. (2) „Ich weise natürlich immer gern darauf hin, dass es ja durchaus auch Ehrenämter gibt, die wenig Zeit kosten, wie z. B. einmalige Aktionen im Naturschutz oder die Tätigkeit als Wahlhelfer", erklärt Özdemir.

4 Ein leichter Wandel zeigt sich in der Motivation der jungen Leute. Die Frage, wozu sie sich engagieren, beantworteten Jugendliche früher am häufigsten damit, dass es Spaß macht und sie gern mit sympathischen Menschen zusammen aktiv sein wollen. (3) Daneben geben Jugendliche in Umfragen inzwischen aber vermehrt[2] an, etwas für die Gemeinschaft tun zu wollen. Auch eigene Interessen spielen eine wichtige Rolle. „Die Ausbildung zum Medientutor war eine einmalige Chance, mein Fachwissen im Bereich Internet und soziale Medien zu vertiefen", berichtet Jakob Brenner. (4) „Für den Erfolg einer Bewerbung kann das Ehrenamtszeugnis entscheidend sein", stellt er ganz pragmatisch fest.

Jakob Brenner (17), Schüler und Medientutor, hat gelernt, wie man Konflikte löst. Er berät seine Mitschüler bei Problemen in sozialen Netzwerken.

5 Ehrenamtszeugnisse schreibt zum Beispiel Wolfgang Arnweg, der im Altenheim „An der Maiwiese" für die Koordination der Freiwilligen zuständig ist. In einem Projekt mit der benachbarten Realschule haben ein Jahr lang 13 Schülerinnen und Schüler der 9. Klasse einmal im Monat in ihrer Freizeit etwas mit den alten Leuten unternommen: „Ein Spaziergang im

Park, gemeinsam alte Fotos anschauen, *Mensch ärgere dich nicht* spielen … (5)", erzählt Arnweg. Gerade in der Altenpflege seien Ehrenamtliche nötig zur Unterstützung des professionellen Pflegepersonals. „Natürlich kann und darf ein Ehrenamtlicher nicht die Aufgaben eines qualifizierten Pflegers übernehmen. Hier geht es um zusätzliche Angebote.

In Zeiten, in denen viele alte Menschen keine eigenen Kinder haben oder die Familie weit weg wohnt, werden die Helfer zu wichtigen Bezugspersonen", erklärt er.

1 das ist mir Lohn genug: *hier:* Das ist genug für mich.
2 vermehrt: immer häufiger

c Lies jetzt den ganzen Zeitschriftenartikel in **b** und setze die Sätze A – G jeweils in die richtige Lücke ein. Zwei Sätze bleiben übrig.

- X Schätzungen zufolge gibt es in Deutschland zwischen 20 und 30 Millionen Ehrenamtliche.
- A Das war für viele Senioren der Höhepunkt der Woche.
- B Außerdem habe sie durch die ehrenamtliche Tätigkeit auch selbst viel dazugelernt.
- C Dafür sei ihm die Zeit zu schade.
- D Dazu dient das Ehrenamt auch heute noch.
- E Deshalb könnten sie oft keine weiteren zeitlichen Verpflichtungen annehmen.
- F Das finden Jugendliche nämlich langweilig.
- G Darüber hinaus habe er Erfahrungen in Konfliktmanagement gesammelt und seine Kommunikationsfähigkeit verbessert.

→ AB, Ü3

A2 Schau noch einmal die Sätze im Zeitschriftenartikel in A1b und c an und ergänze die Tabelle.

Finalsätze (Wofür? Wozu?)	
Adverbien	**Dafür** sei ihm die Zeit zu schade. *(A1c)*
	(1) dient das Ehrenamt auch heute noch. *(A1c)*
Präpositionen	
+ Akkusativ	(2) den Erfolg einer Bewerbung kann das Ehrenamtszeugnis entscheidend sein. *(Z. 67–72)*
+ Dativ	Man ist nie zu alt (3) Lernen. *(Z. 26–27)*

Die finalen Konjunktionen *damit* (z. B. *Damit eine Bewerbung Erfolg hat* …) und *um … zu* (z. B. *um zu lernen*) kennst du schon.

→ AB, Ü4–5 → Grammatik, 5.4.2, S. 118

A3 a Schau die Verben an. Welche Nomen lassen sich davon ableiten? Such sie in A1b und c und ergänze den Artikel. Was fällt dir beim Artikel auf?

Nomen aus Verben	
Verbstamm (evtl. Vokalwechsel!)	Infinitiv
(sich) einsetzen → (3) *(Z. 38)*	lernen → (5) *(Z. 27)*
sich wandeln → (4) *(Z. 50)*	lesen → (6) *(Z. 32)*

Ein Verb im Infinitiv kann immer in ein Nomen umgewandelt werden. Diese Nomen haben den Artikel *das*.

→ Grammatik, 6.1.2, S. 122

b Schau die Verben an. Welche Nomen lassen sich davon ableiten? Schreib Stichpunkte mit der Präposition „zu" zum Thema *Wozu Ehrenamt?*. Schreib dann Sätze.

1. um Erfahrungen zu *sammeln*
2. um Kompetenzen zu *erweitern*
3. um Wissen zu *erwerben*
4. um Menschen mit ähnlichen Interessen *kennenzulernen*
5. um Kontakte für die spätere Karriere *aufzubauen*
6. um Bewerbungschancen zu *verbessern*

1. zum Sammeln von Erfahrungen → Ehrenamtliche Arbeit eignet sich zum Sammeln von Erfahrungen.

→ AB, Ü6–8

7

A4 Schreib einen Kommentar zum Thema *Sollen sich Jugendliche ehrenamtlich engagieren?* (ca. 130 – 150 Wörter).

Schritt 1: Lies die Argumente **gegen** das Ehrenamt a – c. Such dann im Text in A1b passende Argumente **für** das Ehrenamt. Du kannst auch weitere Argumente ergänzen.

a
„Wenn man sich ehrenamtlich engagiert, bekommt man keinen Lohn. Das ist für mich Ausbeutung."
Michael, 30, Polizist

b
„Ehrenamtliche übernehmen Aufgaben, die andere beruflich machen. Sie nehmen also Professionellen die Arbeitsplätze weg."
Samer, 22, Biologiestudent

c
„Wer sich ehrenamtlich engagieren will, braucht viel Zeit. So was können sich nur Rentner leisten."
Antonia, 18, Praktikantin

pro: Etwas Sinnvolles zu tun, ist auch eine Form von Lohn.

Schritt 2: Schreib einen Kommentar: Was ist deine eigene Meinung? Formuliere Argumente, die für deine Meinung sprechen. Nenne auch Argumente, die dagegen sprechen, und entkräfte sie.

Gegenargumente entkräften:
- *Zwar …, das bedeutet aber nicht …*
- *Natürlich stimmt es, dass ….*
  Das heißt jedoch nicht, dass …
- *Im Prinzip ist das richtig, trotzdem …*
- *Es wird behauptet, dass …*
  Das ist allerdings nicht richtig, denn …

Beispiele nennen:
- *Ein Beispiel hierfür ist …*
- *So … zum Beispiel …*

ein Fazit ziehen:
- *Es spricht also vieles dafür, dass …*
- *Alles in allem erscheint es also sinnvoll …*

→ AB, Ü9 – 11

B Digitale Welt   HÖREN / SPRECHEN

B1 Was bedeutet *Digitalisierung*? Mach Notizen und präsentiere sie in der Klasse.

Wenn ich Digitalisierung höre, denke ich als Erstes an …

B2 Schau die Bilder A – D an und lies die Sätze 1 – 3. Hör dann vier Aussagen zum Thema *Digitalisierung*. Entscheide beim Hören, welcher Satz zu welcher Person passt. Ein Satz passt zu zwei Personen.

▶ 10 – 13

A Marlies Wedra
B Jakob Brenner 
C Bernd Pfeiffer 
D Verena Christof 

1. (?) beschäftigt sich mit der Frage, wie man die wichtigsten Informationen nachhaltig sichern kann.
2. (?) vergleicht das heutige Leben in der digitalen Welt mit dem Alltag früher.
3. (?) spricht darüber, was die Digitalisierung für Kunst und Kultur bedeutet.

B3 Hör die vier Personen noch einmal. Entscheide beim Hören, welche der Aussagen a – f zu welcher Person passt. Zwei Aussagen bleiben übrig.

▶ 10–13

a Schon heute werden viele persönliche Informationen digital gespeichert. Es besteht die Gefahr, dass diese Daten gestohlen werden.

d Dass viele Informationen digital verfügbar sind, macht den Alltag bequemer.

e Durch die Digitalisierung kann jeder künstlerisch kreativ sein.

b In Zeiten der Digitalisierung werden Live-Erlebnisse wertvoller.

f Die wichtigsten kulturellen Informationen werden tief in einem Berg gesammelt.

c In der digitalen Welt ist die globale Kommunikation einfacher, weil Entfernung keine große Rolle mehr spielt.

B4 a Nenne Beispiele zu den Aussagen aus B3. Wie ist deine Meinung? Mach Notizen.

a. Zum Beispiel Passwörter, Bankdaten usw. → Gefahr des Stehlens ist realistisch, da …

→ AB, Ü12 b Präsentiere deine Meinung in der Klasse und begründe sie in 1 – 2 Sätzen.

B5 Halte einen Kurzvortrag zum Thema *Digitalisierung*.

Schritt 1: Lies das Thema und die Stichwörter durch. Mach dann Notizen zu den einzelnen Aspekten. Die Aussagen aus B3 und B4 helfen dir. Du kannst auch weitere Stichwörter ergänzen.

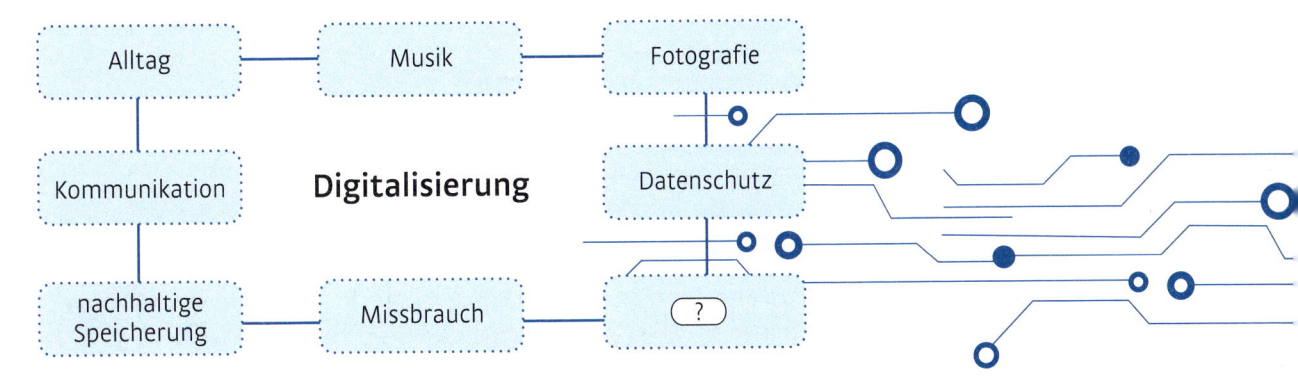

Alltag — Musik — Fotografie

Kommunikation — **Digitalisierung** — Datenschutz

nachhaltige Speicherung — Missbrauch — ?

Schritt 2: Welche Themen interessieren dich besonders? Was ist deine Meinung dazu? Wähle mindestens drei Stichwörter aus und überleg dir eine Struktur für deinen Vortrag.

Schritt 3: Sprich anhand deiner Notizen ca. drei Minuten über *Digitalisierung*.

einen Vortrag einleiten:
- *In meinem Kurzvortrag geht es um …*
- *Ich spreche heute über das Thema …*

einen Vortrag strukturieren:
- *Bei diesem Thema sind mehrere Gesichtspunkte zu berücksichtigen: …*
- *Ich werde auf die Aspekte … eingehen.*

zu einem anderen Punkt überleiten:
- *Ich komme jetzt zum zweiten / dritten / nächsten Punkt.*
- *Soweit der erste Punkt. Nun möchte ich mich dem zweiten Punkt zuwenden.*

einen Vortrag beenden:
- *Zusammenfassend lässt sich sagen, dass …*
- *Ich bedanke mich für Ihre / eure Aufmerksamkeit.*

→ AB, Ü13–14

7

C Silberne Zukunft
LESEN / SPRECHEN

C1 Wo siehst du dich mit 75 Jahren? Sprich mit deiner Partnerin / deinem Partner.

C2 Lies die Zeitungsartikel 1–5 zum Thema *Alter*. Was sind die zentralen Ideen? Notiere zu jedem Artikel fünf Stichwörter. Vergleiche dann mit deiner Partnerin / deinem Partner.

1 Genau wie in allen anderen Industrieländern steigt auch in Deutschland die Lebenserwartung. Ein Junge, der 2015 in Deutschland geboren wurde, wird durchschnittlich 78 Jahre alt, ein Mädchen sogar 83. Dank des medizinischen Fortschritts werden die Menschen heutzutage aber nicht nur älter, sondern bleiben dabei auch länger gesund. Angesichts dieser Entwicklung müssen unsere Vorstellungen von der Lebensphase „Alter" angepasst werden. Galt man früher bereits mit 60 als „alt", liegt die Grenze nach Ansicht der Deutschen heute ungefähr bei 75 Jahren. Entsprechend geht man inzwischen auch immer später in Rente. Viele Senioren werden in Zukunft also noch bis ins hohe Alter fit sein und in Familie, Freizeit, Beruf und Gesellschaft aktiv bleiben.

2 Was heißt eigentlich „jung"? Und wer ist denn hier „alt"? Das fragt man sich bei der Kinokomödie „Wir sind die Neuen" (Deutschland, 2014, Regie: Ralf Westhoff). Die Neuen, das sind Anne, Johannes und Eddie, die während ihres Studiums zusammen in einer WG gewohnt haben. Sie sind inzwischen um die 60 und beschließen, wegen der hohen Mietpreise in München noch einmal zusammenzuziehen. Außerdem haben sie wieder Lust auf richtiges „Studentenleben" mit wilden Partys und nächtelangen Diskussionen. Das führt allerdings zu Konflikten mit den echten Studenten aus der Nachbarwohnung: Katharina, Barbara und Thorsten wollen sich auf Studium und Karriereplanung konzentrieren und haben wenig Verständnis für den Lebensstil ihrer Nachbarn. Statt der „Jungen" lassen es also hier einmal die „Alten" krachen*.

* es krachen lassen: ugs.: wild / laut feiern

3 Infolge der niedrigen Geburtenrate nimmt die deutsche Bevölkerung ab. Prognosen zufolge werden bereits im Jahr 2050 weniger Menschen in Deutschland leben als heute – und das trotz der erwarteten Zuwanderung. Gleichzeitig steigt das Durchschnittsalter. Das heißt, die Deutschen werden insgesamt immer weniger und immer älter. Besonders dramatisch zeigt sich dieser demografische Wandel in einigen ländlichen Gebieten, in Ost- wie in Westdeutschland. Denn diese sind zusätzlich auch von der sogenannten „Landflucht" betroffen: Gerade die jungen Menschen wandern nämlich in die Großstädte ab, auf dem Land zurück bleiben hauptsächlich die Alten.

4 In den kommenden Jahrzehnten wird die Anzahl älterer Menschen, die möglichst lang ein unabhängiges Leben führen wollen, stark zunehmen. Wenn Körper und Geist schwächer werden, kann man sich mithilfe intelligenter Technik den Alltag komfortabler und sicherer machen: vom Treppenlift über den Haushaltsroboter bis zur Medizinschachtel, die Alarm auslöst, wenn die Tabletten nicht genommen wurden. Aufgrund der Größe und Kaufkraft der Zielgruppe der „Generation Silber" lohnt es sich für Unternehmen, in die Entwicklung solcher Produkte zu investieren. Die Zukunftsaussichten für die Branche sind also äußerst positiv.

5 Eine wichtige Frage für die Zukunft unserer alternden Gesellschaft wird sein, wie Menschen verschiedener Generationen zusammenarbeiten und voneinander profitieren können. Im Kleinen stellt sich diese Frage auch innerhalb eines einzelnen Unternehmens. Immer mehr große Firmen setzen auf das sog. Mentoring. Dabei arbeiten ältere, erfahrene Mitarbeiter und Neueinsteiger im Team zusammen. So können die Mentoren ihre langjährige Berufserfahrung an die Jungen weitergeben, die dafür aktuelles Know-how und neue Ideen mitbringen. Mittels entsprechender Projekte soll also der Generationswechsel gelingen, ohne dass dem Unternehmen Wissen verloren geht. Allerdings müssen die Teams professionell begleitet werden, weil es bei allen Vorteilen für Firma und Mitarbeiter dabei auch reichlich Konfliktstoff gibt.

C3 Lies die Überschriften A – I. Lies dann die Zeitungsartikel 1–5 in C2 noch einmal. Welche Überschrift passt zu welchem Artikel? Du kannst jede Überschrift nur einmal wählen. Vier Überschriften bleiben übrig.

A Andere Generation – anderer Lebensstil
B Zukunft der Rentenversicherung in Deutschland
C Hilfsmittel für ein unabhängiges Leben im Alter
D Konflikte innerhalb der WG
E Durchschnittsalter in großen Unternehmen
F Was bedeutet „Alter": früher, heute, in Zukunft?
G Demografischer Wandel zeigt sich besonders auf dem Land
H Austausch von Wissen und Erfahrung zwischen Alt und Jung
I Zuwanderung in ländliche Gebiete

→ AB, Ü15–16

C4 Schau noch einmal die Sätze in den Zeitungsartikeln 1–5 in C2 an und ergänze die Tabelle.

Präpositionen mit Genitiv		
kausal	dank des medizinischen Fortschritts (Z. 8–9), (1) dieser Entwicklung (Z. 11–12), (2) der hohen Mietpreise (Z. 33), (3) der Größe und Kaufkraft (Z. 70)	
konsekutiv	(4) der niedrigen Geburtenrate (Z. 45)	Du weißt schon: Die Präpositionen *dank* und *wegen* können auch mit dem Dativ verwendet werden.
konzessiv	(5) der erwarteten Zuwanderung (Z. 50–51)	
modal	(6) der Jungen (Z. 43), (7) intelligenter Technik (Z. 66), (8) entsprechender Projekte (Z. 86–87)	
temporal	(9) ihres Studiums (Z. 30)	
lokal	(10) eines einzelnen Unternehmens (Z. 80–81)	

→ Grammatik, 3.3, S. 112 + 5.4, S. 117–121

C5 Lies die Sätze 1–6. Wähle eine passende Präposition aus C4 und ergänze die fehlenden Endungen.

1. (?) d(?) demografisch(?) Wandel(?) wird es in den Industrieländern viele alte Menschen geben.
2. (?) d(?) letzt(?) Jahrhundert(?) ist in Deutschland die Zahl der Kinder pro Frau von mehr als fünf auf knapp ein Kind gesunken.
3. (?) d(?) gestiegen(?) Lebenserwartung werden die Menschen in Zukunft später in Rente gehen.
4. (?) genau(?) Prognosen versucht man, für die Zukunft zu planen.
5. (?) Deutschland (?) ist die Situation regional unterschiedlich.
6. (?) d(?) hoh(?) Mieten sind die Großstädte gerade für junge Menschen sehr attraktiv.

1. Angesichts des demografischen Wandels …

→ AB, Ü17–19

C6 Arbeitet in der Gruppe. Was denkt ihr über die Zeitungsartikel aus C2? Lest die Fragen 1–3 und sprecht darüber.

1. Welche der Themen sind neu für dich?
2. Was hat dich erstaunt?
3. Wie ist das in deinem Land? Was weißt du darüber?

etwas bewerten:
• Dass …, war mir neu.
• Ich finde erstaunlich, dass …
• Besonders bemerkenswert / interessant war …
• Im Text … steht, dass … Das erscheint mir komisch / unrealistisch / nicht mehr aktuell.
• … hat mein Interesse geweckt. Darüber würde ich gern noch mehr erfahren.
• Ich werde mir merken, dass …

etwas vergleichen:
• Im Vergleich / Im Unterschied / Im Gegensatz zu …
• Verglichen mit … ist …

→ AB, Ü20

8 BEWUSST LEBEN
KÖRPER UND PSYCHOLOGIE

A Über sich hinauswachsen
HÖREN / SPRECHEN

A1 Schau die Bilder A – D an. Würdest du dich das trauen? Warum (nicht)? Sprecht darüber in der Klasse.

A In luftiger Höhe: Fallschirmspringen aus über 800 Metern

B Unter Wasser: Tauchen in über 18 Metern Tiefe

C Über Gletscher und Gipfel: 5500 Höhenmeter Aufstieg und 6600 Höhenmeter Abstieg

D In eisiger Kälte: Eisbaden bei Temperaturen um die 0 Grad Celsius

- Ich würde mir auf jeden Fall / keinen Fall / eventuell zutrauen, … zu …
- … würde ich mich sicherlich (nicht) trauen, weil …
- … würde ich mit Sicherheit (nicht) wagen, denn …

→ AB, Ü3 – 4

A2 a Lies den Programmhinweis auf der Homepage von Radio Impuls und schau noch einmal die Bilder A – D in A1 an. Welches Bild passt? Welche Informationen bekommst du?

Von Oberstdorf nach Meran

RADIO IMPULS
Heute 17.11., 16:00 – 16:15 Uhr
Thema: Zu Fuß über die Alpen
Interview mit Jakob Brenner und Miriam Schlüter

Heute im Studio:
Jakob Brenner und Miriam Schlüter: Die beiden Schüler haben während ihrer Sommerferien an einem Programm des DAV* teilgenommen und die Alpen überquert. Sie berichten, wie sie über sich hinausgewachsen sind und wann sie an ihre Grenzen gestoßen sind.

*der Deutsche Alpenverein (DAV): der größte nationale Bergsteigerverein der Welt

b Lies die Aussagen 1–8. Hör dann das Radiointerview. Welche Person meint oder sagt das: Jakob, Miriam oder der Moderator?

1. (?) war es nicht gewohnt, einen schweren Rucksack zu tragen.
2. (?) findet die Angebote des Alpenvereins sehr gut.
3. (?) wollte in den Ferien mal keinen Strandurlaub machen.
4. (?) stieß bei einer Gletscherüberquerung an Grenzen.
5. (?) hatte plötzlich Höhenangst und konnte nicht mehr weitergehen.
6. (?) denkt, dass Hilfsbereitschaft im Team sehr wichtig ist.
7. (?) findet es normal, dass es in einer Gruppe auch zu Stresssituationen kommt.
8. (?) findet es anstrengend, mit vielen Leuten auf engem Raum zu schlafen.

A3 a Was passt zusammen? Ordne zu.

1. außer Atem sein
2. vor Kälte zittern
3. jemandem ist schwindelig
4. einen Sonnenstich haben
5. vor Angst gelähmt sein
6. wie ein Stein schlafen

a sehr gut schlafen
b sich vor Angst nicht bewegen können
c krank sein von zu viel Sonne
d sehr stark frieren
e keine Luft mehr bekommen
f jemand hat das Gefühl, dass sich alles im Kreis dreht

b Lies noch einmal die Ausdrücke 1–6 in **a** und schreib Sätze.

1. Wenn ich im Sportunterricht 1000 Meter laufen muss, …

A4 Lies die Sätze in der Tabelle und ergänze die lokalen Präpositionen. Hör dann das Radiointerview noch einmal und vergleiche.

von … aus * um … herum * oberhalb * entlang * unterhalb

Lokale Präpositionen	
+ Akkusativ	Es gab auch keine Möglichkeit, **um** den Gletscher **herum** zu gehen.
	Mir ging es gar nicht gut, als wir einmal einen Grat (1) gewandert sind.
+ Dativ	Wir sind zwar vier Stunden gewandert, (2) Oberstdorf (2) bis zur ersten Hütte.
+ Genitiv	Und (3) der Baumgrenze* hat es sogar einmal angefangen zu schneien.
	Und kurz vor dem Ziel, direkt (4) des Gipfels, hatte ich plötzlich solche Höhenangst.

→ Grammatik, 3.2 und 3.3, S. 112

* die Baumgrenze: Höhe, ab der keine Bäume mehr wachsen

A5 Halte eine Präsentation zum Thema *Extremsport*.

Schritt 1: Informiere dich: Welche Extremsportarten gibt es?

Schritt 2: Wähl eine Sportart aus und such dann Informationen zu folgenden Themen (Folien): Definition der Sportart, Voraussetzungen, Vor- und Nachteile und persönliche Meinung.

Schritt 3: Halte deine Präsentation. Du hast 5–6 Minuten Zeit. Überleg dir eine Einleitung und einen Schluss.

etwas erklären:
• *Bei … wird gelaufen / gesprungen / geklettert …*

Voraussetzungen nennen:
• *… setzt … voraus.*
• *Bei … ist / sind … gefragt.*
• *Für diese Sportart benötigt man …*
• *Das, was man zum … braucht, sind …*

Vor- und Nachteile nennen:
• *… aktiviert / fördert / sorgt für … / hilft bei …*
• *… ist für … jedoch nicht geeignet, weil …*
• *Das Risiko / Die Gefahr, … zu …, ist hoch.*

Achte darauf, dass die Schrift auf den Folien groß genug ist und dass die Folien nicht zu voll werden. Du kannst auch Bilder verwenden.

8

B Allergie oder Erkältung?

LESEN

B1 Lies den Chat. Was ist das Problem?

Sara: Der erste schöne Sommerabend! Kommst du heute Abend mit zum See?

Jakob: Eher nicht. Habe so einen Schnupfen bekommen. ☹ Ich weiß gar nicht, ob das Allergie oder Erkältung ist.

Sara: Echt? Du Armer!!! Von der Jahreszeit her könnte es ja Heuschnupfen sein, muss aber nicht. Ich habe dazu einen guten Artikel gefunden. Vielleicht hilft er dir weiter.

B2 a Lies Absatz 1 des Ratgeberartikels. Wovon handelt der Artikel? Warum kann der Artikel Jakob helfen?

www.Magazin-Gesundheit.de

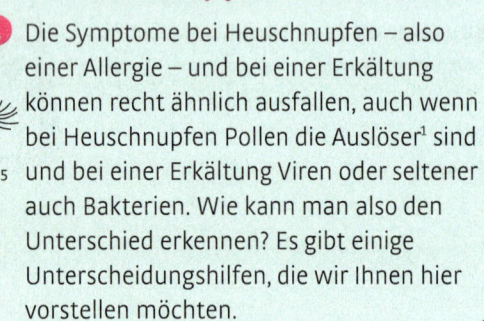

Heuschnupfen oder Erkältung?

1 Die Symptome bei Heuschnupfen – also einer Allergie – und bei einer Erkältung können recht ähnlich ausfallen, auch wenn bei Heuschnupfen Pollen die Auslöser[1] sind und bei einer Erkältung Viren oder seltener auch Bakterien. Wie kann man also den Unterschied erkennen? Es gibt einige Unterscheidungshilfen, die wir Ihnen hier vorstellen möchten.

2 Heuschnupfen: immer saisonal
Ein wichtiger Unterschied zwischen Heuschnupfen und Erkältung ist mit Sicherheit, dass der Heuschnupfen in der Regel jedes Jahr wieder um dieselbe Zeit auftritt. Die Erkältung sucht uns immer heim[2] – ob in bitterkalten Wintermonaten oder in heißen Sommermonaten. Sie hält sich nicht an den Kalender. Auch bei nasskaltem Wetter haben Erkältungsviren Hochsaison[3]. Bei Pollenallergikern hingegen lässt bei Regen der Heuschnupfen nach. Die Luft wird von Blütenpollen rein gewaschen.

3 Heuschnupfen: kommt plötzlich
Bei Heuschnupfen tritt der Schnupfen meist innerhalb weniger Minuten nach dem Kontakt mit den Pollen auf. Er kommt also in der Regel recht plötzlich, wenn wir uns draußen aufhalten. Sucht man einen geschlossenen Raum auf, bessert sich der Schnupfen, auch die Niesattacken lassen nach.

4 Husten, Halsschmerzen und Juckreiz
Schluckbeschwerden, ein kratzender Hals und trockener Husten: Das ist typisch bei einer Erkältung. Husten bei Heuschnupfen ist grundsätzlich möglich, tritt aber meist nur auf, wenn man gerade im Freien in direkten Kontakt mit Pollen gekommen ist. Halsschmerzen sind bei Heuschnupfen in der Regel nicht gegeben. Der Juckreiz in der Nase und auch im Rachen und den Augen ist typisch bei Heuschnupfen. Bei einer Erkältung kratzt es vielleicht ein wenig im Hals, die ständig juckende Nase und juckende Augen treten dabei in der Regel selten auf.

1 Auslöser sein: Ursache sein   2 heimsuchen: überfallen, befallen   3 Hochsaison haben: besonders häufig auftreten

b Lies nun den ganzen Ratgeberartikel in a und ergänze die Tabelle.

	Heuschnupfen / Allergie	Erkältung
1. Was sind die Ursachen?	Pollen	...
2. Wie oft oder wann tritt das auf?	...	
3. Was sind die Symptome?		

→ AB, Ü10

B3 Schau noch einmal die Sätze im Ratgeberartikel in B2a an und ergänze die Tabelle.

Partizip Präsens als Adjektiv: Infinitiv + d + Adjektivendung

die Nase, die ständig juckt	die ständig ① Nase *(Z. 42–43)*
ein Hals, der kratzt	ein ② Hals *(Z. 32)*

→ AB, Ü11–12 → Grammatik, 2.1, S. 112

Wenn Partizipien vor Nomen stehen, werden sie wie Adjektive dekliniert.

B4 Formuliere die Sätze 1–6 in Schlagzeilen um. Verwende das Partizip Präsens.

1. Menschen, die lachen, sind gesünder.
2. Menschen, die positiv denken, leben im Schnitt sieben Jahre länger.
3. Für jeden gibt es eine Sportart, die passt.
4. Mehr Glücksgefühle bei Menschen, die singen.
5. Eine vitaminreiche Ernährung: ein Faktor, der entscheidend ist für ein langes Leben.
6. Der Energiebedarf bei Menschen, die körperlich arbeiten oder Sport treiben, ist höher.

1. Lachende Menschen …

→ AB, Ü13–14

C Wenn das Bauchgefühl entscheidet — LESEN / SCHREIBEN

C1 a Wie würdest du dich entscheiden? Lies die Situationen 1–4 und mach den Test.

TEST?

Ja oder nein? Antworte schnell.

Stell dir vor, …   Ja   Nein

① du musst dich zwischen einer spannenden Reise und einem lukrativen[1] Sommerjob entscheiden. Entscheidest du dich für den Job?

② du siehst dir im Internet Klamotten an. Allerdings bietet dir dein Taschengeld wenig Spielraum. Am Ende des Monats könnte es knapp werden. Klickst du auf „kaufen"?

③ du musst auf dem Nachhauseweg durch einen Park und hast plötzlich ein ganz mulmiges[2] Gefühl. Gehst du trotzdem weiter?

④ du musst dich zwischen einer sicheren Ausbildung und einem spannenden Studium mit unsicheren Zukunftsaussichten entscheiden. Gehst du auf Nummer sicher[3]?

1 lukrativ: etwas, das viel Geld einbringt
2 mulmig: unheimlich
3 auf Nummer sicher gehen (ugs.): kein Risiko eingehen

b Vergleicht eure Ergebnisse in der Klasse.

• *Ich würde wahrscheinlich / vermutlich / vielleicht …*
• *Ich hätte nicht den geringsten Zweifel. Ich würde …*
• *Ich würde garantiert / ganz bestimmt …*
• *Ich würde keine Sekunde zweifeln / zögern, … zu …*

→ AB, Ü15

C2 a Lies den Online-Zeitschriftenartikel auf S. 70. Was ist das „Bauchgefühl"? Was ist richtig, a, b oder c?

a Ein Gefühl dafür, welche Entscheidung die richtige ist.
b Ein Gefühl dafür, wie man Entscheidungen am besten begründet.
c Ein Gefühl dafür, wie man schwierige Entscheidungen am besten kommuniziert.

www.Wissenschaftsspektrum.de/Intuition

Intuition: Wenn das Bauchgefühl entscheidet
Von Hansruedi Humm

1 Jeder Mensch trifft täglich Tausende Entscheidungen. Viele sind schon lange automatisiert, z. B. wenn wir am Morgen beim Frühstücken etwas hinunterschlucken. Andere Entscheidungen hingegen treffen wir ganz bewusst. Beispielsweise entscheiden wir für uns ein bestimmtes Smartphone, nachdem wir uns verschiedene Modelle angesehen haben. Daneben gibt es aber zahlreiche Situationen im Alltag, in denen wir entscheiden, ohne dass uns die Gründe bewusst sind. Dem sogenannten Bauchgefühl folgen wir, wenn wir uns z. B. für oder gegen den Kauf eines neuen Kleidungsstücks entscheiden. Aber selbst bei sehr wichtigen Entscheidungen wie z. B. der Wahl des Studienfachs, des Berufs oder des Partners lassen wir uns vom Bauchgefühl leiten[1].

2 Diese Form der unbewussten Intelligenz oder des unbewussten Denkens nennen Wissenschaftler „Intuition". Doch was ist das überhaupt, die Intuition? Für Karin Harpe, Psychologin und Risikoforscherin, geht es bei Intuition um ein sehr starkes Gefühl, das blitzschnell im Bewusstsein auftaucht und unsere Entscheidungen stark beeinflusst. „Intuition ist Bauchgefühl, d. h. man kann eine Entscheidung nicht rational (also nicht mit dem Kopf) begründen, sondern man fühlt, dass etwas richtig oder falsch ist." Das passiert also unbewusst, nur die Entscheidung, die sich daraus entwickelt, dringt dann in unser Bewusstsein vor.

3 Wissenschaftler schätzen, dass Menschen um die 11 Millionen Sinneseindrücke (Geräusche, Gerüche, Farben usw.) pro Sekunde aufnehmen. Allerdings nehmen wir davon nur ca. 40–60 Eindrücke bewusst wahr. Der Rest wird im Unbewussten gespeichert, kann aber jederzeit aktiviert werden, wenn wir uns entscheiden müssen. Das bedeutet: Unser Unterbewusstsein merkt sich permanent, was um uns herum passiert, und wählt bei Entscheidungsfragen aus all diesen gespeicherten Informationen das Verhalten aus, das sich in ähnlichen Situationen bewährt hat[2]. Intuitionen sind also alles andere als willkürlich[3], auch wenn wir sie nicht rational begründen können.

4 Ein in der Fachliteratur oft zitiertes Beispiel für intuitives Verhalten ist die Reaktion des argentinischen Rennfahrers Juan Manuel Fangio im Jahr 1950 bei einem wichtigen Rennen in Monaco. Als er aus einem Tunnel kam, sollte er eigentlich kraftvoll beschleunigen[4]. Dennoch bremste er scharf. Er wusste selbst nicht, warum er es tat, aber es war sein Glück. Denn hinter der nächsten Kurve hatte sich ein Unfall ereignet und die beteiligten Rennautos standen mitten auf der Straße. Fangios treffsichere Intuition hatte ihm das Leben gerettet. Der erfahrene Rennfahrer hatte unbewusst wahrgenommen, dass die Zuschauer nicht wie gewöhnlich in Richtung des ankommenden Autos blickten, sondern ihre Köpfe wegdrehten – zur Unfallstelle. Dadurch erkannte er die Gefahr. Fangio konnte gerade noch ausweichen[5] und so einen weiteren Unfall vermeiden.

5 An Fangios Beispiel kann man deutlich erkennen, unter welchen Bedingungen die Intuition besonders verlässlich ist: Harpe zufolge müssen wir mit der jeweiligen Situation bereits viel Erfahrung haben, d. h. das Unbewusste muss dazu schon sehr viele Informationen gespeichert haben. Zudem muss es objektive Gründe für eine Entscheidung geben, die das Unbewusste erkennen kann (wie hier z. B. die Blickrichtung der Zuschauer). Wichtig für eine gute Intuition sind aber auch Eigenschaften wie z. B. Wachsamkeit, Gedächtnis und Sehschärfe.

6 Aber selbst wenn uns die Intuition sehr oft den richtigen Weg zeigt, kann sie uns auch täuschen, warnt Harpe. Dies ist bei Situationen der Fall, mit denen wir keine oder nur wenig Erfahrung haben. Da tendiert unser Bauchgefühl dazu, bestimmte Informationen zu ignorieren[6] und sich auf die eingespeicherten Regeln zu verlassen. Beispiele für solche fragwürdigen Annahmen sind unbegründete Ängste. So haben viele Menschen große Angst vor dem Fliegen, nachdem sie über einen Flugzeugabsturz in den Medien hören, und fahren lange Strecken lieber mit dem Auto. Ihre Intuition sagt ihnen: Fliegen ist lebensgefährlich, tatsächlich aber ist das Sterberisiko auf der Straße viel höher als im Flugzeug. Solchen Annahmen sollte man deshalb mithilfe der Vernunft misstrauisch begegnen[7].

---

1 sich (Akk.) von etwas leiten lassen: sich bei einer Entscheidung von etwas beeinflussen lassen
2 etwas bewährt sich: eine Sache zeigt nach längerer Zeit, dass sie gut geeignet ist
3 willkürlich: *hier:* zufällig
4 beschleunigen: das Gegenteil von bremsen
5 ausweichen: *hier:* um etwas herumfahren
6 etwas ignorieren: etwas nicht beachten
7 etwas (Dat.) misstrauisch begegnen: etwas (Akk.) kritisch ansehen

b Lies den Zeitschriftenartikel auf S. 70 noch einmal. Lies dann die Fragen
   zu den Absätzen 1 – 6 und antworte.

   1. Welche Typen von Entscheidungen gibt es?
   2. Was bedeutet Intuition?
   3. Worauf beruht die Intuition?
   4. Welches Beispiel wird in der Fachliteratur oft zitiert?
   5. Wann sollte man sich auf die eigene Intuition verlassen?
   6. Wann sollte man an der eigenen Intuition zweifeln?

C3 a Such im Zeitschriftenartikel in C2a Ausdrücke mit -bewusst-.
   Arbeite mit dem Wörterbuch und ergänze das Wörternetz.

   - bewusst / unbewusst eine Entscheidung treffen
   - jemandem ist etwas bewusst
   - ...
   - -bewusst-
   - das Bewusstsein verlieren

AB, Ü16–19   b Schreib Sätze mit den Ausdrücken aus a.

C4 Schau noch einmal die Sätze im Zeitschriftenartikel auf S. 70 an und ergänze die Tabelle.

Konzessivsätze (Einschränkungen, Widersprüche)		
Konjunktionen	Intuitionen sind also alles andere als willkürlich, auch wenn wir sie nicht rational begründen können. (Z. 41–43)	ebenso: obwohl
	Aber ① uns die Intuition sehr oft den richtigen Weg zeigt, kann sie uns auch täuschen. (Z. 74–75)	
Adverbien	② nehmen wir davon nur ca. 40–60 Eindrücke bewusst wahr. (Z. 32–34)	ebenso: trotzdem
	③ bremste er scharf. (Z. 49–50)	
Präposition + Dativ	Aber ④ wichtigen Entscheidungen (…) lassen wir uns vom Bauchgefühl leiten. (Z. 13–16)	ebenso: auch bei

Du kennst schon die Präposition *trotz* + Genitiv.

AB, Ü20–21   → Grammatik, 5.4.6, S. 119

C5 Lies die Sätze 1 – 6. Wann bist du deiner Intuition gefolgt?
   Schreib Sätze mit *selbst wenn, auch wenn / bei, allerdings, dennoch* oder *selbst bei*.

   tun, was einem Spaß macht   jemandem etwas schreiben
   etwas kaufen   weggehen   sich beschweren   …

   1. Es ist peinlich.
   2. Ich sollte keine Zeit verlieren.
   3. Es ist gefährlich.
   4. Das ist wichtig für meine Zukunft.
   5. Es ist schwierig.
   6. Es ist verrückt.

   1. Selbst wenn es peinlich ist, schreibe ich dir einen Liebesbrief.

AB, Ü22–23

C6 Lies Situation 1 aus C1a noch einmal. Stell dir vor, du hast dich für die Reise entschieden und musst den Sommerjob absagen. Schreib dem Arbeitgeber eine E-Mail (ca. 130 – 150 Wörter).

   Schritt 1: Überleg dir Argumente für deine Entscheidung. Mach Notizen.

   Schritt 2: Lies die Punkte 1–3 und schreib die E-Mail.
   1. Bitte um Verständnis für deine Situation.
   2. Frag deinen Arbeitgeber, ob du den Job auch erst nach deiner Reise beginnen kannst.
   3. Überzeug deinen Arbeitgeber davon, dass du für den Job besonders gut geeignet bist.

AB, Ü24

9 EIN BLICK ZURÜCK — GESCHICHTE UND ERINNERUNG

A Geschichten aus der Geschichte — LESEN

A1 Lies die Fragen 1–3. Lies dann die Information auf der Homepage des Stadtgymnasiums Stuttgart. Schau die Karte an und antworte.

1. Mit welcher Zeit beschäftigt sich Jakob in seinem Aufsatz?
2. Wie ist die Situation damals in Berlin und in Deutschland?
3. Was ist die „Luftbrücke"?

---

www.Stadtgymnasium-Stuttgart.de

Home Aktuelles Termine Literaturecke Kontakt

Der Gewinner unseres Wettbewerbs

„Die schönsten Geschichten aus der Geschichte"

steht fest:

Jakob Brenner aus der Klasse 11a!
In seinem Aufsatz erzählt er von der Berliner Luftbrücke im besetzten Deutschland.

Hier geht's zum Text:

Besatzungszonen und Berliner Sektoren
- amerikanisch
- britisch
- französisch
- sowjetisch

Deutschland im Juni 1948 | Westliche Sektoren und sowjet. Sektor

---

A2

a Lies Absatz 1 von Jakobs Aufsatz auf S. 73 und vergleiche mit deinen Antworten aus A1.

b Lies die Zahlen A – H und den ganzen Aufsatz auf S. 73. Finde heraus, wofür die Zahlen stehen. Schreib Stichworte oder kurze Sätze.

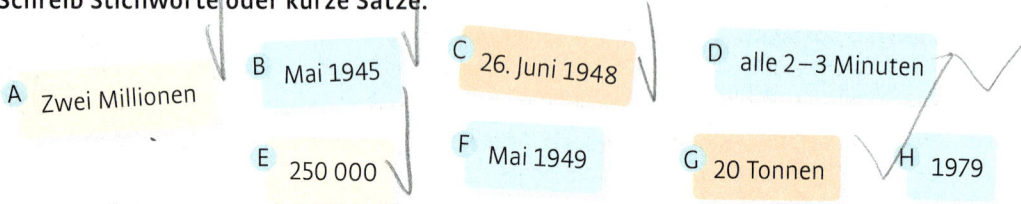

- A Zwei Millionen
- B Mai 1945
- C 26. Juni 1948
- D alle 2–3 Minuten
- E 250 000
- F Mai 1949
- G 20 Tonnen
- H 1979

A. Zwei Millionen Menschen leben 1948 in Westberlin.

www.Stadtgymnasium-Stuttgart.de/Wettbewerb

Gail Halvorsen und die Berliner Luftbrücke

1 Westberlin im Frühjahr 1948: Über zwei Millionen Menschen leben in der Großstadt, mehrere Tausend von ihnen sind amerikanische, britische und französische Soldaten und ihre Familien. Von heute auf morgen müssen viele von ihnen befürchten, bald keine Lebensmittel, Benzin, Kohle und andere lebenswichtige Dinge mehr zu bekommen, denn die Transportwege in die westlichen Sektoren sind
5 plötzlich blockiert. Die Menschen müssen über eine Luftbrücke, d. h. mit Flugzeugen, versorgt werden. Was war passiert?

2 Deutschland war, nachdem es im Mai 1945 den Zweiten Weltkrieg verloren hatte, von den Siegern Großbritannien, Frankreich, der Sowjetunion und den USA in vier Zonen aufgeteilt worden. In jeder Zone hatte eines der Länder jeweils die Regierung übernommen. Die ehemalige Hauptstadt Berlin lag
10 mitten im sowjetischen Gebiet, sollte aber nicht nur von einem der Alliierten kontrolliert werden. Sie war deshalb ebenfalls in vier Sektoren aufgeteilt worden. Dadurch, dass die Länder sehr unterschiedliche Vorstellungen davon hatten, wie Deutschland in Zukunft aussehen sollte, kam es schon bald zu Konflikten. Bei diesen standen die drei Westmächte Großbritannien, Frankreich und die USA der Sowjetunion gegenüber. Als die Westmächte dann im Juni 1948 in ihren Zonen eine neue
15 Währung einführten, nämlich die Deutsche Mark, empfand das die Sowjetunion als Provokation und sperrte daraufhin alle Land- und Wasserwege nach Westberlin.

3 Die Stadt wurde bis zu diesem Zeitpunkt fast komplett aus dem Umland versorgt. Dies ist durch die sowjetische Blockade nun nicht mehr möglich, denn kein Wagen, kein Zug, kein Schiff kommt mehr in den Westteil der Stadt. Es scheint, dass die Westmächte sich aus Berlin zurückziehen müssen.
20 Aber stattdessen beschließen die drei Länder, eine Luftbrücke einzurichten, um ihre in Westberlin stationierten Soldaten und die Einwohner per Flugzeug zu versorgen. Am 26. Juni 1948 starten die ersten Flieger, die Luftbrücke beginnt: In den kommenden 11 Monaten landet alle zwei bis drei Minuten ein Flugzeug auf einem der drei Berliner Flughäfen und bringt Lebensmittel, Medikamente und andere Güter, die die Westberliner dringend zum Überleben brauchen, in die Stadt. Insgesamt
25 werden über 250 000 Flüge durchgeführt.

4 Einer der Piloten ist der Amerikaner Gail Halvorsen. Er hat sich vorgenommen, seiner Familie und seinen Freunden zu Hause in Amerika zu zeigen, wie es in Berlin jetzt aussieht, und macht dazu zwischen seinen Flügen Filmaufnahmen in der Nähe des Flughafens Tempelhof. Dabei entdeckt er eines Tages eine größere
30 Gruppe von Kindern hinter der Landebahn, die die Flugzeuge beobachten. Obwohl er doch die Uniform des ehemaligen Feindes trägt, sprechen die Kinder ihn an. Sie wollen wissen, was die Flugzeuge diesmal mitgebracht haben und ob sie auch bei schlechterem Wetter im Herbst und Winter noch landen können.
35 Gail Halvorsen sieht den Kindern an, dass sie schlimme Zeiten hinter sich haben und dass sie hungrig sind. Er möchte ihnen etwas geben, hat aber nur zwei Streifen Kaugummi dabei. Da kommt er auf eine Idee: Das nächste Mal, wenn er kommt, wird er Süßigkeiten aus seinem Flieger abwerfen. Bei seinen Fliegerkollegen sammelt er alles ein, was er an Süßigkeiten bekommen kann, und hängt es an kleine Fallschirme aus Papier-
40 Taschentüchern, die er tatsächlich bei seinen nächsten Flügen abwirft.

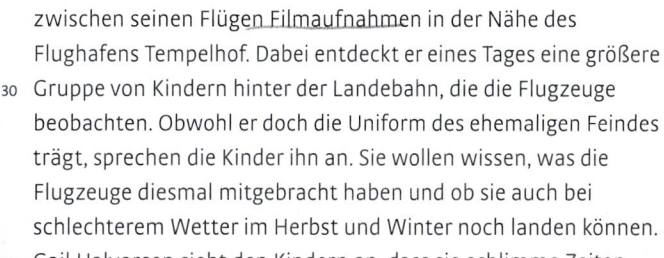

Süßigkeiten werden von einem Rosinenbomber abgeworfen

5 Gail Halvorsen hat allerdings ohne die Erlaubnis seiner Vorgesetzten gehandelt und muss damit rechnen, Probleme zu bekommen. Dadurch ist die ganze Aktion in Gefahr. Aber dem Kommandanten der Luftbrücke gefällt die Initiative und er gibt Gail und seinen
45 Kollegen grünes Licht[1]: Als die Sowjetunion im Mai 1949 die Blockade schließlich aufhebt, haben die „Rosinenbomber"[2] insgesamt fast 20 Tonnen Süßigkeiten in die Stadt gebracht. Gail Halvorsen wird 1979 die höchste Auszeichnung der Bundesrepublik Deutschland verliehen: das Bundesverdienstkreuz.

Pilot G. Halvorsen

1 grünes Licht geben: die Erlaubnis geben
2 Rosinenbomber: So nannten die Berliner diese Flugzeuge, da sie keine Bomben, sondern Süßigkeiten (wie z. B. Rosinen = getrocknete Trauben) abwarfen.

c Lies die Fragen 1–6. Lies dann Absatz 4 und 5 in **b** auf S. 73 noch einmal und antworte.

1. Bei welcher Gelegenheit entdeckt Gail Halvorsen die Gruppe von Kindern?
2. Warum sprechen die Kinder ihn an?
3. Welchen Eindruck hat Gail Halvorsen von den Kindern?
4. Auf welche Idee kommt Gail Halvorsen?
5. Warum ist die Aktion zuerst in Gefahr?
6. Wie werden die Flugzeuge von Gail Halvorsen und seinen Kollegen von den Berlinern genannt? Warum?

d Auf welche Wörter oder Satzteile beziehen sich die kursiven Wörter?

1. (…) mehrere Tausend von ihnen sind (…) Soldaten und *ihre* Familien. *(Z. 1–2)*
2. Deutschland war, nachdem *es* im Mai 1945 den Zweiten Weltkrieg verloren hatte (…) *(Z. 7)*
3. Berlin (…) sollte aber nicht nur von *einem* der Alliierten kontrolliert werden und war *deshalb* (…) aufgeteilt worden. *(Z. 9–11)*
4. Er (…) macht (…) Filmaufnahmen in der Nähe des Flughafens Tempelhof. *Dabei* entdeckt er (…) eine größere Gruppe von Kindern. (…) *(Z. 26–30)*
5. Gail Hailvorsen (…) muss *damit* rechnen, Probleme zu bekommen. *(Z. 41–42)*
6. Als die Westmächte (…) eine neue Währung einführten, *nämlich* die Deutsche Mark, (…) *(Z. 14–15)*

> Um einen Text leserfreundlich zu gestalten, verwendet man Bezugswörter, z. B. Artikel, Personalpronomen, Adverbien, Zeit- und Ortsangaben, Präpositionalpronomen, Umschreibungen usw.

→ AB, Ü2–3

A3 a Mit welchen Verben lassen sich diese Nomen verbinden? Such sie in Jakobs Aufsatz in **A2b**.

1. eine (neue) Währung (?) *(Z. 14–15)*
2. etwas als Provokation (?) *(Z. 15)*
3. die Land- und Wasserwege (?) *(Z. 16)*
4. die Stadt aus dem Umland (?) *(Z. 17)*
5. die Blockade (?) *(Z. 46)*
6. eine Auszeichnung (?) *(Z. 48–49)*

→ AB, Ü4–5

b Arbeitet zu zweit. Erklärt euch mithilfe der Textstellen in **A2b** die Ausdrücke aus **a** gegenseitig.

A4 Schau noch einmal die Sätze in Jakobs Aufsatz in **A2b** an und ergänze die Tabelle.

Modalsätze (Wie? Wodurch? Auf welche Weise?)	
Konjunktionen	Dadurch, dass die Länder sehr unterschiedliche Vorstellungen davon hatten, (…) kam es schon bald zu Konflikten. *(Z. 11–13)*
Adverbien	(1) *Dadurch* ist die ganze Aktion in Gefahr. *(Z. 43)*
Präposition + Akkusativ	Dies ist (2) *durch* die sowjetische Blockade nun nicht mehr möglich. *(Z. 17–18)*

→ AB, Ü6–7   → Grammatik, 5.4.7, S. 119

A5 Lies die Sätze 1–3 und verbinde jedes Satzpaar mit *dadurch, dass, dadurch* und *durch*.

1. Christoph Kolumbus überquerte den Ozean in westlicher Richtung. *(Überquerung)* – Christoph Kolumbus entdeckte Amerika.
2. Albert Einstein erfand die Relativitätstheorie ($E = mc^2$). – Er bestimmt maßgeblich das heutige physikalische Weltbild. *(Erfindung)*
3. Martin Luther übersetzte die Bibel. – Er prägte nachhaltig die deutsche Sprache. *(Übersetzung)*

> 1. • *Dadurch, dass Christoph Kolumbus den Ozean in westlicher Richtung überquerte, entdeckte er Amerika.*
> • *Christoph Kolumbus überquerte … Dadurch …*

→ AB, Ü8–9

B Die Geschichte einer Mauer

LESEN / SCHREIBEN

B1 a Schau die Bilder an. Was weißt du schon über die Berliner Mauer? Sprecht darüber in der Klasse.

Die Berliner Mauer

1 Die Regierung der DDR[1] beschließt 1961, den Ostteil Berlins vom Westteil der Stadt durch eine Mauer abzuriegeln. Der sogenannte „antifaschistische Schutzwall" soll verhindern, dass die Menschen aus dem sozialistischen Ostteil in den kapitalistischen Westen abwandern. Die Bauarbeiter werden von Polizisten bewacht, die Bevölkerung reagiert ungläubig bis schockiert.

2 Die 46 km lange Mauer zwischen Ost- und Westberlin teilt nicht nur die Stadt in zwei Hälften, sondern zerreißt auch Stadtviertel und sogar einzelne Straßen. Familien, Freunde und ehemalige Nachbarn werden getrennt. Eine der Straßen, die vom Mauerbau betroffen sind, ist die Sonnenallee: Der längere Teil der Straße liegt im Westteil der Stadt, die letzten 400 Meter gehören zum Bezirk Treptow in Ostberlin.

3 Ab 1963 können Westberliner erstmals mit einem Passierschein in den Ostteil der Stadt. Umgekehrt können Ostberliner aber nur in den Westen, wenn sie einen ausländischen oder westdeutschen Pass besitzen. Es gibt strenge Grenzkontrollen. Auch in anderen Bereichen wird das Leben im sozialistischen Ostberlin kontrolliert und überwacht. Wichtigstes Kontrollorgan ist die Stasi, das Ministerium für Staatssicherheit.

4 Produkte wie Südfrüchte oder Kaffee sind in Ostberlin teuer und oft schwer zu bekommen. Da heißt es, morgens früh aufstehen und sich vor den Geschäften anstellen. Andere Import- oder Westware muss man sich auf dem Schwarzmarkt[2] besorgen.

5 Die wirtschaftlichen Schwierigkeiten der DDR, die Reformpolitik der Sowjetunion, sowie die Massendemonstrationen der DDR-Bürgerinnen und -Bürger für mehr demokratische Rechte und Freiheit führen schließlich zum Fall der Mauer. Nach 28 Jahren ist die Grenze zwischen Ost- und Westberlin wieder offen.

6 1316 Meter ist es lang, das längste erhaltene Teilstück der ehemaligen Mauer: die East Side Gallery. Sie steht mitten in Berlin und erinnert an die Teilung der Stadt und die politischen Veränderungen in den Jahren 1989/90. Das Denkmal wurde von Künstlern aus der ganzen Welt bemalt, und aus der ehemals grauen Mauer wurde das bisher größte Open-Air-Kunstwerk der Welt.

1 die DDR: Deutsche Demokratische Republik: der Teil Deutschlands, der nach dem Krieg aus der sowjetischen Besatzungszone entstand. Die Hauptstadt war Ostberlin.
2 der Schwarzmarkt: illegaler Handel

b Lies die Texte in a. Was war neu für dich? Sprecht darüber in der Klasse.

9

B2 a Lies den Buchtipp, den Jakob für die Homepage des Stadtgymnasiums Stuttgart geschrieben hat, und ergänze den Steckbrief zum Buch.

1. Titel: ?
2. Autor: ?
3. Andere Werke des Autors: ?
4. Ort der Handlung: ?
5. Zeitpunkt der Handlung: ?
6. Protagonist / Protagonisten: ?

---

www.Stadtgymnasium-Stuttgart.de/Literaturecke

Ich möchte euch heute den Roman „Am kürzeren Ende der Sonnenallee" von Thomas Brussig vorstellen. Thomas Brussig ist 1964 in Berlin geboren. Bekannt wurde er durch seinen DDR-Roman „Helden wie wir" (1995), dem vier Jahre später „Am kürzeren Ende der Sonnenallee" folgte. Interessant ist, dass Thomas Brussig zuerst einen Film gemacht hat mit dem Titel „Sonnenallee" (zusammen mit dem Regisseur Leander Haußmann). Das Drehbuch zum Film hat er dann zum Roman ausgebaut.

Der Roman spielt im geteilten Berlin Ende der 70er-Jahre. Hintergrund des Geschehens ist die Sonnenallee, eine Straße, die von der Mauer in zwei Teile zerschnitten wurde. Der 17-jährige Michael Kuppisch wohnt mit seiner Familie im Ostteil, dem kürzeren Ende der Sonnenallee, ist also Bürger der sozialistischen DDR, ebenso wie seine Freunde Wuschel, Brötchen, Appel und Mario.

Sie haben den „antifaschistischen Schutzwall", wie die Mauer in der DDR genannt wird, zwar ständig vor Augen, versuchen aber, das Beste aus ihrer Situation zu machen und sich nicht unterkriegen zu lassen[1]. In wunderbar witzigen Situationen führen sie dem Leser vor, mit welchen Schwierigkeiten die Menschen im DDR-Alltag zu kämpfen hatten.

Da ist zum Beispiel die Frage für Micha und seine Freunde, wie man an wirklich coole Musik herankommt. Sie lieben die Rolling Stones und Wuschel würde sich zu gern eine bestimmte Schallplatte von ihnen besorgen. Die ist allerdings sehr teuer und nur auf dem Schwarzmarkt zu bekommen, denn in der sozialistischen DDR ist Popmusik aus dem kapitalistischen Westen komplett verboten. Es sieht also so aus, als wenn es für Wuschel keinen Weg zu seiner Lieblingsplatte gäbe …

Michas Mutter hat dagegen mehr Glück: Ihr Bruder Heinz, der im Westen wohnt, „schmuggelt"[2] bei seinen häufigen Besuchen Kaffee und feine Damenstrümpfe über die Grenze. Die sind in der DDR zwar nicht verboten, wohl aber schwer zu bekommen. Und als Michas Mutter auf der Straße dann auch noch den Pass einer Touristin aus dem Westen findet, gibt es für sie kein Halten mehr und sie bereitet ihre Flucht in das westliche Konsumparadies vor.

Auch Michas Vater kann sich freuen. Er bekommt endlich den lang ersehnten[3] Telefonanschluss, der von den Behörden bisher nicht bewilligt wurde, weil er nicht nachweisen konnte, dass es in der Familie eine besondere Notwendigkeit für ein Telefon gibt. Nun hat er sich allerdings ein falsches Krankheits-Attest besorgt - und das Problem ist gelöst.

Ernstere Themen sind die Fragen, ob der Nachbar bei der Stasi ist und die Familie vielleicht ausspioniert, oder ob Micha und seine Freunde nach dem Abitur zum Studium zugelassen werden. Denn um auf die Universität zu kommen, müssten sie sich erst mal für drei Jahre bei der Armee verpflichten. Mario, Michas bester Freund, tut zunächst so, als käme dies für ihn niemals infrage. Aber da wird Micha eine Überraschung erleben.

Micha selbst beschäftigt sich in seinen Gedanken eher mit der schönen Miriam Sommer als mit seiner beruflichen Zukunft. Das Mädchen hat allerdings nur Augen für[4] einen jungen Mann aus dem Westen, der ein schickes Auto besitzt, und lässt Micha links liegen[5]. Da muss sich Micha also etwas einfallen lassen – und das tut er auch.

Dieses Buch habe ich sehr gern gelesen, denn es hat mich zum Lachen gebracht. Man hat das Gefühl, als ob die komischen Situationen kein Ende nähmen. Der Autor zeigt dem Leser, dass das Leben in der DDR oft alles andere als leicht war, aber er beschreibt es mit ganz viel Humor. Sehr lesenswert!

Jakob Brenner

---

1 sich nicht unterkriegen lassen: sich nicht entmutigen lassen
2 schmuggeln: Waren illegal über die Grenze bringen
3 etwas ersehnen: intensiv wünschen
4 nur Augen für jdn. haben: *hier:* verliebt sein
5 jdn. links liegen lassen: jdm. keine Aufmerksamkeit schenken

b Lies die Aussagen 1–7. Lies dann Jakobs Buchtipp in **a** noch einmal.
Notiere bei jeder Aussage: „richtig", „falsch" oder „Der Text sagt dazu nichts".

1. Micha und seine Freunde leben in Ostberlin, ganz in der Nähe der Mauer.
2. Es gibt keine Möglichkeit, in der DDR Schallplatten der Band Rolling Stones zu bekommen.
3. Michas Familie sagt Onkel Hans, was er aus dem Westen mitbringen soll.
4. Michas Mutter hat eine Möglichkeit gefunden, über die Grenze nach Westberlin zu gehen.
5. Michas Vater überlegt sich eine Lösung, um an einen Telefonanschluss zu kommen.
6. In der DDR bekam man gleich nach dem Schulabschluss einen Studienplatz.
7. Micha hat Angst vor der Zukunft.

AB, Ü12–14

B3 Lies die Sätze in der linken Spalte und dann den jeweiligen Satz in der rechten Spalte.
Was passt: *als wenn* oder *als*? Vergleiche deine Ergebnisse mit den Sätzen in B2a.

Irrealer Vergleichssatz mit als wenn *und* als	
Es sieht also so aus, als ob es für Wuschel keinen Weg zu seiner Lieblingsplatte gäbe ...	Es sieht also so aus, ① es für Wuschel keinen Weg zu seiner Lieblingsplatte gäbe ... *(Z. 22)*
Mario, Michas bester Freund, tut zunächst so, als ob dies für ihn niemals infrage käme.	Mario, Michas bester Freund, tut zunächst so, ② käme dies für ihn niemals infrage. *(Z. 34–35)*

AB, Ü15–16   Grammatik, 5.4.9, S. 121

Achtung: In diesem Fall steht das Verb direkt nach der Konjunktion *als*.

B4 Schau die Zeichnung an und schreib irreale Vergleiche mit *als wenn* und *als*. Verwende nur die einfachen Konjunktiv II-Formen (*gäbe, käme* ...).

1. Miriam sieht so aus, als ...
   (Miriam: gerade ein Kompliment bekommen)
2. Micha tut so, ...
   (Micha: alles über Miriam wissen)
3. Es scheint ...
   (Miriam: Micha doch ganz interessant finden)
4. Micha fühlt sich ...
   (Micha: ein Traum in Erfüllung gehen)

AB, Ü17

1. Miriam sieht so aus, als bekäme sie gerade ein Kompliment.

B5 Schreib einen Buchtipp für einen Roman, den du gern gelesen hast (ca. 130–150 Wörter).

bis 26.4.

Schritt 1: Gib Informationen zum Titel des Romans und zur Autorin/zum Autor.

- *Der Roman heißt ...*
- *Die Autorin/Der Autor ist ...*
- *... ist (bisher) sein/ihr bekanntestes Werk/erstes Buch.*
- *Bekannt wurde sie/er durch ...*

Schritt 2: Gib Informationen zum Inhalt des Romans. Die Fragen helfen dir.

- Wo und wann spielt der Roman? • *Der Roman spielt in ...*
- Wovon handelt das Buch? • *Das Buch handelt von .../hat ... zum Thema.*
- Wer sind die Protagonisten? Was charakterisiert sie?
- Wie ist ihre Beziehung zueinander? • *Die Hauptperson ist .../Die Protagonisten sind ...*

Schritt 3: Schreib, warum du das Buch empfiehlst.

- *Das Buch ist (sehr) lesenswert/Ich kann das Buch nur empfehlen, denn ...*
- *Es lohnt sich, das Buch zu lesen, weil ...*

AB, Ü18

C Erinnerungen im Kalender

HÖREN / SPRECHEN

C1 Schau die Kalenderblätter an. Welche dieser Gedenktage kennst du, welche nicht? Welche feierst du und wie? Sprich mit deiner Partnerin / deinem Partner.

21. Januar — Internationaler Jogginghosentag

16. April — Internationaler Tag der Stimme

5. Juni — Internationaler Tag der Umwelt

13. August — Internationaler Tag der Linkshänder

26. September — Europäischer Tag der Sprachen

10. Dezember — Internationaler Tag der Menschenrechte

- Vom … habe ich schon mal / noch nie etwas gehört.
- Ich wusste gar nicht, dass … Das war mir vollkommen neu.
- Der … ist mir bekannt, und ich feiere ihn auch / aber ich feiere ihn nicht.

→ AB, Ü19

C2 a Lies die Fragen 1–7. Hör dann ein Interview mit der Soziologin Veronika Ried zum Thema *Welttage*. Welche Fragen stellt der Moderator nicht?

▶ 15
1. Was sind Welttage?
2. Welcher Welttag ist international am bekanntesten?
3. Wann wurde der erste Welttag ins Leben gerufen?
4. Wer kann Welttage ausrufen?
5. Wie werden Welttage gefeiert?
6. Haben Welttage immer einen tieferen Sinn?
7. Welche Vorschläge für neue Welttage gibt es?

▶ 15 **b** Lies die Aussagen 1–6. Hör dann das Interview noch einmal. Was ist richtig, a, b oder c?

1. Welttage sollen …
   a international bekannte Persönlichkeiten feiern.
   b an wichtige Ereignisse aus der Geschichte erinnern.
   c die Menschen dazu bringen, sich über internationale Themen und aktuelle Probleme auf der Welt Gedanken zu machen.

2. Der erste Welttag ...
   a) wurde im Jahr 1947 von den Vereinten Nationen ins Leben gerufen, um ihre eigenen Ziele bekannt zu machen.
   b) war ein Misserfolg, da er weltweit kaum beachtet wurde.
   c) war ein Feiertag, an dem nicht gearbeitet wurde.

3. Einen neuen Welttag können ...
   a) nur die Vereinten Nationen ausrufen. *Autorität*
   b) auch andere Institutionen ausrufen, aber nur mit Genehmigung der UN.
   c) auch Privatpersonen ausrufen.

4. Der „Internationale Tag der Stimme" ...
   a) soll dazu anregen, mehr zu kommunizieren.
   b) wurde von einer Gruppe von Ärzten ausgerufen. *Wichtigkeit der Stimme*
   c) wird immer mit einem Konzert gefeiert.

5. Ob sich ein Welttag etabliert, ...
   a) entscheidet sich, wenn ihn berühmte Personen feiern.
   b) hängt davon ab, wie viel die Leute über den Tag wissen.
   c) wird auch von den Medien beeinflusst.

6. Der „Internationale Jogginghosentag" ...
   a) ist nur für Jugendliche bestimmt.
   b) war eine Erfindung von Schülern.
   c) war ursprünglich als Protest gegen Kleiderkonventionen gemeint. *Mutprobe*

C3 Lies die Sätze 1–6 und formuliere die *kursiven* Ausdrücke um. Die Ausdrücke im Auswahlkasten helfen.

| erreichen wollen | dazu nutzen | dazu motivieren, dass man sich Gedanken macht | Interesse wecken | ausrufen | akzeptiert werden |

1. Welttage sollen *zum Nachdenken (...) anregen*.
2. Wann wurde der erste Welttag *ins Leben gerufen*?
3. Die Weltorganisation hat es sich *zum Ziel gesetzt*, (...) den Frieden zu sichern.
4. Dieser erste Welttag *erzeugte* (...) viel Aufmerksamkeit.
5. Ob eine Idee (...) *Anklang findet*, darüber entscheiden die Menschen (...) selbst.
6. Man kann diesen Tag (...) *zum Anlass nehmen*, um über Kleiderkonventionen nachzudenken.

1. Welttage sollen dazu motivieren, dass man sich Gedanken macht.

→ AB, Ü20–21   → Nomen-Verb-Verbindungen, S. 133–135

C4 Erfindet und präsentiert einen neuen Welttag.

Schritt 1: Arbeitet in der Gruppe (3–4 Schüler). Lest die Fragen und macht Notizen.

1. Wie soll euer Welttag heißen und worauf soll euer Welttag aufmerksam machen?
2. An welchem Tag soll er gefeiert werden? Warum an diesem Tag?
3. Warum ist dieser Welttag wichtig?

Schritt 2: Präsentiert euren Vorschlag und nennt Gründe. Die anderen Gruppen reagieren darauf.

Vorschläge machen:
- *Wir würden vorschlagen, dass ..., weil / denn ...*
- *Unser Vorschlag wäre, ...*
- *Wir finden, man sollte ...*

nachfragen:
- *Verstehe ich dich / euch richtig, dass ...?*
- *Heißt das, ... / Bedeutet das, ...?*
- *Ich hätte eine Frage zu ...*
- *Mich würde die Frage interessieren ...*

Vorschläge annehmen:
- *Wir schließen uns eurem Vorschlag an.*
- *Wir wären auch dafür, dass ...*

Vorschläge ablehnen:
- *Wie kommt ihr denn auf diese Idee?*
- *Warum sollte man denn ...?*
- *Das ist doch ..., denn ...*
- *Das finden wir problematisch, da / weil ...*

→ AB, Ü22

LITERATUR & LANDESKUNDE

LITERATUR

Thomas Brussig: *Am kürzeren Ende der Sonnenallee*

1 Lies den Lebenslauf von Thomas Brussig und noch einmal den Buchtipp von Jakob auf S. 76. Welches Thema spielt in den Werken von Thomas Brussig eine große Rolle? Was glaubst du, warum?

> **Thomas Brussig**, geboren am 19. Dezember 1964 in Ost-Berlin, ist ein deutscher Schriftsteller und Drehbuchautor. Er wuchs in Ost-Berlin auf und machte zunächst eine Berufsausbildung zum Baufacharbeiter. Nach dem Abitur und dem Grundwehrdienst arbeitete er als Möbelträger, Museumspförtner und Hotelportier. 1990 begann er ein Soziologiestudium an der Freien Universität Berlin, wechselte aber 1993 an die Hochschule für Film und Fernsehen „Konrad Wolf" nach Potsdam-Babelsberg.
> Seinen Durchbruch als Schriftsteller hatte Thomas Brussig 1995 mit seinem Roman *Helden wie wir*. 1999 erschien dann die Erzählung *Am kürzeren Ende der Sonnenallee*. Die Erzählung wurde nach dem Drehbuch *Sonnenallee* geschrieben, das von Leander Haußmann verfilmt wurde und zum erfolgreichsten deutschen Film des Jahres 1999 wurde. Brussigs Bücher beschäftigen sich immer wieder mit Menschen, die unter den Bedingungen des Realsozialismus aufwuchsen, so auch in seinem 2004 erschienenen Wenderoman *Wie es leuchtet*. Für seine Werke erhielt er zahlreiche Auszeichnungen, unter anderem 1999 den Deutschen Drehbuchpreis der Bundesregierung (gemeinsam mit Leander Haußmann). Seine Bücher wurden bisher in 32 Sprachen übersetzt. Thomas Brussig ist Vater von zwei Kindern und lebt in Berlin und Mecklenburg.

2 Lies den Textauszug aus *Am kürzeren Ende der Sonnenallee* und beantworte die Fragen 1–2.

1. Was hat Frau Kuppisch vor?
2. Gelingt ihr Plan?

Am kürzeren Ende der Sonnenallee

Frau Kuppisch glaubte dennoch an eine Chance – an ihre Chance. Denn Frau Kuppisch war es, die den Pass von Helene Rumpel gefunden hatte, und seitdem arbeitete sie an sich. Sie wollte so aussehen wie die Passinhaberin Helene Rumpel. Und als Helene
5 Rumpel wollte sie durch die Sperre[1] kommen. Helene Rumpel war zwanzig Jahre älter als Frau Kuppisch – dieses Problem hatte Frau Kuppisch am Schminktischchen gelöst. Frau Kuppisch hatte Kleider und Schuhe aus dem Westen, und in ihrer Handtasche waren eine angebrochene[2] Packung Kukident[3] und ein unbenutz-
10 ter Westberliner Fahrschein. Auch die Unterschrift von Helene Rumpel konnte sie wie ihre eigene. Eines Abends ging sie los, um im Schummerlicht[4] als Helene Rumpel durch die Kontrolle zu kommen. Ängstlich, wie sie war, beobachtete sie zuerst aus sicherer Entfernung den Grenzübergang. Sie sah ein Pärchen, das zurück nach Westberlin
15 wollte, und als Frau Kuppisch sah, wie locker und selbstbewusst die auftreten, wie laut die reden, wie gespielt die lachen und wie raumgreifend sie agieren[5] – als sie all das sah, wusste sie, dass ihr zu einem Westler mehr fehlt als nur der Pass, die Schuhe, die Kleider und das Kukident. Und sie wusste, dass sie niemals so werden wird wie die. Und dass sie tatsächlich keine Chance hat, über die Grenze vor ihrer Haustür zu kommen.

20 Frau Kuppisch ging wieder nach Hause. Was blieb ihr anderes übrig? Sie schämte sich allerdings nicht für ihre Ängstlichkeit, die sie davon abhielt, die letzten dreißig Meter zu gehen. Sie hatte ohnehin geahnt, dass sie nicht zur abgebrühten[6] Hälfte der Menschheit gehört. Aber nachdem sie keinen Grund mehr hatte, sich älter zu machen, wurde sie wieder wie früher. Zu Hause setzte sie sich sofort an den Schminktisch. Herr Kuppisch wollte
25 seinen Augen gar nicht trauen, als er heimkam. Frau Kuppisch wirkte sogar noch jünger als je zuvor – zumindest sagte das jeder, der sie in den ersten Wochen nach ihrer Verjüngung sah. Niemand konnte sich das erklären. Micha vermutete einen heimlichen Geliebten. Sabine einen neuen Friseur, und Heinz sah ein Indiz[7] für Lungenkrebs[8], denn bekanntlich werden Krebskranke optimistisch, wenn's aufs Ende zugeht.

1 die Sperre: *hier*: die Grenze
2 eine angebrochene Packung: Die Packung wurde bereits geöffnet.
3 Kukident: Reinigungsmittel für die künstlichen Zähne älterer Menschen
4 das Schummerlicht: keine helle Beleuchtung, wenig Licht
5 raumgreifend agieren: *hier*: so auftreten, dass man die Aufmerksamkeit auf sich zieht
6 abgebrüht: cool, professionell, ohne Emotionen
7 das Indiz: das Anzeichen, der Hinweis
8 der Krebs: *hier*: ein bösartiger Tumor

3 Lies die Aussagen 1 – 6 und noch einmal den Textauszug in 2. Was macht Frau Kuppisch, um als Frau Rumpel durch die Grenzkontrolle zu kommen, was macht sie nicht? Wo steht das im Text?

1. Sie schminkt sich so, dass sie älter aussieht, als sie in Wirklichkeit ist.
2. Sie zieht Kleider und Schuhe aus dem Westen an.
3. Sie lernt den Dialekt, den man in Dortmund spricht, denn daher kommt Frau Rumpel.
4. Sie hat Kukident und einen Westberliner Fahrschein in der Handtasche.
5. Sie geht zum Friseur, um sich so eine Frisur wie auf dem Passbild machen zu lassen.
6. Sie übt die Unterschrift von Frau Rumpel.

4 Wie findet Frau Kuppisch das junge Pärchen aus dem Westen? Wie findet sie sich selbst? Mach eine Tabelle. Vergleiche dann mit deiner Partnerin / deinem Partner.

Das Westpärchen	Frau Kuppisch
locker	zurückhaltend
...	...

5 Arbeitet in der Gruppe (3 – 4 Schüler). Lest das Zitat (Z. 18 – 19).
Warum glaubt Frau Kuppisch, keine Chance zu haben?
Macht Notizen und präsentiert euer Ergebnis in der Klasse.

„Und sie wusste, dass sie niemals so werden wird wie die (Westler).
Und dass sie tatsächlich keine Chance hat, über die Grenze vor ihrer Haustür zu kommen."

6 Lest die Fragen 1 – 3 und sprecht darüber in der Gruppe.

1. Habt ihr schon einmal eine Landesgrenze überquert? Musstet ihr einen Pass vorzeigen?
2. Gab es eine andere Situation, in der ihr einen Pass oder Ausweis vorzeigen musstet?
3. Wie habt ihr die Situation empfunden?

LITERATUR & LANDESKUNDE

LANDESKUNDE

Flüsse

1 Schau die Skizze vom Lauf eines Flusses an. Lies dann die Begriffe und ordne sie den Ziffern 1 – 9 in der Skizze zu.

das Delta / die Mündung × der Hafen × flussabwärts × der Felsen × die Quelle × der Nebenfluss × das Meer × flussaufwärts × das Gebirge

1. Die Quelle

2 Schau dir die Karten A – C an. Lies dann die Texte 1 – 3 aus dem Bildband *Die Flüsse dieser Welt*. Welcher Fluss wird jeweils beschrieben?

1 Der 〜 ist 1233 km lang. Er entspringt¹ in den Schweizer Alpen und fließt dann durch Österreich, Deutschland und die Niederlande und streift² die Grenze zu Liechtenstein und Frankreich. Er mündet³ in die Nordsee. Am 〜 liegen bekannte Städte wie Basel, Mainz, Rotterdam. Köln ist mit rund einer Million Einwohnern die größte Stadt am 〜.
5 Die wichtigsten Nebenflüsse sind die Aare, der Main, der Neckar, die Mosel, die Ruhr oder die Maas. Der 〜 ist eine der wichtigsten Wasserstraßen in Europa, und schon im Mittelalter brachte er den Städten an seinen Ufern durch Transport und Handel Reichtum und Wohlstand.

LITERATUR & LANDESKUNDE

Viele Mythen⁴ und Geschichten werden mit dem 〜 in Verbindung gebracht. Die bekannteste ist die Geschichte der Loreley, ein 132 m hoher Felsen am rechten Ufer des 〜 bei Sankt Goarshausen.
10 Tatsache ist, dass diese Stelle im 〜 sehr gefährlich ist und schon seit dem Mittelalter viele Schiffe hier verunglückten⁵. Clemens Brentano und Heinrich Heine haben über dieses Thema Gedichte geschrieben: Die schöne Loreley sitzt auf dem Felsen, singt und kämmt sich ihr goldenes Haar. Die Schiffer sind von ihrem Anblick und dem Gesang so fasziniert, dass sie nicht mehr auf ihre Fahrt achten und verunglücken.

2 15 Die 〜 ist mit einer Gesamtlänge von 2845 Kilometern nach der Wolga der zweitlängste Fluss Europas. Der Strom⁶ durchfließt dabei zehn Länder (Deutschland, Österreich, die Slowakei, Ungarn, Kroatien, Serbien, Bulgarien, Rumänien, Moldawien und die Ukraine) – so viele wie kein anderer Fluss auf der Erde. Die 〜 durchfließt vier Landeshauptstädte: Wien, Bratislava, Budapest und Belgrad. Die 〜 bildet eine der ältesten und bedeutendsten europäischen Handelsrouten und verbindet
20 dabei unterschiedliche Kulturkreise. Politische Spannungen und Kriege bewirkten immer wieder Sperren und Behinderungen der Wasserstraße. Heute hat die 〜 wieder ihre besondere wirtschaftliche Bedeutung für die Verbindung von West- und Osteuropa erhalten. Die 〜 fließt in einem riesigen Delta, das sowohl in Rumänien als auch in der Ukraine liegt, ins Schwarze Meer. Kulturell hat die 〜 vor allem die Musik der Länder beeinflusst die sie durchfließt. Besonders in
25 Österreich wurde die 〜 immer wieder in der Musik aufgegriffen⁷. Johann Strauß komponierte den Walzer *An der schönen blauen* 〜 oder kurz 〜*walzer* genannt und in der Nationalhymne nennt sich Österreich das Land am Strome. Aber auch in den Nationalhymnen von Bulgarien, Kroatien und Ungarn wird die 〜 erwähnt⁸.

3 Die 〜 hat ihre Quelle in Tschechien, fließt dann durch Deutschland und mündet nach 1094 km
30 in die Nordsee. Durch Deutschland fließt die 〜 729 km. In der Literatur, in der Musik oder in der Kunst tritt die 〜 kaum in Erscheinung, obwohl sie durch historisch und kulturell besonders wichtige Städte wie Dresden, Magdeburg oder Hamburg fließt.
Landschaftlich interessant ist vor allem das Elbsandsteingebirge, eine bizarre⁹ Felsenlandschaft im Grenzbereich zwischen Tschechien und Deutschland.
35 Historisch ist die Stadt Wittenberg von besonderer Bedeutung. Von hier löste¹⁰ Martin Luther die Reformation aus und damit die Spaltung¹¹ der christlichen Kirche.
Wirtschaftlich spielt der Hamburger Hafen eine sehr wichtige Rolle. Das ‚Tor zur Welt', wie man den Hafen nennt, ist nach Rotterdam der zweitgrößte Seehafen in Europa. Rund 9000 Schiffe pro Jahr laufen in den Hafen ein, der knapp 300 Anlegeplätze hat. Die Kaimauer für Seeschiffe ist insgesamt
40 43 Kilometer lang. Von hier aus starten die riesigen Containerschiffe ihre Fahrt in die großen Häfen der weiten Welt.

1 entspringen: seinen Ursprung haben
2 etwas streifen: etwas berühren
3 münden: in etwas hineinfließen
4 der Mythos (die Mythen): sehr alte und bedeutungsvolle Geschichte
5 verunglücken: einen Unfall haben
6 der Strom: ein großer Fluss, mündet ins Meer
7 aufgegriffen: *hier*: zum Thema machen
8 erwähnen: nennen
9 bizarr: ungewöhnlich, besonders
10 etwas auslösen: etwas verursachen, etwas beginnen
11 die Spaltung: Trennung

3 Schau die Bilder **A – C** an und lies die Bildunterschriften. Lies dann die Texte in **2** über die Flüsse noch einmal. Welches Bild passt zu welchem Text?

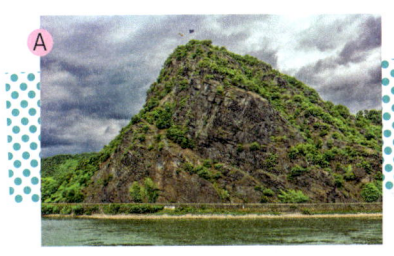

A die Loreley

B das Sandsteingebirge

C das Fluss-Delta

LITERATUR & LANDESKUNDE

4 Lies die Aussagen 1 – 6 und noch einmal die Texte 1 – 3 in **2**. Welcher Fluss ist gemeint?

1. An diesem Fluss liegt der zweitgrößte Seehafen Europas.
2. An diesem Fluss liegen Städte wie Basel und Rotterdam.
3. Die Quelle des Flusses ist in den Schweizer Alpen.
4. Dieser Strom durchfließt so viele Staaten wie kein anderer auf der Erde.
5. Dieser Fluss spielt in vielen Mythen und Geschichten eine wichtige Rolle.
6. Dieser Fluss wird in mehreren Nationalhymnen genannt.

5 Präsentiert einen Fluss.

Schritt 1: Arbeitet zu zweit. Wählt einen Fluss in eurem oder in einem anderen Land aus, der euch interessiert.

Schritt 2: Recherchiert im Internet nach wichtigen Informationen und Bildern über diesen Fluss: die Bedeutung für das Land, Nebenflüsse, Städte, Geschichten über den Fluss, …
Arbeitet mit Folien oder erstellt ein Plakat.

Schritt 3: Teilt die Redebeiträge unter euch auf und präsentiert die Beiträge vor der Klasse (6 – 8 Minuten).

6 Spielt *Stadt, Land, Fluss*. Schaut euch das Beispiel an und lest die Spielregeln durch.

Stadt	Land	Fluss	Tier	Punkte
Rom 10	Rumänien 10	Rhein 5	Ratte 20	45

Spielregeln „Stadt, Land, Fluss"

⟶ **Ziel** ist es, am Ende des Spiels möglichst viele Punkte zu haben.

1. Die Schüler spielen in der Gruppe. Jeder Spieler schreibt sich eine Vorlage mit den Überschriften wie im Beispiel (Stadt, Land, …). Die Spieler legen gemeinsam fest, wie viele und welche Kategorien sie eintragen. Weitere mögliche Kategorien: Beruf, Pflanze, Tier, …
2. Ein Spieler sagt laut A und geht dann in Gedanken (leise!) das Alphabet weiter durch (B, C, D, …). Die Person rechts von ihr / ihm sagt irgendwann laut STOPP. Der Buchstabe, an dem der zählende Spieler gerade angelangt ist, z. B. *R* ist der Buchstabe, mit dem die gesuchten Begriffe anfangen müssen.
3. Jeder Spieler schreibt jetzt so schnell wie möglich Wörter, die mit diesem Buchstaben beginnen, in eine Zeile. Wer zuerst alle Felder einer Zeile ausgefüllt hat, sagt STOPP. Dann müssen die anderen aufhören zu schreiben.
4. Anschließend werden die Punkte gezählt und notiert. Ganz am Ende werden alle Punkte zusammengezählt und der Spieler mit den meisten Punkten hat gewonnen.

Punkte:
- Für ein Feld, das richtig ausgefüllt ist und das kein/e andere/r ausgefüllt hat: 20 Punkte
- Für ein Feld, das andere auch ausgefüllt haben, aber mit anderen Begriffen: 10 Punkte
- Für ein Feld, das andere auch mit dem gleichen Begriff ausgefüllt haben: 5 Punkte

MODUL 4

10 WIRTSCHAFT UND WERBUNG
AUSBILDUNG UND BERUF
11
12 POLITIK UND ENGAGEMENT

Bewerbung um ein Praktikum

Sehr geehrte Frau Koch,

bei Ihrem Besuch in unserem Politikunterricht habe ich von der Möglichkeit erfahren, ein Schüler-Praktikum im Bundestag zu absolvieren und bewerbe mich hiermit um eine Praktikantenstelle in Ihrem Abgeordneten*-Büro. So hätte ich Gelegenheit, parlamentarische Arbeit einmal aus der Nähe zu erleben.

Sie sind für die Themen Wirtschaft und Soziales sowie für Europa-Angelegenheiten zuständig – das sind Themen, an denen ich ein besonderes Interesse habe. Daher möchte ich mein Praktikum gern in Ihrem Büro machen.

Ich bin 17 Jahre alt, besuche derzeit die 11. Klasse des Margarete-Steiff-Gymnasiums in Erfurt und habe vor, nach dem Abitur entweder Wirtschaft oder Politik zu studieren.

Ich bin Sprecherin der Politik-AG an unserer Schule und habe mit meiner Gruppe in der Schule und auch außerhalb schon viel organisiert: von Podiumsdiskussionen über Info-Veranstaltungen bis zu Aktionen zur Integration von Flüchtlingen. Das Thema Menschenrechte liegt mir dabei ganz besonders am Herzen. Hier kenne ich mich auch ganz gut aus.

Ich bin kontaktfreudig und interessiere mich sehr für andere Länder und Kulturen, besonders für unsere europäischen Nachbarn in der Union.

Auch beim Recherchieren von Themen habe ich einige Erfahrung.

Wann könnte ich mich Ihnen einmal persönlich vorstellen?

Mit freundlichen Grüßen
Mira Kaufmann

* der/die Abgeordnete: der/die Parlamentarier/in

1 Lies das Anschreiben. Was erfährst du über Mira?

2 Würdest du Mira zu einem Bewerbungsgespräch einladen? Begründe deine Antwort.

DAS LERNST DU:

eine (halb)formelle E-Mail schreiben • ein Problem beschreiben • etwas vorschlagen • für Verständnis danken • eine Präsentation halten • eine Grafik beschreiben • (Un)wichtigkeit ausdrücken • eine Erörterung schreiben • eine Meinung äußern und begründen

85 | Modul 4

10 GEWINN MACHEN — WIRTSCHAFT UND WERBUNG

A Werbung – ganz digital
LESEN / SPRECHEN

A1 Schau das Bild an und lies die Worterklärung. Beantworte dann die Fragen 1–3.

1. Was ist ein Influencer? Was macht er?
2. Welches Medium nutzen Influencer?
3. Welche Influencer kennst du?

> **Influencer, der,-** (engl. *to influence* beeinflussen): Person, die in einem oder mehreren sozialen Netzwerken aktiv ist und mit ihren Bildern, Videos oder Texten viele Follower* erreicht. Influencer genießen bei ihren Followern Ansehen und haben deshalb Einfluss auf deren Meinung und Kaufverhalten.

* der Follower,- : Internetnutzer, der regelmäßig die Beiträge eines Influencers ansieht

A2 a Lies die Stichpunkte a – e und das Interview mit der Marketing-Expertin Nuria Soler-Witt. Ordne dann die Stichpunkte den Absätzen 1 – 5 zu.

- a Gesetzliche Grundlagen
- b Herausforderungen des Influencer-Berufs
- c Funktionsweise von Influencer-Marketing
- d Zielgruppe von Influencer-Marketing
- e Vorteile von Influencer-Marketing für Unternehmen

1 Seit einigen Jahren sorgen sogenannte Influencer für Aufregung in der Werbebranche. Was versteht man unter Influencer-Marketing? Ein Influencer postet täglich neue Fotos von verschiedenen modischen Outfits. Und mehrere Tausend, ja manchmal sogar Millionen Fans schauen sich das an! Dass das für einen Werbespezialisten aufregend ist, ist ja klar. Und wenn Marketingabteilungen dann mit Influencern zusammenarbeiten, nennt man das Influencer-Marketing. Der Influencer thematisiert in seinem Blog oder auf seinem Kanal ein Produkt, er stellt es vor, hält es vielleicht in die Kamera, empfiehlt es auch mal ganz direkt. Dafür bekommt er vom Unternehmen eine Gegenleistung: Er erhält zum Beispiel das Produkt umsonst oder ein Honorar oder eine Gewinnbeteiligung, wenn seine Follower anschließend über einen Link direkt etwas kaufen.

2 Es ist ja nichts Neues, dass Vorbilder wie Prominente, Fußballer oder Schauspieler in der Werbung auftreten. Die Marketingexperten interessieren sich heute aber ganz besonders für digitale Influencer. Warum?

Ein Grund ist, dass man es mit traditioneller Werbung heute schwer hat. Denn viele Menschen vermeiden es inzwischen, mit Werbung in Kontakt zu kommen. An ihren Briefkästen klebt der Sticker „Bitte keine Reklame", während der Werbepause im Fernsehen schalten sie auf einen anderen Sender um und in ihren Internetbrowsern blockieren sie Werbung. Deshalb sind Werber auf der Suche nach neuen Kanälen, um Werbebotschaften zu vermitteln. Influencer sind so ein neuer Kanal. Dabei profitiert das Unternehmen davon, dass die Follower Influencer als Experten betrachten und ihrer Meinung vertrauen.

Kommunikation in sozialen Netzwerken ist außerdem interaktiv. Die Follower schreiben Kommentare oder liken den Beitrag zumindest. Dadurch bekommt auch das Unternehmen eine Rückmeldung. Und zwar schnell, direkt und unkompliziert. Mühsame und teure Kundenumfragen zu starten, ist gar nicht mehr nötig. Das ist für Unternehmen natürlich praktisch.

3 Ich denke gerade an meine eigenen Internet-Gewohnheiten. Meine Kontakte zu sogenannten Influencern könnte ich wahrscheinlich an einer Hand abzählen*. Sind es denn wirklich so viele Kunden, die man auf diesem Weg erreichen kann?

Wie viele Menschen man per Influencer-Marketing erreicht, hängt davon ab, wie stark soziale Medien genutzt werden. Und das ist unterschied-

lich je nach Land, Zielgruppe und Alter. Nehmen wir die Zielgruppe der Jugendlichen: Dass die 14- bis 19-Jährigen wesentlich mehr Stunden im Internet verbringen als vor dem Fernseher, ist
65 bekannt. Und ca. 50 % der Jugendlichen geben in Umfragen an, dass sie schon einmal ein Produkt gekauft haben, nachdem sie es auf einem Foto oder in einem Video im Internet gesehen haben.

4 Ist es nicht problematisch, wenn Influencer,
70 die ja offensichtlich das Vertrauen von Jugendlichen genießen, Werbebotschaften vermitteln?
Ich gebe Ihnen recht: Wenn die Werbebotschaften versteckt daherkommen, wenn also „Schleichwer-
75 bung" gemacht wird, ist das nicht akzeptabel. In Deutschland zumindest gibt es dafür aber strenge gesetzliche Regelungen. Werbung muss deutlich gekennzeichnet werden. Wenn zum Beispiel ein Influencer zu Werbezwecken mit einem Produkt
80 posiert, dann muss er auch „Werbung" über das Bild schreiben, sonst riskiert er eine Klage oder ein Bußgeld.

5 Influencer können also mit dem Gesetz in Konflikt geraten. Ob das den Jugendlichen
85 bewusst ist, wenn sie „Influencer" als ihren Traumjob nennen?
Ich fürchte, dass dieser Berufswunsch ohnehin auf falschen Vorstellungen beruht. Klar: Aufregende Reisen zu machen, immer neue, coole
90 Klamotten zu haben und dafür auch noch Geld zu bekommen, findet jeder Jugendliche toll. Das klingt nach einem entspannten Leben. So einfach ist es aber nicht. Die Konkurrenz ist groß. Es ist also wirklich schwierig, eine Fangemeinde
95 aufzubauen. Und anschließend muss man aufpassen, dass man seine Follower nicht wieder verliert. Für den Erfolg eines Influencers ist es entscheidend, dass er authentisch ist: Einer wie du und ich, sympathisch und echt, der selbst
100 überzeugt ist von dem, was er anderen empfiehlt. Da ist Werbung eine heikle Sache: Einerseits bringt sie Geld. Andererseits besteht natürlich die Gefahr, unglaubwürdig zu werden, wenn man für die falschen Produkte wirbt.

* man kann etwas an einer Hand abzählen: etwas ist wenig

b Lies das Interview in **a** noch einmal und notiere jeweils zwei wichtige Informationen zu den Absätzen 1–5. Vergleiche die Ergebnisse mit deiner Partnerin / deinem Partner.

1. Funktionsweise von Influencer-Marketing: Der Influencer stellt ein Produkt vor und …

→ AB, Ü3–4

A3 Lies die Sätze in der linken Spalte und vergleiche mit dem Interview in A2a. Ergänze die Tabelle.

es als Repräsentant für einen dass-Satz und einen Infinitivsatz		
	es = Subjekt	Es kost toll, dass …
Dass Vorbilder wie Prominente (…) in der Werbung auftreten, ist ja nichts Neues.	① (Z. 26–28)	Es ist ja nichts Neues, dass …
Eine Fangemeinde aufzubauen, ist also wirklich schwierig.	② (Z. 94–95)	Es ist schwierig, …
	es = Akkusativergänzung	
Denn mit Werbung in Kontakt zu kommen, vermeiden viele Menschen inzwischen.	③ (Z. 32–34)	Viele M. vermeiden es, … meine Schwester findet es toll, dass ich ein Jahr ins Ausland gehe.

→ AB, Ü5–7   → Grammatik, 1.2, S. 111

A4 Formuliere die Sätze 1–4 aus dem Interview in A2a so um, dass der Nebensatz am Ende steht. Verwende *es*.

1. Dass das für einen Werbespezialisten aufregend ist, ist ja klar. (Z. 13–14)
2. Mühsame und teure Kundenumfragen zu starten, ist gar nicht mehr nötig. (Z. 49–50)
3. Dass die 14- bis 19-Jährigen mehr Stunden im Internet verbringen als vor dem Fernseher, ist bekannt. (Z. 62–65)
4. Aufregende Reisen zu machen (…) und dafür auch noch Geld zu bekommen, (das) findet jeder Jugendliche toll. (Z. 89–91)

→ AB, Ü8–9

10

A5 Lies die Zitate a – c zum Thema *Influencer-Marketing*. Wie ist deine eigene Meinung?
Sprich mit deiner Partnerin / deinem Partner über alle drei Zitate.

a Mich stört es, wenn Influencer in ihren Videos Werbung machen.

b Mir ist es egal, ob in Videos auch Werbung vorkommt. Hauptsache, mich interessiert das Thema.

c Ich finde es spannend, welche Produkte meine Lieblings-Influencer gut finden.

B Unterrichtsprojekt: Wirtschaft und Schule — HÖREN / SCHREIBEN

B1 a Schau den Online-Kursraum an. Hör dann die Audio-Beiträge 1 – 5 und ordne ihnen die Themen A – E zu.

▶ 16–20

www.Margarete-Steiff-Gymnasium.de/Kursraum „Wirtschaft und Recht"

Herzlich willkommen zum Kursraum „Wirtschaft und Recht"
Projekt „Wirtschaft und Schule": Interviews und Recherche-Ergebnisse, Klasse 11b

A Unternehmen „Lern im Bus"
von Melissa (vor 3 Wochen) — 3

B Kundenzufriedenheit am Schulkiosk
von Lorenz (vor 4 Tagen) — 2

C Finanzierung des Schulfests
von Stefan (vor 1 Tag) — 4

D Experten an Schulen
von Charlotte (vor 6 Stunden)

E Unternehmerin Margarete Steiff
von Pascal (vor 3 Stunden) — 1

Audio-Beitrag 1: Thema E

b Lies die Aufgaben 1 – 5. Hör die Audio-Beiträge 1 – 5 aus a noch einmal.
Wähle bei jeder Aufgabe die richtige Lösung (richtig (r) oder falsch (f)) und a, b oder c.

▶ 16–20

1. Die Radiosendung erinnert an den Todestag von Margarete Steiff. (r) f
   Die Unternehmerin spezialisierte sich auf die Produktion von Kinderspielzeug, …
   a nachdem Kinder vom Nadelkissen „Elefäntle" begeistert waren.
   b weil sie als gelähmtes Kind von der Hilfe anderer abhängig war.
   c weil das „Elefäntle" nicht für Nadeln geeignet war.

   1. r, a

   Nadelkissen Elefäntle

2. Ein Schüler wird zu den Getränken am Schulkiosk interviewt. (r) f
   Er ist zufrieden mit …
   a dem Preis.
   b der Qualität.
   c der Qualität und dem Preis.

3. Frau Büchow ist Busfahrerin. r (f)
   Sie gründete ihr Unternehmen, weil sie …
   a als Schülerin von ihrem weiten Schulweg genervt war.
   b an der Uni Erfurt viele ausländische Studenten kennt.
   c an fremdsprachigen Liedern interessiert ist.

4. Die Schule ist bekannt für das große Sommerfest. (r) f
   Die Finanzierung des Fests gelingt vor allem dank …
   a der Suche nach neuen Sponsoren.
   b der Bereitschaft zu Spenden und Mitarbeit.
   c des Verzichts auf Eintrittspreise.

Modul 4 | 88

5. Der Radiobeitrag berichtet über eine Umfrage unter 100 Unternehmen. (r) (f)

Laut Professor Makropoulos …
a entscheiden sich viele Direktoren gegen eine Zusammenarbeit mit der freien Wirtschaft, ohne lange zu überlegen.
b wünschen sich Lehrer, Eltern und Schüler von den Wirtschaftsexperten aktuelle Informationen und haben keine Angst vor Beeinflussung.
c braucht man für eine sinnvolle Zusammenarbeit zwischen Schule und Unternehmen fachlich kompetente, kritische Lehrer.

→ AB, Ü10–11

B2 Welche Präposition passt? Vergleiche deine Ergebnisse mit den Aufgaben in B1b. Finde dann weitere Beispiele in B1b.

Verb + Präposition	Nomen + Präposition	Adjektiv + Präposition
erinnern an + Akkusativ	die Suche (1) + Dativ	abhängig (2) + Dativ

→ AB, Ü12–13 → Verben, Nomen, Adjektive mit Präpositionen, S. 130–132

B3 Schreib eine (halb)formelle E-Mail (ca. 130–150 Wörter).

Schritt 1: Lies den Anfang von Miras E-Mail an die Lehrerin ihres Wirtschaftskurses. Was ist ihr Problem?

> b.kaminski@msg.de
>
> Liebe Frau Kaminski,
> ich habe für das Projekt „Wirtschaft und Schule" das Thema „Personalmanagement am Beispiel einer Reinigungsfirma" gewählt. Heute kann ich leider noch keine Ergebnisse zu meinem Thema in den Online-Kursraum hochladen. Ich hatte gestern einen Interviewtermin mit Frau Macek von der Reinigungsfirma, die an unserer Schule arbeitet, aber …

Schritt 2: Erfinde eine Erklärung, warum Mira noch keine Daten hochladen kann, und schreib ihre E-Mail zu Ende. Die Redemittel helfen dir.

ein Problem beschreiben:
• Unglücklicherweise ist mir Folgendes passiert: …
• Leider musste ich feststellen, dass …

etwas vorschlagen:
• Mein Vorschlag wäre, …
• Wäre es für Sie in Ordnung, wenn …

für Verständnis danken:
• Ich danke Ihnen im Voraus.
• Vielen Dank für Ihr Verständnis.

Grußformel:
• Mit besten / freundlichen Grüßen (formell)
  Viele / Beste Grüße (halbformell)

→ AB, Ü14

C Was ist es dir wert? **LESEN / SPRECHEN**

C1 Lies Miras Beitrag und mach das Experiment. Sprecht in der Gruppe über eure Ergebnisse.

> Mira
>
> Kennst du das Prinzip „Zahl, so viel zu willst"? Mach doch mal mein Experiment: Dieses Eis kostet normalerweise 5 €. Stell dir vor: Du darfst den Preis frei wählen. Wie viel würdest du für das Eis bezahlen, wenn … ?
> – du den Eisdielen-Besitzer kennst
> – deine Oma dir gerade 50 Euro geschenkt hat
> – du zusammen mit Freunden im Café bist
> – du das Eis nachts an einem Automaten kaufst
>
> 👍 Gefällt mir   💬 Kommentieren

10

C2 a Lies den Zeitschriftenartikel und setze die Sätze a – g jeweils in die richtige Lücke ein. Zwei Sätze bleiben übrig.

- a Die Erfahrung, dass Leute weniger zahlen, hat man auch in anderen Zahl-so-viel-du-willst-Experimenten gemacht.
- b Die Kunden fanden den Preis nämlich zu niedrig.
- c Doch es geht auch anders.
- d Professor Kunter hat in Münster außerdem einen weiteren positiven Effekt beobachtet: …
- e Da ist jeder Kunde willkommen, auch wenn er nur wenig Eintritt bezahlt.
- f Aus diesem Grund sind manche Zoos nur im Sommer geöffnet.
- g Andererseits ist auch das Produkt selbst entscheidend: …

Zahl, so viel du willst!

Wenn man in ein Restaurant geht, schaut man sich zunächst auf der Speisekarte an, was es gibt und wie viel das kostet. Auf Waren klebt meist ein Preisschild und neben der Museumskasse hängt die Tafel mit den Eintrittspreisen. Ein Produkt oder eine Dienstleistung hat normalerweise einen Preis, den der Anbieter festgesetzt hat und den der Käufer bezahlt. (1) Dann heißt es an der Kasse „Pay what you want" – zahl, so viel du willst! Der Kunde entscheidet also selbst, wie viel er bezahlen möchte.

New Yorker Museen sind bekannt dafür, in Melbourne, Frankfurt oder Wien findet man Bars und Restaurants, die so funktionieren, aber auch in einem Tierpark ist das alternative Preismodell schon erprobt worden: Der Allwetterzoo in Münster überließ erstmals vor acht Jahren im Dezember den Kunden die Kontrolle über den Eintrittspreis.

Man könnte denken, viele Menschen würden so eine Gelegenheit schamlos ausnutzen. Und tatsächlich zahlen die Kunden freiwillig meist weniger als den Normalpreis. Während z. B. ein Erwachsenen-Ticket im Münsteraner Zoo normalerweise 14 € kostete, war es den Kunden selbst im Durchschnitt nur rund 5 € wert. (2) Es zeigt sich aber auch, dass die wenigsten Menschen gar nichts bezahlen. Laut Professor Dr. Marcus Kunter, der die Aktion im Zoo wissenschaftlich begleitet hat, wollten viele Menschen zwar ein Schnäppchen machen[1], sich aber auch fair verhalten. Der Gerechtigkeitsgedanke sei sehr stark.

Ob und wie viel Kunden freiwillig zahlen, hängt von den Umständen ab. Einerseits spielt der persönliche Kontakt eine wichtige Rolle. Wenn man einer Kassiererin in die Augen schauen muss, fällt es schwer, die Geldbörse in der Tasche zu lassen. Dagegen geben die Menschen beim anonymen Kauf am Automaten oder im Internet tendenziell weniger Geld. (3) Die Versuchung, einen wertvollen Computer oder ein teures Auto zum Billigtarif[2] mitzunehmen, ist nämlich groß, auch wenn man danach vielleicht ein schlechtes Gewissen hat. Warum aber entscheiden sich Unternehmen für das alternative Preismodell? Gerade bei Theatern und Museen ist der Gedanke verbreitet, dass alle Interessierten Zugang zu Kultur haben sollten, egal wie viel sie dafür bezahlen können. Im Gegensatz zu solchen sozialen Motiven kann das Zahl-so-viel-du-willst-Modell aber auch einfach eine unternehmerische Strategie sein. Man kann dadurch ein Produkt bekannt machen und den Umsatz steigern, indem man Neukunden anlockt. Das bietet sich vor allem für Unternehmen mit hohen Fixkosten[3] an. Ein Zoo beispielsweise hat im Winter normalerweise kaum Besucher. Die Tiere müssen jedoch trotzdem verpflegt werden. (4) So ging auch für den Tierpark in Münster die Rechnung am Ende auf[4]: Durch die Aktion waren die Gesamteinnahmen rund 2,5-mal höher als in anderen Dezembermonaten.

(5) die Begeisterung der Besucher. „Es gab kaum jemanden, der es nicht gut fand, über den Preis zu entscheiden." Das bedeutet allerdings nicht, dass der Zoo mit dem Preismodell auch über einen längeren Zeitraum Erfolg hätte. „Insbesondere ist unklar, wie sich Menschen verhalten, wenn das Zahl-so-viel-du-willst-Modell für sie zur Gewohnheit wird", so Professor Kunter.

---

1 ein Schnäppchen machen: besonders günstig einkaufen
2 zum Billigtarif: sehr billig
3 Fixkosten: Kosten, die immer gleich hoch sind, egal wie viel man produziert oder verkauft (≠ variable Kosten)
4 die Rechnung geht auf: etwas gelingt

→ AB, Ü15–16

b Arbeitet in der Gruppe. Lest den Text in **a** noch einmal und vergleicht mit euren Ergebnissen aus C1. Was sind die Vorteile des Zahl-so-viel-du-willst-Modells und was sind die Grenzen?

C3 Schau noch einmal die Sätze im Zeitungsartikel in C2a an und ergänze die Tabelle.

Adversativsätze (Gegensätze)		
Konjunktion	① *während* ein Erwachsenen-Ticket (…) normalerweise 14 € kostete, war es den Kunden selbst im Durchschnitt nur 5 € wert. *(Z. 21–24)*	
Adverbien	② *Dagegen* geben die Menschen beim anonymen Kauf am Automaten (…) weniger Geld. *(Z. 36–38)*	ebenso: hingegen, jedoch
Ausdruck mit Präposition + Dativ	③ *Im Gegensatz zu* solchen sozialen Motiven kann das (…) Modell auch einfach eine unternehmerische Strategie sein. *(Z. 46–49)*	

→ AB, Ü17 → Grammatik, 5.4.1, S. 117

C4 Lies die Satzpaare 1 – 3 und formuliere sie in Adversativsätze um.

1. Normalerweise setzt der Anbieter einen Preis fest. Beim Zahl-so-viel-du-willst-Modell hat der Kunde die Kontrolle über den Preis. *(dagegen)*
2. Mit dem Zahl-so-viel-du-willst-Modell können Unternehmen in manchen Fällen Gewinn machen. Käufer haben bei diesem Preismodell immer einen Vorteil. *(im Gegensatz zu)*
3. Für Unternehmen mit hohen Fixkosten (z. B. Zoos und Museen) kann das alternative Preismodell funktionieren. Für Unternehmen mit hohen Stückkosten (z. B. Autohersteller) ist dieses Preismodell ein Risiko. *(während)*

→ AB, Ü18–19

C5 Macht eine Diskussion zum Thema *Zahl-so-viel-du-willst-am-Schulkiosk – ja oder nein?*
Bildet fünf Gruppen. Jede Gruppe übernimmt eine Rolle (A – E).
Jede Gruppe schickt eine/n Vertreter/in in die Diskussion.

A **Moderator/in:** Du bist Direktor/in an der Schule und leitest die Diskussion. Am Anfang erklärst du kurz, worum es beim Preismodell Zahl-so-viel-du-willst geht. Du beendest die Diskussion und kündigst die nächsten Schritte an.

B **Pro:** Du bist Schülersprecher/in und überzeugt, dass die Schüler sich fair verhalten würden. Außerdem denkst du, dass dann mehr Schüler am Schulkiosk einkaufen würden, vor allem morgens vor dem Unterricht.

D **Kontra:** Du betreibst den Schulkiosk und befürchtest, dass du Verlust machst. Du weist darauf hin, dass die Kosten für die Bio-Lebensmittel hoch sind und dass du eine/n Angestellte/n bezahlen musst.

C **Pro:** Du bist Schulpsychologin / Schulpsychologe und findest es gut, wenn die Schüler zum Nachdenken über Preis und Wert angeregt werden. Deiner Meinung nach verhindert der persönliche Kontakt am Kiosk, dass Schüler das Preismodell ausnutzen.

E **Kontra:** Du bist Lehrer/in für das Fach „Wirtschaft und Recht" und hast dich mit Zahl-so-viel-du-willst-Aktionen beschäftigt. Du warnst vor negativen Erfahrungen, weil du meinst, dass Schüler ihr Geld lieber anders ausgeben.

11 LAUFBAHNEN — AUSBILDUNG UND BERUF

A Ein Blick hinter die Kulissen
LESEN / SPRECHEN

A1 a Schau die Bilder in den Berufsporträts in **b** an und lies die Bildunterschriften. Welche Berufe könnten diese Personen haben? Ordne zu.

Beleuchter/in × PR*-Manager/in × Maskenbildner/in × Schauspieler/in × Schreiner/in

* die PR (engl. *public relations*): die Öffentlichkeitsarbeit

b Lies Miras Berufsporträts und vergleiche mit deinen Vermutungen in **a**.

www.Margarete-Steiff-Gymnasium.de/Unterricht

Home | Aktuelles | Unterricht | AG-Bereich | Kontakt

Berufe am Theater: Fünf Porträts
Gesammelt von Mira Kaufmann, Klasse 11b

1

Felicitas Siebert (27) kennt das richtige Maß

Während meine Freundinnen mit Puppen spielten, baute ich Puppenhäuser. Und als ich später dann den Realschulabschluss in der Tasche hatte, habe ich mich gleich für eine Ausbildung als Schreinerin hier an der Theaterwerkstatt beworben und bin dann auch hier geblieben. In unserem Team sind wir für alle größeren Holzkonstruk
5 tionen zuständig, die für ein Bühnenbild gebraucht werden. Das geht von Podien[1] über Treppen und Tore bis zu Wänden, Fußböden und Möbelstücken. Und alles wird natürlich in Handarbeit und nach Maß gefertigt. Da zählen Genauigkeit und Sorgfalt und dann sollte man vor allem ein gutes räumliches Vorstellungsvermögen mitbringen und auch Kreativität: Im letzten Stück wurde zum Beispiel ein Stuhl
10 gebraucht, der immer wieder an derselben Stelle brechen sollte. Da mussten wir uns etwas einfallen lassen.

2

Manfred Walter (45) sorgt für Glanzlichter

Ich bin viele Umwege gegangen, bevor ich zu meinem heutigen Beruf kam. Nach Beendigung der Hauptschule habe ich hier am Theater als Aushilfe angefangen, zuerst in der Kantine, später dann auch an anderen Einsatzorten hier im Haus, wo
15 ich ein gewisses technisches und organisatorisches Talent bewies, denn alle Reparaturen waren immer schnell erledigt. Und irgendwann bin ich dann bei den Beleuchtern gelandet. Inzwischen kümmere ich mich um die gesamte Lichttechnik, sowohl auf der Bühne als auch im Zuschauerraum. Dazu gehört, dass ich die Maschinen und Anlagen bediene und sie auch warte. Die notwendigen Kenntnisse
20 in Elektrotechnik habe ich mir nach und nach selbst angeeignet und ich bin von meiner Arbeit begeistert: Durch das Licht wird die Aufmerksamkeit des Zuschauers gelenkt und es schafft Stimmungen. Im Film macht das die Kamera, hier mache ich es. Bei meiner Arbeit als Beleuchter stehe ich oft fünfzehn, zwanzig Meter über dem Boden: Höhenangst darf man da nicht haben.

3

Bettina Maurer (33) beweist Fingerspitzengefühl

25 Wenn ein Schauspieler auf die Bühne tritt, muss er schon durch sein Aussehen in seiner Rolle überzeugen. Und dafür sorge ich als Maskenbildnerin. In meinem Beruf darf man keine Berührungsängste haben, denn man kommt den Darstellern sehr nahe und muss schnell Vertrauen aufbauen können. Die Maske ist ja die letzte Station vor dem Auftritt, da kämpfen die meisten Schauspieler mit Lampenfieber.
30 Ich habe schon viele zitternde Knie gesehen! Da ist es wichtig, dass man Ruhe ausstrahlt. Und natürlich muss man auch viel handwerkliches Geschick und Fingerspitzengefühl mitbringen. Für die Maske ist oft die Frisur das A und O[2], deshalb habe ich nach dem Abitur zuerst eine Friseurausbildung gemacht und mich dann zur Maskenbildnerin weitergebildet. Da hat mir übrigens sehr geholfen, dass ich schon
35 immer ganz gut in Mathe und Chemie war, denn man muss Materialkosten berechnen und hat viel mit chemischen Kunststoffen zu tun.

4 **Dennis Roth** (40) hat viele Gesichter

Ich glaube, ich bin Schauspieler geworden, weil ich schon ganz früh gelernt habe, mich immer wieder auf eine neue Umgebung und neue Menschen einzustellen, und das ist in meinem Beruf zentral: Man braucht Beobachtungsgabe und viel Einfüh-
40 lungsvermögen, um selbst glaubhaft in andere Rollen schlüpfen und verschiedene Charaktere spielen zu können. Meine Schullaufbahn ist nicht so ganz geradlinig verlaufen, denn wir sind viel umgezogen und ich musste oft die Schule wechseln. Irgendwann wollte ich sie dann sogar abbrechen, weil ich immer schlechtere Noten bekam. Ich ging zu dieser Zeit auf den gymnasialen Zweig einer Gesamtschule.
45 Von meinen Eltern wurde ich dann aber überredet, auf dem Realschulzweig wenigstens die Mittlere Reife zu machen. Ich habe es damals nur gemacht, weil in so einer Schule ja alles unter einem Dach ist und ich da nicht wieder wechseln musste. Heute bin ich froh, denn mit dem Realschulabschluss konnte ich mich dann auch an einer Schauspielschule bewerben. Die Aufnahmeprüfung war extrem
50 hart, nur ein Bruchteil der Bewerber hat sie bestanden. Aber ich war dabei!

5 **Helme Hofmann** (38) weckt Interesse

Wenn der kommende Spielplan unseres Theaters in aller Munde ist³, dann habe ich meine Arbeit gut gemacht, denn als PR-Manager ist es meine Aufgabe, Interesse an unseren Veranstaltungen zu wecken und für ein positives Image unseres Hauses in der Öffentlichkeit zu sorgen, um immer mehr Besucher anzuziehen. Da ist es
55 wichtig, dass schon im Vorfeld über ein Stück in der Presse und den sozialen Medien berichtet wird, etwa darüber, wie die Rollen besetzt sind. Ich organisiere dann auch Interviews mit den Hauptdarstellern oder lade zu einer öffentlichen Probe ein. Das nächste Event dieser Art ist schon geplant. In meinem Job muss man kontaktfreudig sein, eine gute Kommunikationsfähigkeit und viel Organisationstalent
60 besitzen. Und man muss mit Stress umgehen können, denn es gibt oft unerwartete Situationen, in denen man sehr schnell reagieren muss. Ich habe nach dem Abitur Germanistik studiert und habe dann erst mal ein Volontariat⁴ bei einer Zeitung gemacht. Später bin ich dann zu einer PR-Agentur gegangen und von dort zum Theater.

1 das Podium: eine erhöhte Fläche, auf der z. B. ein Redner steht
2 das A und O sein: das Wichtigste sein
3 in aller Munde sein: etw. ist so bekannt, dass man oft darüber spricht
4 das Volontariat: Vorbereitung auf eine berufliche Tätigkeit, hier als Journalist

c Lies die Berufsporträts 1–5 in **b** noch einmal und ergänze die Tabelle.

Beruf	Aufgaben	erforderliche Fähigkeiten	schulischer Bildungsweg und Ausbildung
1. Schreinerin	Holzkonstruktionen bauen	…	…

→ AB, Ü3–6

A2 Lies die Sätze 1–6 und achte auf die *kursiven* Verben. Welche Bedeutung haben sie in diesem Kontext? Sprich mit deiner Partnerin / deinem Partner. Ihr könnt auch mit dem Wörterbuch arbeiten.

1. Da *zählen* Genauigkeit und Sorgfalt (…). *(Z. 7–8)*
2. Und irgendwann bin ich dann bei den Beleuchtern *gelandet*. *(Z. 16–17)*
3. Dazu gehört, dass ich die Maschinen und Anlagen (…) *warte*. *(Z. 18–19)*
4. (…), weil ich schon ganz früh gelernt habe, *mich* immer wieder auf eine neue Umgebung (…) *einzustellen* (…). *(Z. 37–38)*
5. (…) als PR-Manager ist es meine Aufgabe, (…) für ein positives Image unseres Hauses (…) zu sorgen, um immer mehr Besucher *anzuziehen*. *(Z. 52–54)*
6. Da ist es wichtig, dass (…) berichtet wird, (…) wie die Rollen *besetzt sind*. *(Z. 54–56)*

Wörter können verschiedene Bedeutungen haben, z. B. *auf jdn./etw. warten* ≠ *eine Maschine warten*. Achte beim Lesen immer darauf, um welche Bedeutung es geht. Das Wörterbuch hilft dabei.

→ AB, Ü7

11

A3 a Lies die Sätze in der linken Spalte. Schau noch einmal die Sätze in A1b an. Ergänze die Tabelle.

	Vorgangspassiv: Passiv mit werden Ein Vorgang wird beschrieben.	*Zustandspassiv: Passiv mit sein* Ein Ergebnis wird beschrieben.
Präsens	Das nächste Event dieser Art wird schon geplant.	Das nächste Event dieser Art ① schon ① . (Z. 58)
Präteritum	Alle Reparaturen wurden immer schnell erledigt.	Alle Reparaturen ② immer schnell ② . (Z. 15–16)

→ Grammatik, 4.2.1, S. 113 und 4.2.2, S. 114

b Was passt: *durch* oder *von*? Vergleiche deine Ergebnisse mit den Sätzen in A1b.

Passivsatz mit von + Dativ und durch + Akkusativ	
Person, Institution	① meinen Eltern wurde ich überredet, (…) die Mittlere Reife zu machen. (Z. 45–46)
Ursache, Instrument, Mittel	② das Licht wird die Aufmerksamkeit des Zuschauers gelenkt (…). (Z. 21–22)

→ AB, Ü8–9   → Grammatik, 4.2.3, S. 114

A4 Die Vorstellung kann beginnen: Schreib Sätze im Zustandspassiv.
Ergänze zwei weitere Sätze, wenn du möchtest.

→ AB, Ü10–11

1. Stück schreiben
2. Rollen besetzen
3. Kostüme und Masken entwerfen
4. Bühnenbild aufbauen
5. Bühne beleuchten
6. Darsteller schminken

1. Das Stück ist geschrieben. …

A5 Präsentiere einen Beruf.

Schritt 1: Wähle einen Beruf aus und such Informationen zu den Folien 1–3.
Notiere dann Stichwörter dazu.

Folie 1	Folie 2	Folie 3
Beruf und Aufgaben	Erforderliche Fähigkeiten	Schulischer Bildungsweg und Ausbildung

Schritt 2: Präsentiere den Beruf in der Klasse.

B Studieren auf Probe

HÖREN

B1 Lies den Flyer einer Veranstaltung für Schüler. Was ist das Thema?
Was bedeutet „schnuppern"?

Uni-Schnuppertag

- Du weißt noch nicht, für welches Studienfach du dich entscheiden sollst?
- Du möchtest den Uni-Betrieb kennenlernen und schon ein bisschen Campus-Luft schnuppern?

Dann komm am 15. und 16. März zu uns!
Du kannst dich auch von einem persönlichen Tutor begleiten lassen.

Weitere Infos unter: www.uni-schnuppertage.de

Modul 4

B2 a Mira hat an einem Schnuppertag teilgenommen. Lies die Programmpunkte a – e und hör ihren Bericht im Schülerradio. In welcher Reihenfolge spricht sie über die Programmpunkte?

▶ 21
- a Besuch einer Vorlesung
- b Teilnahme an einem Seminar
- c Besichtigung der Bibliothek
- d Mittagessen in der Mensa
- e Führung über den Campus

▶ 21 b Lies die Aussagen 1 – 6. Hör dann den Bericht in a noch einmal. Notiere bei jeder Aussage: „richtig", „falsch" oder „Der Text sagt dazu nichts".

1. Mira hatte sich schon für den Studiengang Politikwissenschaft entschieden und wollte sich darüber genauer informieren.
2. Miras Tutor Nils wohnt auf dem Campus.
3. Die Ausleihe in der Bibliothek funktioniert nur für Studenten.
4. Viele Studierende stellen ihren Kommilitonen ihre Mitschriften im Internet zur Verfügung.
5. Mira hat es nicht gestört, dass es in der Mensa so voll war.
6. Mira hat bei dem Experiment der Dozentin mitgemacht.

1. falsch

B3 Welche Wörter zum Thema *Studium* kennst du schon? Ergänze das Wörternetz. Such dann weitere Wörter in B1 und B2. Du kannst auch mit dem Wörterbuch arbeiten.

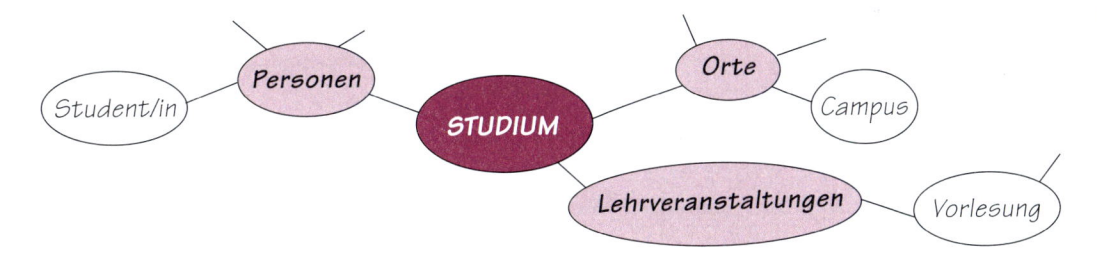

STUDIUM
- Personen — Student/in
- Orte — Campus
- Lehrveranstaltungen — Vorlesung

→ AB, Ü12

B4 Lies die Sätze in der linken Spalte und formuliere sie in Passivsätze mit Modalverb um.

Passivsatzformen	Passiv mit Modalverb
sich lassen + *Infinitiv*	
Möglichkeit: Hier lässt es sich (…) gut lernen.	Hier kann gut gelernt werden.
sein + *zu* + *Infinitiv*	
Möglichkeit: Der Lernstoff (…) ist so bequem nachzuarbeiten.	Der Lernstoff kann ① .
Notwendigkeit: Es sind kaum längere Wege zurückzulegen.	Es müssen ② .
sein + *Adjektiv mit* -bar	
Möglichkeit: (…) alles ist schnell erreichbar.	(…) alles kann schnell ③ .

→ AB, Ü13 – 14   → Grammatik, 4.2.4, S. 114

B5 Mira hat wichtige Infos vom Schnuppertag notiert. Formuliere die Sätze 1 – 4 um. Benutze dafür die Passivsatzformen aus B4.

Wichtiges vom Schnuppertag
1. Das Studienangebot: kann auf der Uni-Homepage abgerufen werden.
2. Der Campus-Plan: kann aus dem Internet heruntergeladen werden.
3. Einen Bachelorabschluss: kann man in den meisten Studiengängen nach sechs Semestern machen.
4. Auslandssemester: müssen rechtzeitig organisiert werden.

→ AB, Ü15 – 17

11

C Wünsche rund um die Arbeit — LESEN / SCHREIBEN

C1 Was macht Menschen in ihrem Job zufrieden? Beschreib die Grafik in wenigen Sätzen.

ZUFRIEDENHEIT IM JOB: Welche Aspekte zählen? (Umfrage bei Deutschen über 16 Jahre)

- Angenehmes Arbeitsklima — 58%
- Spannende Tätigkeit — 42%
- Hohes Gehalt — 29%
- Flexible Arbeitszeiten — 29%
- Gute Karrieremöglichkeiten — 11%
- Zusatzangebote (z. B. zur Förderung der Gesundheit) — 6%

- *Die Grafik beschreibt / stellt dar, welche …*
- *Der Aspekt … rangiert in der Grafik ganz oben.*
- *Es folgt / folgen …*
- *Das Schlusslicht bildet …*
- *Von (immerhin / nur) … Prozent der Befragten wird … als wichtiger Aspekt angegeben.*
- *Für die Mehrheit / mehr als die Hälfte / etwa ein Drittel / … der Befragten ist … ein entscheidender Aspekt.*

→ AB, Ü18

C2 a Lies die Forumsbeiträge. Welche Aspekte der Grafik in **C1** werden angesprochen? Welche Aspekte werden noch genannt? Mach Notizen.

Was ist / wäre für euch im Job wichtig?

OSKAR19

Ein guter Job beinhaltet für mich zuallererst mal, dass ich keine Angst haben muss, ihn gleich wieder zu verlieren. Ich wünsche mir Sicherheiten, also zum Beispiel ein festes Gehalt¹, mit dem ich nicht nur mich selbst, sondern auch mal eine Familie ernähren kann. Großverdiener will ich nicht unbedingt werden, aber gehaltsmäßig sollte es schon reichen,
5 um auch mal Urlaub zu machen und mir das eine oder andere zu gönnen². Freiberuflich zu arbeiten³ käme für mich eher nicht infrage. Ich glaube, ich hätte ständig Sorge, nicht genügend Aufträge zu bekommen und meinen Lebensunterhalt dann nicht bestreiten zu können. Oder dass ich krank oder arbeitsunfähig werde und dann nicht abgesichert bin. Innerhalb einer Firma wäre es mir aber trotzdem wichtig, selbstständig arbeiten zu können.
10 Ich würde mich sehr ungern ständig von meinem / meiner Vorgesetzten kontrollieren lassen! Ein ganz wichtiger Punkt wäre für mich auch, dass ich mit den Kollegen gut zurechtkomme. Ich möchte mich austauschen können und wissen, dass ich Unterstützung von ihnen bekomme, wenn es mal nötig ist. Umgekehrt könnten sie auf mich natürlich auch immer zählen, das ist ja klar. Und man sollte auch zusammen feiern können.

DIANA26

15 Ich hatte nach dem Studium das Bedürfnis, erst mal ein festes Einkommen zu haben. Ich habe auch ziemlich schnell eine Anstellung in einer Werbeagentur gefunden und habe da auch von Anfang an ziemlich gut verdient. Die Arbeit war abwechslungsreich und hat mir zuerst schon auch Spaß gemacht. Das Problem war nur, dass ich mir ziemlich schnell wie in einem Hamsterrad vorkam⁴: Ich konnte selten pünktlich nach Hause gehen und hatte dann
20 meistens für nichts anderes mehr Zeit oder Energie. Und ich fragte mich immer öfter, wer eigentlich die Produkte, die ich in Magazinen platzierte, wirklich brauchte. Ich hatte irgendwie das Gefühl, dass mein Leben total fremdbestimmt war. Nach einem Jahr habe ich mich dann entschlossen, meinen Job zu kündigen und mich selbstständig zu machen. Mir kam es vor allem darauf an, etwas Sinnvolles zu tun und ein gesundes Gleichgewicht zwischen
25 Arbeit und Freizeit zu finden. Jetzt arbeite ich als professionelle Bloggerin und als Yogalehrerin, verdiene weniger, habe aber gefunden, was ich gesucht habe. Dieser Wechsel war das Beste, was ich machen konnte. Wenn ich von meinen Schülern nach einer Yoga-Stunde dankbare Worte bekomme, dann bin ich einfach rundum zufrieden.

Modul 4 | 96

FRED21

Für mich wäre es ganz wichtig, dass ich in meinem Job nicht auf der Stelle trete[5], sondern dass ich mich weiterentwickeln kann. Ich liebe Herausforderungen und möchte mich an spannenden Aufgaben beweisen[6] können. Und wenn ich etwas mache, was mich erfüllt und worin ich gut bin, dann würde ich auch nicht auf die Uhr sehen. Da dürfte es auch mal länger werden oder sogar mal ein Wochenende draufgehen. Die Überstunden dürften allerdings nicht zur Regel werden! Mein Bruder bringt zum Beispiel ständig Arbeit mit nach Hause und beantwortet nach Feierabend schnell noch E-Mails. Darauf würde ich mich nicht einlassen. Ich möchte auch genug freie Zeit für meine Hobbys und für meine Freunde und Familie haben.

Ich könnte mir im Übrigen auch nicht vorstellen, zwanzig Jahre lang bei demselben Arbeitgeber angestellt zu sein. Ich denke, es ist wichtig, dass man immer mal die Firma wechselt und so auch verschiedene Firmenkulturen kennenlernt.

Und natürlich sollte auch die Bezahlung stimmen: Wenn ich viel leiste, möchte ich auch entsprechend viel dafür bekommen.

1 ein festes Gehalt / Einkommen: ein regelmäßiges Gehalt
2 sich etwas gönnen: sich etwas leisten
3 freiberuflich arbeiten: nicht bei einer Firma angestellt sein
4 sich wie in einem Hamsterrad vorkommen: *hier:* den Eindruck haben, nicht frei zu sein
5 auf der Stelle treten: nicht vorwärtskommen
6 sich an etwas beweisen können: zeigen können, was man kann

b Lies die Forumsbeiträge in **a** noch einmal. Welche der Fragen 1–9 treffen auf *Oskar, Diana* oder *Fred* zu? Die Personen können mehrmals gewählt werden.

1. Wem ist eine gute Balance zwischen Arbeit und Freizeit wichtig?
2. Wer legt auf gute Beziehungen zu den Kollegen und Solidarität Wert?
3. Für wen spielt das Einkommen eine Rolle?
4. Wer legt auf positive Rückmeldung für seine Arbeit Wert?
5. Wer möchte in seinem Job ständig dazulernen?
6. Wem ist es wichtig, bei Gesundheitsproblemen nicht in finanzielle Schwierigkeiten zu geraten?
7. Wer sieht einen Arbeitsplatzwechsel als positiv an?
8. Wer legt darauf Wert, selbstbestimmt arbeiten zu können?
9. Wer würde auch mal freiwillig Überstunden machen?

1. Diana, Fred

C3 Ordne die Ausdrücke in die Tabelle ein.

sich selbstständig machen ✳ (nicht) auf der Stelle treten ✳ seinen Lebensunterhalt bestreiten ✳ Feierabend haben ✳ angestellt sein ✳ sich weiterentwickeln ✳ Überstunden machen ✳ sich an etwas beweisen können ✳ sich das eine oder andere gönnen können ✳ ein festes Gehalt / Einkommen haben ✳ nicht auf die Uhr sehen ✳ freiberuflich arbeiten

1. Arbeitsverhältnis	2. Gehalt	3. Arbeitszeit	4. Entwicklungsmöglichkeiten
sich selbstständig machen	…	…	…

→ AB, Ü19–21

C4 Schreib einen Forumsbeitrag zum Thema *Was wäre für dich im Job wichtig?* (ca. 130–150 Wörter).

Schritt 1: Lies die Forumsbeiträge in C2a noch einmal und die Fragen in C2b.
Schritt 2: Schreib einen Beitrag, in dem du auf die Punkte 1–3 eingehst. Die Ausdrücke in C3 und die Redemittel helfen dir.
1. Nenne Aspekte, die dir wichtig wären.
2. Nenne Aspekte, die dir nicht so wichtig wären.
3. Begründe deine Meinung.

- *Ich würde auf … großen Wert legen. / Ein wesentlicher Punkt wäre für mich …*
- *… wäre für mich ebenfalls ein wichtiges Kriterium / ein entscheidender Faktor, denn / da …*
- *Auf … käme es mir nicht so sehr an. / Mein Ziel wäre es nicht so sehr, … zu …*
- *… würde für mich auch keine große Rolle spielen / wäre auch eher nebensächlich …*

→ AB, Ü22–23

12 DINGE BEWEGEN — POLITIK UND ENGAGEMENT

A Unsere Schule – aktiv für Menschenrechte — LESEN

A1 Lies die Fragen 1–3. Schau dann die Webseite des Margarete-Steiff-Gymnasiums an und antworte.

1. Welcher Tag wurde an Miras Schule gefeiert?
2. Bei welcher Aktion hat Mira mitgemacht?
3. Welche Rechte gelten laut Allgemeiner Erklärung der Menschenrechte für alle Menschen?

---

www.Margarete-Steiff-Gymnasium.de/AG-Bereich

Home | Aktuelles | Unterricht | AG-Bereich | Kontakt

RIESENERFOLG: Unsere Kuchenaktion zum Internationalen Tag der Menschenrechte

Hallo Leute, das war eine Mega-Veranstaltung! Danke an alle, die uns am 10. Dezember so toll geholfen haben, und an alle, die so fleißig Kuchen, Muffins und Waffeln gebacken und gegessen ;-) haben.

Mira
(Politik-AG)

Resolution der Generalversammlung der Vereinten Nationen
Allgemeine Erklärung der Menschenrechte, 10. Dezember 1948

Artikel 1:
Alle Menschen sind frei und gleich an Würde und Rechten geboren. (...)

Artikel 2:
(...) Jeder hat Anspruch auf alle in dieser Erklärung verkündeten Rechte und Freiheiten, ohne irgendeinen Unterschied, etwa nach Rasse, Hautfarbe, Geschlecht, Sprache, Religion, politischer oder sonstiger Anschauung, nationaler oder sozialer Herkunft, Vermögen, Geburt oder sonstigem Stand. (...)

Artikel 3:

→ AB, Ü3

A2 a Lies das Interview mit Mira. Worum geht es?
Notiere zu jedem Absatz 2–3 Stichwörter.

Kuchen für die Menschenrechte
Eine Aktion der Politik-AG des Margarete-Steiff-Gymnasiums

1 Am 10.12., dem Internationalen Tag der Menschenrechte, gab es am Margarete-Steiff-Gymnasium eine Veranstaltung, die von der Politik-AG durchgeführt wurde. Wir sprachen mit Mira Kaufmann aus der Klasse 11b, der Sprecherin der Gruppe, über die Veranstaltung und die Arbeit der AG.

5 Hallo Mira. Ihr verkauft heute hier Kuchen, Muffins und Waffeln. Wieso und warum gerade heute?
Heute ist der 10. Dezember, der Internationale Tag der Menschenrechte. Wir, die Politik-AG, wollen auf diesen Tag aufmerksam machen. Deswegen haben wir diese Aktion hier organisiert. Was wir verkaufen, haben wir alles selbst gebacken. Dieses Geld
10 spenden wir dann an gemeinnützige Organisationen, die öffentlich gegen Menschenrechtsverletzungen Stellung beziehen. Einige Eltern haben auch Geld gespendet.

Modul 4 | 98

2 Gibt es zum heutigen Tag der Menschenrechte noch andere Aktivitäten von eurer Politik-AG?

Ja, wir verkaufen nicht nur Kuchen. In Zusammenarbeit mit unseren Lehrern haben wir Infomaterial zum Thema *Menschenrechte* gesammelt und Infostände hier an der Schule aufgebaut. Da kann man sich informieren, was die Menschenrechte sind und wo und wie sie verletzt werden. Im Politikunterricht wird das Material dann gelesen und zur Diskussion gestellt.

3 Mira, erzähl uns etwas über eure Politik-AG. Seit wann gibt es sie und was macht ihr in euren AG-Stunden?

Wir sind zurzeit zwölf Schülerinnen und Schüler aus der Oberstufe. Im Politikunterricht haben wir über die Vereinten Nationen gesprochen und da besonders über die Allgemeine Erklärung der Menschenrechte, die am 10. Dezember 1948 verkündet wurde. Das hat uns sehr motiviert, mehr über internationale Politik zu erfahren, und deshalb haben wir voriges Jahr die AG gebildet, die von unserer Politiklehrerin, Frau Büscher, betreut wird. In den 30 Artikeln der Erklärung wird genau beschrieben, welche Rechte jeder Mensch haben sollte. In dieser Erklärung wird auch die Forderung gestellt, dass niemand diskriminiert werden darf, egal wo und warum. Manche unserer Mitschüler haben zwar die Einstellung, dass man sowieso keinen Einfluss auf die Politik hat, also nichts verändern kann, aber wir in unserer AG sehen das anders. Jeder kann etwas tun, um jemandem zu helfen, der in Not ist.

4 Welche anderen Aktionen habt ihr bereits gemacht?

Wir haben vor der Bundestagswahl in unserer Aula eine Podiumsdiskussion mit Vertretern aller Parteien veranstaltet. Da konnten wir viele Themen zur Sprache bringen, die uns wichtig waren, und auch viele Fragen stellen. Besonders für die, die in diesem Jahr zum ersten Mal wählen durften, war das sehr informativ. Außerdem haben wir neulich an Infoständen in der Stadt über das Asylrecht informiert und auch nach Möglichkeiten gesucht, wie wir Flüchtlinge, die in unserer Stadt leben, unterstützen können. Ein besonderes Erlebnis war ein Fußballspiel, das wir organisiert haben: unsere Schulmannschaft gegen eine Mannschaft von jugendlichen Flüchtlingen. Anschließend haben wir zusammen gefeiert, gegessen, geredet und dabei viel voneinander erfahren. So macht einem das politische Engagement noch mehr Spaß!

5 Bestimmt gibt es aber auch Menschen, die Kritik an eurem Engagement üben. Seid ihr schon mal bei jemandem mit eurer Arbeit auf Ablehnung gestoßen?

Ja, manchmal schon. Es gibt immer jemanden, den unsere Aktionen stören, oder der findet, dass das sowieso alles nichts nützt oder dass es uns nichts angeht, was in anderen Ländern passiert. Wir glauben aber, dass Menschenrechte für alle gelten, egal aus welchem Land man kommt. Und für diese Einstellung finden wir bei unseren Aktionen auch große Zustimmung.

6 Woher bekommt ihr eure Informationen?

Unsere Hauptquelle ist das Internet. Wir haben unsere Treffen immer im Computerraum und da haben wir freien Zugang zum Internet. Wir mussten aber erst noch lernen, welche Quellen im Netz seriös und glaubwürdig sind und welche nicht. Da hat uns Frau Büscher geholfen und das lernen wir auch im normalen Unterricht. Ich persönlich lese aber auch regelmäßig Zeitung und schaue mir die Nachrichten an.

Mira, vielen Dank für das Gespräch. Glückwunsch zu eurer Veranstaltung und weiterhin alles Gute für eure Aktivitäten.

12

b Lies die Aussagen 1–5 und das Interview auf S. 98/99. Was ist richtig, a, b oder c?

1. Die Teilnehmer der Politik-AG …
   a informieren auch Lehrer im Politikunterricht über Menschenrechte.
   b informieren auch an Infoständen über Menschenrechte. ✓
   c sammeln auch im Politikunterricht Infomaterial.

2. In Miras Politik-AG glaubt man, dass man …
   a falsche Einstellungen ändern muss.
   b immer etwas tun kann, um Menschen in Not zu unterstützen. ✓
   c in der Politik nichts ändern kann.

3. Die Fußballmannschaft von Miras Schule hat …
   a die Politik-AG bei einem Infostand zum Asylrecht unterstützt.
   b einer Fußballmannschaft mit Flüchtlingen geholfen.
   c gegen jugendliche Flüchtlinge gespielt. ✓

4. Einige Menschen kritisieren Miras Politik-AG, weil …
   a Menschenrechte nicht in allen Ländern gelten können.
   b sie sich in die Politik anderer Staaten einmischt. ✓
   c sie sich nur für sehr wenige Menschen einsetzt.

5. Die Politik-AG bekommt ihre Informationen …
   a aus dem Internet. ✓
   b aus dem Politikunterricht.
   c von der Leiterin der AG.

c Arbeitet zu zweit. Vergleicht die Politik-AG an eurer Schule oder euren Politik-Unterricht mit Miras Schule. Welche Gemeinsamkeiten und welche Unterschiede gibt es?

A3

Lies die Sätze 1–5 und formuliere die *kursiven* Ausdrücke um.

| etwas beeinflussen | etwas fordern | etwas kritisieren | sich zu etwas äußern | ansprechen |

1. Dieses Geld spenden wir an (…) Organisationen, die öffentlich gegen Menschenrechtsverletzungen *Stellung beziehen*. (Z. 9–11)
2. In dieser Erklärung wird (…) *die Forderung gestellt*, dass niemand diskriminiert werden darf (…). (Z. 27–28)
3. Manche Mitschüler haben (…) die Einstellung, dass man *keinen Einfluss* auf die Politik *hat* (…). (Z. 28–30)
4. Da konnten wir viele Themen *zur Sprache bringen* (…). (Z. 34)
5. Bestimmt gibt es aber auch Menschen, die *Kritik* an eurem Engagement *üben*. (Z. 43)

→ Nomen-Verb-Verbindungen, S. 133–135

A4

Schau die Tabelle an und lies die Sätze 1–5. Setze die passenden Indefinitpronomen in die Sätze ein. Lies dann noch einmal das Interview in A2 auf S. 99 und vergleiche.

Indefinitpronomen			
Nominativ	man	jemand	niemand
Akkusativ	einen	jemand(en)	niemand(en)
Dativ	einem	jemand(em)	niemand(em)

→ Grammatik, 1.3, S. 112

1. Da kann (?) sich informieren, was die Menschenrechte sind (…). (Z. 16)
2. In dieser Erklärung wird die Forderung gestellt, dass (?) diskriminiert werden darf (…). (Z. 27–28)
3. Jeder kann etwas tun, um (?) zu helfen, der in Not ist. (Z. 31)
4. Es gibt immer (?), den unsere Aktionen stören (…). (Z. 45)
5. So macht (?) das politische Engagement noch mehr Spaß! (Z. 42)

12

A5 Lies die Aussagen 1–4 und ergänze die passenden Indefinitpronomen. Manchmal gibt es mehrere Möglichkeiten.

1. Wenn (?) [man] etwas verändern will, dann muss (?) [man] auch etwas dafür tun.
2. Bei unserer Arbeit ist es wichtig, dass (?) [man] die Aktionen und Termine koordiniert.
3. Wir möchten (?) [niemanden] von unserer Meinung überzeugen.
4. Die Arbeit hier macht richtig Spaß. Sie gibt (?) [einem] das Gefühl, etwas bewegen zu können.

→ AB, Ü8

1. man

B Das erste Mal zur Wahl gehen — LESEN / SCHREIBEN

B1 a Lies die Fragen 1–2. Lies dann den Chat und antworte.

1. Was ist das Thema des Chats?
2. Was weißt du über das Thema *Wahlen* in deinem Land (Wer? Was? Wie oft? Wann?)?

Mira: Hi Lotte, ist die Grippe noch schlimm?

Lotte: Geht schon. Morgen komme ich wieder in die Schule. Hab ich was verpasst?

Mira: Wir haben in Politik über das Thema „Wahlen in Deutschland" gesprochen. War ganz interessant, ich schicke dir das Arbeitsblatt mit der Tabelle. Wir sollen sie bis morgen beschreiben. Und am Montag sollen wir eine Erörterung abgeben. Das Thema ist „Wählen unter 18". Ich bin schon fast fertig. ☺

Lotte: Oje, kannst du mir da vielleicht helfen?

b Schau die Tabelle an und beschreib sie in fünf Sätzen.

Arbeitsblatt: Wahlen in Deutschland — Fach: Politik, Klasse 11b

Die Wahlberechtigten wählen
allgemein – gleich – frei – direkt – geheim

Was wird gewählt?	**Bundestag** (deutsches Parlament)	**Landtag** (Parlament eines Bundeslands)	**Kreistag, Stadtrat, Gemeinderat** („Kommune*")
Wie oft wird gewählt?	alle 4 Jahre	alle 4 Jahre	alle 4–6 Jahre
Wo wird gewählt?	in ganz Deutschland	in den 16 Bundesländern	auf kommunaler Ebene
Wie hoch ist das Wahlalter?	18 Jahre	16–18 Jahre	16–18 Jahre
Welche Gesetze werden dort verabschiedet?	ganz Deutschland betreffend, z. B. zum Thema Rente	das Bundesland betreffend, z. B. zum Schulsystem	die Kommune betreffend, z. B. Bau eines Theaters

*die Kommune: ein Gebiet (Stadt, Dorf) mit einer eigenen Verwaltung, Gemeinde

c Lies die Überschriften a – i und dann Miras Erörterung.
Welche Überschrift passt zu welchem Absatz (1–9)?

a Die Folgen des demografischen Wandels
b Schluss: Persönliches Fazit
c Unterschiedliche Regelungen des Wahlalters
d Mehr Politikunterricht in den Schulen
e Einleitung: Österreich als Vorbild
f Sinkende Wahlbeteiligung
g Erkenntnisse der Entwicklungspsychologie
h Zunehmendes politisches Interesse bei Jugendlichen
i Volljährigkeit – nicht das einzige Kriterium?

Sollte man das Wahlalter bei der Bundestagswahl auf unter 18 Jahre senken?

Erörterung von Mira Kaufmann, Klasse 11b

1 Der Nationalrat in Österreich hat im Jahr 2007 beschlossen, das Wahlalter für das Nationalparlament von 18 auf 16 Jahre zu senken. Und es hat sich gezeigt: Die Jugendlichen beteiligten sich an der Wahl zahlenmäßig und abstimmungsmäßig nicht anders als die über 18-jährigen Wählerinnen und Wähler. Da stellt sich nun für mich die Frage, ob man auch für die Bundestagswahl
5 in Deutschland das Wahlalter für Jugendliche auf unter 18 Jahre senken sollte.

2 Was das Wahlalter angeht, gibt es Unterschiede zwischen den Bundesländern. Das Bundesland Niedersachsen war z. B. Vorreiter bei den Kommunalwahlen. Hier durften 16 – 17-Jährige 1996 erstmals an Kommunalwahlen teilnehmen. Mittlerweile gilt dieses Wahlrecht bereits in knapp der Hälfte aller Bundesländer. In einigen Bundesländern können 16-Jährige sogar das
10 Landesparlament wählen. Für die Bundestagswahl gilt aber in ganz Deutschland: Wählen darf man erst ab 18.

3 Tatsache ist, dass die Zahl der Wählerinnen und Wähler insgesamt immer weiter sinkt. Immer öfter hört man das Argument, die gesunkene Wahlbeteiligung sei damit zu erklären, dass die Menschen politikmüde seien, weil sie keinen direkten Einfluss auf politische Entscheidungen
15 hätten. Die sinkende Wahlbeteiligung könnte aber gesteigert werden, wenn Jugendliche früher wählen dürften.

4 Aber nicht nur die Gesamtzahl der Wähler sinkt, sondern vor allem auch die Zahl der jungen Wähler. Ein Grund für den abnehmenden Anteil der jungen Menschen an der Gesamtzahl der wahlberechtigten Personen liegt im demografischen Wandel, denn lediglich 15,4 % der Wahlbe-
20 rechtigten sind zwischen 18 und 30 Jahre alt. Das Wahlalter zu senken, würde die Prozentzahl der jüngeren Wählerinnen und Wähler erhöhen und die Parteien zwingen, sich mehr um die Probleme der jungen Menschen zu kümmern.

5 Untersuchungen haben gezeigt, dass diejenigen, die in jungen Jahren politisch interessiert sind, es in späteren Jahren auch bleiben und an politischen Wahlen teilnehmen. Allerdings interessiert
25 sich die große Mehrheit der Jugendlichen eben nicht für Politik, sondern viel eher für die erste Liebesbeziehung, für Sport oder Musik. Hinzu kommt, dass Jugendliche noch sehr beeinflussbar sind, z. B. von Meinungen in sozialen Netzwerken, von politischer Werbung, von Freunden und natürlich auch von Eltern. Das macht es schwer, eigene Sichtweisen zu entwickeln. Daher müsste in der Schule der Politikunterricht verstärkt werden.

6 Laut Gesetz ist man erst mit 18 Jahren volljährig. Die Volljährigkeit ist ein eindeutiges Kriterium dafür, ab wann man für seine Entscheidungen die volle Verantwortung übernehmen muss und zwar auch für politische Entscheidungen. Gleichzeitig sind die Jugendlichen schon unter 18 Jahren in einem Alter, in dem ihr Leben ganz entscheidende Wege einschlägt, wie zum Beispiel, dass sie eine passende Ausbildung finden müssen. Da wäre es doch sinnvoll, wenn sie schon
35 unter 18 Jahren über die Zukunft auch politisch mitentscheiden dürften.

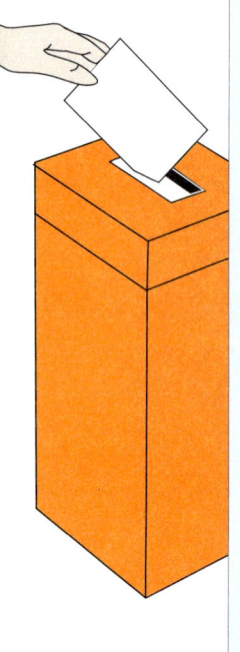

7 Viele sind jedoch der Meinung, dass Jugendliche unter 18 Jahren eher radikale und extreme Parteien wählen würden. Da möchte ich widersprechen, denn die Ergebnisse der Wahlen in Deutschland und Österreich haben das widerlegt. Diese Erfahrung wird von Studien der Entwicklungspsychologie unterstützt, die besagen, dass die moralische und ethische Urteilsfähigkeit
40 mit 14 Jahren bereits ausgebildet ist.

8 Abschließend ist noch wichtig zu erwähnen, dass die Shell-Studie, die regelmäßig die Einstellungen und Meinungen der Jugendlichen in Deutschland untersucht, in ihrer aktuellen Studie festgestellt hat, dass sich die Jugendlichen wieder mehr für Politik interessieren. Deshalb ist es genau richtig, das Wahlalter jetzt zu senken, denn dann würden sich die Jugendlichen noch intensiver
45 informieren.

9 Wenn ich zum Schluss alle Vor- und Nachteile der Forderung, das Wahlalter bei Bundestagswahlen auf unter 18 Jahre zu senken, abwäge, so überwiegen für mich die Vorteile. Ich persönlich finde, dass das Wahlalter auf 16 Jahre gesenkt werden sollte, denn in dem Alter entscheidet sich vieles, was die eigene persönliche und berufliche Zukunft beeinflusst. Und darauf will ich
50 auch politisch Einfluss nehmen können.

d Lies Miras Erörterung in **c** noch einmal. Welche Argumente für und gegen das *Wählen unter 18* nennt sie? Mach Notizen.

pro	kontra
– höhere Wahlbeteiligung	– Jugendliche interessieren sich eher für andere Themen als Politik
– ...	

→ AB, Ü9–11

B2 Lies die Sätze in der linken Spalte und dann den jeweiligen Satz in der rechten Spalte. Schau dann noch einmal die Sätze in **B1b** und **B1c** an und ergänze die Tabelle.

	Partizip Präsens als Adjektiv: Etwas dauert an.
Die Wahlbeteiligung, die ständig sinkt, könnte gesteigert werden, wenn Jugendliche früher wählen dürften.	Die ① *ständig sinkende* Wahlbeteiligung könnte gesteigert werden, wenn Jugendliche früher wählen dürften. (Z. 15–16)
	Partizip Perfekt als Adjektiv: Etwas ist abgeschlossen.
(...) die Wahlbeteiligung, die gesunken ist, sei damit zu erklären, dass die Menschen politikmüde seien (...).	(...) die ② *gesunkene* Wahlbeteiligung sei damit zu erklären, dass die Menschen politikmüde seien (...). (Z. 13–14)

→ Grammatik, 2.1, S. 112

Du weißt schon: Wenn Partizipien vor Nomen stehen, werden sie wie Adjektive dekliniert.

→ AB, Ü12–13

B3 Forme die folgenden Relativsätze 1–4 in Ausdrücke mit Partizipien als Adjektive um.

1. die Schüler, die sich an politischen Diskussionen beteiligen
2. die Politiker, die ins Parlament gewählt wurden
3. die Themen, die im Bundestag diskutiert worden sind
4. ein Studium, das passt

→ AB, Ü14–16

1. die sich an politischen Diskussionen beteiligenden Schüler

B4 Schreib eine Erörterung zum Thema *Wählen unter 18*.

Schritt 1: Lies noch einmal deine Notizen aus B1d und ergänze weitere Argumente.
Was ist deine eigene Meinung?

Schritt 2: Formuliere nun ausführlich die Argumente, die für deine Meinung sprechen.
Nenne auch Argumente, die dagegen sprechen und entkräfte sie. Ziehe zum Schluss ein Fazit.

Einleitung:
- *Betrachtet man die derzeitige Situation / die heutige Lage, …*
- *Da stellt sich nun für mich die Frage / Dies führt zu der Frage, …*

Hauptteil:
zu einem anderen Punkt überleiten:
- *Was … angeht, … / Was … betrifft, …*
- *Hinzu kommt, dass … / Abschließend ist noch wichtig zu erwähnen, dass …*

Gegenargumente entkräften:
- *Ich halte diese Aussage / Einstellung für verkehrt, denn …*
- *Da möchte ich widersprechen, denn …*
- *Man hört oft, dass … Das Gegenteil ist der Fall: …*

Schluss:
seine Meinung äußern:
- *Ich bin der Auffassung / Überzeugung, dass …*
- *Ich persönlich finde, dass …*

ein Fazit ziehen:
- *Wenn ich zum Schluss alle Argumente abwäge, so überwiegen für mich die Vorteile / Nachteile.*
- *Zusammenfassend würde ich sagen, dass mich die Vorteile / Nachteile am stärksten überzeugen.*

→ AB, Ü17

C Die EU – gelbe Sterne auf blauem Grund — HÖREN / SCHREIBEN

C1 Schau die Bilder A – D an und lies die Bildunterschriften. Was weißt du schon über die Europäische Union? Mach Notizen. Sprecht darüber in der Klasse.

A – Kulturelle Vielfalt
B – Studieren und arbeiten
C – Reisen ohne Grenzkontrollen
D – Freier Handel

C2 a Lies den Text zur Europäischen Union. Welche Informationen erhältst du zusätzlich zu denen in C1?

www.infos-eu.de

Die Europäische Union (EU)

Im Jahr 1951 schlossen sich Frankreich, die Bundesrepublik Deutschland, Italien, die Niederlande, Belgien und Luxemburg zur sogenannten „Montanunion" zusammen, einer Gemeinschaft, die die Kohle- und Stahlproduktion gemeinsam organisierte. Das war der Beginn des Europäischen Vereinigungsprozesses. 1957 wurde daraus
5 die Europäische Wirtschaftsgemeinschaft (EWG).
Seitdem hat sich die Gemeinschaft immer wieder verändert und immer mehr europäische Länder sind ihr beigetreten. Seit 1993 heißt sie „Europäische Union" (EU).

Die EU-Staaten bilden einen sogenannten Binnenmarkt, das heißt, dass jeder EU-Bürger frei ist, in einem der EU-Länder zu wohnen, zu arbeiten oder zu studieren. Besonders für junge Leute
10 gibt es viele Programme und Stipendien, um in einem anderen EU-Land zu studieren oder zu arbeiten. Zwei Drittel der Mitgliedsstaaten haben mittlerweile eine gemeinsame Währung, den Euro. Diese EU-Staaten bilden eine Währungsunion. Fast alle Mitgliedsstaaten gehören zum sogenannten Schengen-Raum, das heißt, dass an den Grenzen dieser Länder im Normalfall keine Grenzkontrollen mehr stattfinden.
15 Innerhalb der EU leben Menschen mit vollkommen verschiedenen Kulturen und Traditionen, mit unterschiedlichen Sprachen und Lebensweisen. Trotzdem hat der Europäische Vereinigungsprozess dazu geführt, dass Europa eine lange Zeit des Friedens erlebt und dass kulturelle Vielfalt nicht als Gefahr, sondern als Bereicherung des Lebens gesehen wird. Und da die EU sich auch immer wieder für friedliche Lösungen bei Konflikten in der Welt einsetzt, hat sie im Jahr 2012 den
20 Friedensnobelpreis erhalten.

b Lies den Text in **a** noch einmal und erkläre diese Begriffe in eigenen Worten.

die Montanunion · der Binnenmarkt · der Schengen-Raum · die Währungsunion

C3 a Hör die Beiträge von Mira, Luca, Jakob und Elisa zum Thema *Europäische Union*.
Wer erwähnt welches Thema aus C1? Schreib ein Schlüsselwort zu jedem Beitrag.

22–26

A Mira   B Luca   C Jakob   D Elisa

23–26 **b** Lies die Aussagen 1–6. Hör noch einmal die Beiträge der vier Jugendlichen.
Welche der Aussagen passt zu welcher Person A – D? Zwei Aussagen bleiben übrig.

1. Wenn ich eine Zeit lang in einem anderen Land studiere, verbessere ich meine Sprachkenntnisse und meine Chancen, einen Job zu finden.
2. Es ist so einfach, innerhalb der EU Ferien zu machen. Es gibt kein Problem an den Grenzen und ich brauche vorher kein Geld umzutauschen. Ich kann einfach losfahren und fertig.
3. Es ist gut, dass es in der EU gemeinsame Standards gibt. Wenn ich ein Produkt aus Frankreich oder aus Deutschland kaufe, weiß ich, dass es die gleiche Qualität hat, wenn das europäische Bio-Siegel draufgedruckt ist.
4. Die Länder in Europa sollten eng zusammenarbeiten. Die Probleme, die die Politik heutzutage lösen muss, sind nur global zu lösen.
5. Mit dem Euro können die verschiedenen Unternehmen aus den EU-Ländern besser Handel treiben. Sie wissen genau, zu welchem Preis sie was einkaufen können.
6. Ich finde, Europa hat so viele verschiedene Kulturen. Die sollten auf jeden Fall erhalten bleiben und nicht verschwinden, darauf sollte die EU achten.

→ AB, Ü18

C4 Arbeitet in der Gruppe (3 – 4 Schüler). Schreibt ein kleines EU-Quiz. Sammelt dazu Informationen. Tauscht dann euer Quiz mit einer anderen Gruppe.

1. Welches dieser Länder ist nicht in der EU?
(a) Finnland (b) Spanien (c) Schweiz (d) Österreich

LITERATUR & LANDESKUNDE

LITERATUR

Joachim Meyerhoff: *Ach, diese Lücke, diese entsetzliche Lücke*

1 Lies den Lebenslauf von Joachim Meyerhoff und ergänze die Tabelle.

Name	Herkunft / Familie	Beruf	Besondere Ereignisse in seinem Leben	Ehrungen und Preise
Joachim Meyerhoff	...	...	...	...

> **Joachim Meyerhoff**, Schauspieler, Regisseur und Autor, wurde 1967 in der Kleinstadt Homburg im Saarland geboren. Sein Vater war Arzt und leitete eine psychiatrische Klinik in Schleswig-Holstein. Dort lebte Joachim Meyerhoff mit seinen Eltern und seinen beiden älteren Brüdern. Mit 17 Jahren ging er als Schüler für ein Jahr in die USA. Während dieser Zeit starb einer seiner Brüder bei einem Autounfall. Meyerhoff kam nach Deutschland zurück, machte sein Abitur und besuchte von 1989 bis 1992 die Otto-Falckenberg-Schule in München als Schauspielschüler. Seit 2005 gehört er zum Ensemble[1] des Wiener Burgtheaters.
>
> In seinem autobiografischen[2] Bühnenprojekt *Alle Toten fliegen hoch* erzählte er in sechs Teilen die Geschichte seiner Familie. Aus diesem Projekt entwickelte der Autor vier autobiografische Romane. Der dritte Teil *Ach, diese Lücke, diese entsetzliche Lücke* erschien 2015. Meyerhoff wurde 2007 und 2017 zum besten Schauspieler an deutschsprachigen Bühnen gewählt.
>
> 1 das Ensemble: eine Gruppe von Schauspielern am Theater
> 2 autobiografisch: die eigene Lebensgeschichte betreffend

2 Lies die Überschriften a – d und den Textauszug aus *Ach diese Lücke, diese entsetzliche Lücke*. Welche Überschrift passt zu welchem Absatz? Ordne zu.

a Vor und nach der Prüfung
b Die Vorgeschichte
c Der Neuanfang
d Gründe für die Bewerbung

Ach, diese Lücke, diese entsetzliche Lücke

① Der Unfalltod meines Bruders hatte mich während eines einjährigen USA-Aufenthalts ereilt. Wie eine Guillotine[1] war er in meine heile Welt[2] gefallen, hatte das Davor und das Danach in zwei Teile zerhackt, zwei Teile, die nicht mehr im Entferntesten zusammenpassen wollten. Mit der gleichen Wucht[3], mit der das Auto, in dem mein Bruder gesessen hatte, unter den Laster
5 gekracht[4] war, wurde ich, weit weg in Wyoming, aus einer vertrauten Welt in eine unbekannte, kaputte geschleudert. Übrig blieb: ein Ich vor dem Unfall und ein Puzzle-Ich danach. (…) Ich war komplett durch den Wind und wusste nicht wohin mit mir.

② Doch dann kam alles ganz anders. Ich nahm an der Aufnahmeprüfung der Schauspielschule teil. Die Motive, mich dort beworben zu haben, waren mir selbst nicht ganz klar. Vielleicht
10 wollte ich einen Weg einschlagen, der außerhalb all dessen lag, was ich mir zutraute, vielleicht wollte ich etwas versuchen, das das genaue Gegenteil von dem war, was in Betracht kam. Völlig fremd war mir das Theater nicht, da ich in ein paar Stücken der Theater AG an der Schule sogar mit einigem Erfolg mitgewirkt hatte. Ich war aber alles andere als vom Theater infiziert. Ich war ein Sportler, hatte in meinem Leben kein einziges Theaterstück freiwillig gelesen, und
15 die wenigen Male, die ich im Theater gewesen war, hatten mich zu Tode gelangweilt. Dennoch machte ich mich auf den Weg nach München. (…) Schlecht vorbereitet fuhr ich zur Aufnahmeprüfung. Drei Rollen sollte man vorspielen. (…)

LITERATUR & LANDESKUNDE

3 In einem abgedunkelten Raum wurde ich routiniert empfangen. Ich war einer von Hunderten. „Herzlich willkommen. Welche drei Rollen hast du uns mitgebracht?" „Oh das tut mir leid, aber
20 das hab ich nicht hinbekommen. Ich hab nur eine geschafft." „Nur eine Rolle? Warum?" „Drei waren mir zu viel. Ich bin nicht gut im Auswendiglernen." (…)
Die Prüfer hinter ihren Tischen grinsten. (…) „Aha. Brauchst du irgendwas?" „Einen Stuhl." (…) „Nimm dir so viel Zeit, wie du brauchst!" (…)
„Das war's." „Gehst du mal kurz raus, wir rufen dich gleich wieder rein."
25 Ich ging auf den Flur hinaus und wartete. Voller Interesse beobachtete ich die nervös auf und ab gehenden Prüflinge und die deutlich von ihnen zu unterscheidenden, bereits aufgenommenen Schauspieler, die sich betont selbstbewusst durch ihre Schule bewegten. Die einen waren sichtbar, die anderen neigten zur Unsichtbarkeit. Als ich diesen Unterschied bemerkte, dachte ich, hier könntest du vielleicht ein Gesicht bekommen und nicht nur dieses vage Augen-Nase-
30 Mund, ein richtiges Gesicht. Nicht diese Allerweltsrübe⁵, nein, einen unverwechselbaren Charakterkopf. (…)

4 Kurz vor elf erreichte ich das Tor der Schauspielschule. Es war eher ein kurzer Tunnel als ein Tor. Fünf, sechs Meter lang, dunkel. Ich blieb stehen. Jetzt beginnt endlich etwas Neues, dachte ich, und es machte mir Freude, es so bewusst zu denken, den Moment festzuhalten und zu
35 bannen. Du wirst Hunderte Male durch diese Einfahrt gehen. Du hast es wirklich auf diese Schule geschafft.
Du weißt zwar noch nicht genau warum, aber die werden das schon wissen. Vielleicht haben sie etwas in dir gesehen, von dem du selbst noch nichts weißt. Die haben Erfahrung, du nicht! Ich dachte an meinen mittleren Bruder, was er wohl gesagt hätte, welche lustige Gemeinheit
40 ihm wohl dazu eingefallen wäre, dass ich Schauspieler werden würde. „Wow, Wasserkopf goes Hollywood!", so was in der Art bestimmt.
Ich fing zu flüstern an. „Na los, geh da jetzt rein, das wird schon gut werden. Was soll schon sein? Hm." Ich zögerte. Morsches Hängebrückengefühl⁶. Doch dann machte ich mich auf den Weg, mit fünf großen Schritten durch die Einfahrt, überquerte den Innenhof und betrat die
45 Schauspielschule.

1 die Guillotine: ein Gerät aus der Zeit der Französischen Revolution, mit dem Menschen geköpft wurden
2 eine heile Welt: eine Welt ohne Sorgen
3 die Wucht: die Gewalt
4 krachen: *hier:* mit Gewalt oder Kraft gegen etwas stoßen
5 die Allerweltsrübe: *hier:* ein unauffälliges Gesicht
6 morsches Hängebrückengefühl: *hier:* Gefühl von großer Unsicherheit

3 Wie sind die *kursiven* Ausdrücke im Text formuliert? Notiere die passende Textstelle.

1. (…), das das genaue Gegenteil von dem war, was *möglich war*. (Z. 11)
2. Ich war aber alles andere als vom Theater *begeistert*. (Z. 13)
3. (…) hier könntest du vielleicht *einen persönlichen Ausdruck* bekommen und nicht nur dieses vage Augen-Nase-Mund, ein richtiges Gesicht. (Z. 29–30)
4. (…) was er wohl gesagt hätte, welche lustige *Beleidigung* ihm wohl dazu eingefallen wäre, (…) (Z. 39–40)

4 Lies die Aufgaben 1–5 und den Text in **2** noch einmal. Was ist richtig, **a**, **b** oder **c**?

1. Was steht hinter der Aussage des Erzählers: „Ich war komplett durch den Wind" *(Z. 6–7)*?
   a Er hatte in den USA einen schweren Autounfall gehabt.
   b Er hatte die Orientierung verloren, weil sein Bruder bei einem Unfall gestorben war.
   c Sein Bruder hatte einen Unfall verursacht, bei dem ein Lastwagenfahrer starb.

2. Welche Gründe spielten bei seiner Bewerbung für die Schauspielschule in München eine Rolle?
   a Er suchte neue Herausforderungen.
   b Er hatte seinem Bruder versprochen, sich zu bewerben.
   c München ist seine Lieblingsstadt.

LITERATUR & LANDESKUNDE

3. Wie sieht der Erzähler seine bisherige Beziehung zum Theater?
   a Er war schon immer vom Theater begeistert.
   b Theaterbesuche interessierten ihn überhaupt nicht.
   c In seiner Freizeit hat er gern Theaterstücke gelesen.

4. Wie beschreibt der Erzähler das Verhalten der Studenten, die nach der Aufnahmeprüfung auf das Ergebnis warten?
   a Sie waren selbstbewusst.
   b Sie waren sehr unruhig.
   c Sie beobachteten sich gegenseitig.

5. Welche Gedanken hat der Erzähler, als er am ersten Tag seiner Ausbildung vor dem Tor der Schauspielschule steht?
   a Er stellt sich vor, wie er in Zukunft noch sehr oft durch diesen Eingang gehen wird.
   b Er versucht, nicht an seinen Bruder zu denken.
   c Er weiß, dass jetzt etwas ganz Neues beginnt, aber er kann sich nicht darüber freuen.

5 Beschreibe in eigenen Worten, wie du den Erzähler während der Aufnahmeprüfung erlebst. Lies noch einmal die Zeilen 25–31 im Text in 2.

LANDESKUNDE

Das politische System Deutschlands

1 Arbeitet zu zweit. Schaut euch die Grafik zum politischen System an und lest die Definitionen 1–6. Welches politische Organ A – F passt zu welcher Definition? Ordnet zu.

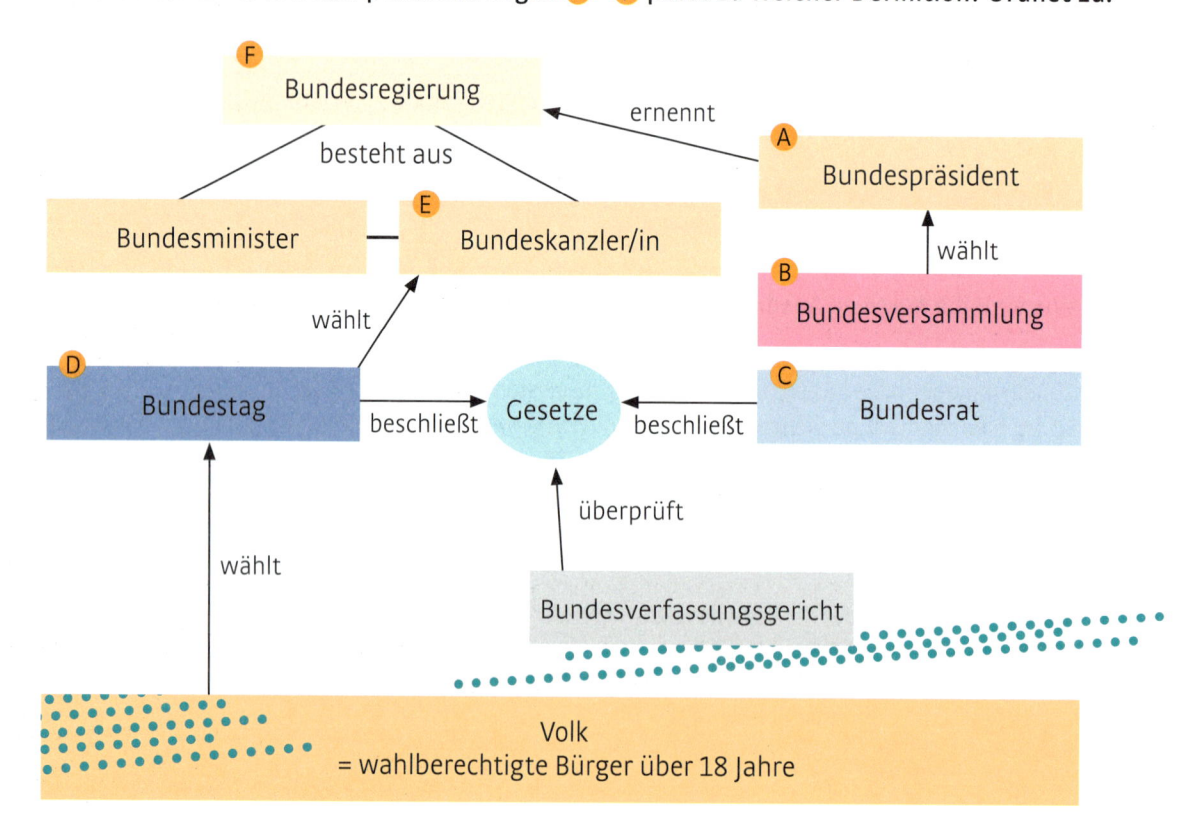

LITERATUR & LANDESKUNDE

1. (?) ist das Parlament und die Volksvertretung aller Deutschen. Die wichtigsten Aufgaben sind: die Wahl der Bundeskanzlerin / des Bundeskanzlers, Diskussionen über die aktuellen politischen Themen und der Beschluss von Gesetzen.

2. (?) setzt sich aus den Vertretern der 16 Landesregierungen zusammen und beschließt zusammen mit dem Bundestag Gesetze.

3. (?) besteht aus der Bundeskanzlerin/dem Bundeskanzler und den Bundesministern und übernimmt die politische Führung. Sie schlägt neue Gesetze für Deutschland vor.

4. (?) ist die/der Chef/in der Bundesregierung und wählt die Bundesminister aus. Sie/Er hat die wichtigste politische Position in Deutschland. Sie/Er wird vom Bundestag gewählt.

5. (?) ist das Staatsoberhaupt[1] aller Deutschen. Sie/Er repräsentiert Deutschland nach innen und nach außen. Sie/Er wird von der Bundesversammlung gewählt.

6. (?) besteht aus den Abgeordneten[2] des Bundestags und aus Vertretern der Bundesländer. Es können auch bekannte Persönlichkeiten von den Parteien, z. B. Sportler oder Künstler benannt werden. Sie wählt die Bundespräsidentin/den Bundespräsidenten. Sie kommt nur einmal alle fünf Jahre zusammen.

   1 das Staatsoberhaupt: die Person an der Spitze eines Staates
   2 der / die Abgeordnete (auch: Parlamentarier/in): Personen, die in eine Versammlung gewählt wurden, z. B. ins Parlament

2 Lies den Text über das Amt des Bundespräsidenten. Beantworte die Fragen 1 und 2.

1. Welche Aufgaben hat die Bundespräsidentin / der Bundespräsident der Bundesrepublik Deutschland?
2. Was ist das Besondere an diesem Amt?

www.politik-verstehen.de/bundespräsident

Das Amt des Bundespräsidenten

Die Bundespräsidentin / Der Bundespräsident ist das Staatsoberhaupt der Bundesrepublik Deutschland, sie / er vertritt alle Bürger und Bürgerinnen des Landes im In- und Ausland. Er empfängt, eröffnet, begrüßt, ehrt, gratuliert, reist und ernennt[1]. Und bei all diesen Events macht er vor allem eins: Er hält Reden. Und über den Inhalt seiner Reden kann er auch Einfluss auf die Politik des Landes nehmen, allerdings hält er
5 sich in seinem Amt mit Kommentaren und Einschätzungen[2] der jeweils aktuellen politischen Lage zurück[3]. Auch wenn er vor seinem Amtsantritt parteipolitisch aktiv[4] war, muss er während seiner Amtszeit seine Parteizugehörigkeit ruhen lassen[5] – er muss alle Deutschen repräsentieren und keine Parteiinteressen. Er hat eine eher repräsentative[6] Funktion, er eröffnet wichtige Veranstaltungen, begrüßt ausländische Staatsgäste oder ehrt Menschen, die Besonderes für die Gesellschaft geleistet haben. Und wenn er heraus
10 ragenden Sportlern zu ihrem Erfolg gratuliert, sind das politisch nicht gerade sehr wichtige Aktionen. Aber so ganz unpolitisch ist das Amt des Bundespräsidenten dann doch nicht. Vor allem seine Reden können auf moralischer[7], überparteilicher Ebene einen großen Einfluss auf die politische Kultur im Land haben. Die wichtigste politische Position in
15 Deutschland hat allerdings nicht die Bundespräsidentin bzw. der Bundespräsident, sondern die Bundeskanzlerin oder der Bundeskanzler. Als 1949 nach dem Zweiten Weltkrieg die Verfassung der Bundesrepublik Deutschland, das
20 Grundgesetz, in Kraft trat, hatte man nämlich aus Fehlern der ersten deutschen Demokratie, der Weimarer Verfassung[8], gelernt.

LITERATUR & LANDESKUNDE

Nach dieser Verfassung hatte der Präsident sehr viel Macht und konnte in besonderen Situationen den Kanzler aus seinem Amt entlassen und zum Beispiel mit Sondergesetzen selbst regieren. Das spielte eine
25 wichtige Rolle dabei, dass die Nationalsozialisten 1933 mit Adolf Hitler an der Spitze an die Macht kamen. Eine solche Situation wollte man für die Bundesrepublik auf jeden Fall verhindern und entschied, dass der Bundespräsident keinen entscheidenden politischen Einfluss in Deutschland hat, sondern eher repräsentative Aufgaben zu erfüllen hat.

Der Bundespräsident wird alle fünf Jahre gewählt und darf maximal zwei Amtsperioden[9] im Amt sein.
30 Gewählt wird er von der Bundesversammlung, die nur für diese Wahl zusammenkommt und die aus allen Mitgliedern des Bundestages und aus genauso vielen Vertretern der Bundesländer, die je nach Einwohnerzahl unterschiedlich viele Vertreter in diese Bundesversammlung schicken, zusammengesetzt wird.

1 jemanden ernennen: jemandem ein Amt übergeben
2 die Einschätzung: die Bewertung
3 sich zurückhalten: etwas nicht oder weniger machen
4 parteipolitisch aktiv sein: sich für eine Partei engagieren
5 etwas ruhen lassen: etwas nicht machen
6 repräsentativ: stellvertretend
7 moralisch (die Moral): *hier*: bezieht sich auf die Frage, was richtiges und gutes Verhalten ist
8 die Verfassung: die rechtliche Grundordnung eines Staates; die Weimarer Verfassung: die Verfassung von 1919 – 1933
9 die Amtsperiode: die Zeit, die ein Politiker im Amt ist

3 Arbeitet in der Gruppe (4 – 5 Schüler). Lest die Aufgaben 1 – 7.
Was ist richtig, a oder b ? Für jede richtige Antwort gibt es einen Punkt.
Die Gruppe mit den meisten Punkten gewinnt.

QUIZ

1. Wer hat in der Bundesrepublik Deutschland am meisten politische Macht?
   a der/die Bundeskanzler/in
   b der/die Bundespräsident/in

2. Welche politische Institution wird als einzige direkt vom Volk gewählt?
   a der/die Bundespräsident/in
   b der Bundestag

3. Was darf der/die Bundespräsident/in laut Verfassung nicht?
   a den/die Bundeskanzler/in entlassen
   b Reden halten

4. Wer ist das Staatsoberhaupt der Bundesrepublik Deutschland?
   a der/die Bundeskanzler/in
   b der/die Bundespräsident/in

5. Von wem wird der/die Bundespräsident/in gewählt?
   a von der Bundesversammlung
   b vom Volk

6. Wie lange ist die maximale Amtszeit des/der Bundespräsidenten/in?
   a fünf Jahre
   b zehn Jahre

7. Wen repräsentiert der/die Bundespräsident/in während seiner/ihrer Amtszeit?
   a alle deutschen Bürgerinnen und Bürger
   b die Mitglieder seiner/ihrer Partei

4 Deine Austauschpartnerin / dein Austauschpartner fragt dich, wie das politische System in deinem Land ist. Lies die Fragen 1 und 2 und schreib ihr / ihm eine E-Mail in Kurzform.

1. Wie heißen die politischen Organe?
2. Wie wurden sie gewählt bzw. wer ernennt sie?

GRAMMATIKÜBERSICHT

1 Pronomen

1.1 Personalpronomen — WIEDERHOLUNG

Nominativ	ich	du	er	es	sie	wir	ihr	sie	Sie
Akkusativ	mich	dich	ihn	es	sie	uns	euch	sie	Sie
Dativ	mir	dir	ihm	ihm	ihr	uns	euch	ihnen	Ihnen

1.2 Das Pronomen *es* — WIEDERHOLUNG, 10A

Es als Pronomen ist obligatorisch.

Es ersetzt …	
ein Nomen im Nominativ.	Der Influencer stellt ein Produkt vor. *Es* kommt bei den Followern gut an.
ein Nomen im Akkusativ.	Die Follower kaufen *es*.
ein Adjektiv oder Partizip.	Schlechte Influencer werden unglaubwürdig. Die guten werden *es* nicht.
einen Satzteil oder einen ganzen Satz.	Aufregende Reisen zu machen, klingt nach einem entspannten Leben. So einfach ist *es* aber nicht.

Es als unpersönliches Subjekt oder Akkusativergänzung ist obligatorisch.

es = Subjekt	Wetter	*Es* regnet.
	Zeit	*Es* ist 12 Uhr.
	persönliches Befinden	*Es* geht mir sehr gut.
	Sinneseindrücke	*Es* schmeckt mir.
	Geräusche	*Es* klingelt.
	feste Wendungen	*es* geht um, *es* gibt, *es* klappt, *es* kommt darauf an
es = Akkusativergänzung	feste Wendungen	er hat *es* gut / leicht / schwer / eilig, sie meint *es* ernst

Wenn *es* eine Akkusativergänzung ist, steht *es* niemals auf Position 1.

Es repräsentiert einen *dass*-Satz, einen indirekten Fragesatz oder einen Infinitivsatz.

es = Subjekt	*Es* steht für einen …	
	dass-Satz.	*Es* ist ja nichts Neues, dass Prominente in der Werbung auftreten.
	indirekten Fragesatz.	*Es* ist nicht klar, ob das den Jugendlichen bewusst ist.
	Infinitivsatz.	*Es* ist also wirklich schwierig, eine Fangemeinde aufzubauen.
es = Akkusativ-ergänzung	*Es* steht für einen …	
	dass-Satz.	Werbespezialisten finden *es* aufregend, dass Influencer großen Einfluss auf ihre Follower haben.
	indirekten Fragesatz.	Frau Soler-Witt hält *es* für entscheidend, welche Produkte Influencer empfehlen.
	Infinitivsatz.	Viele Menschen vermeiden *es* inzwischen, mit Werbung in Kontakt zu kommen.

Wenn der *dass*-Satz, der indirekte Fragesatz oder der Infinitivsatz am Anfang steht, dann entfällt *es*, z. B. *Dass Prominente in der Werbung auftreten, ist ja nichts Neues.*

1.3 Indefinitpronomen ·· 12A

Die Indefinitpronomen *man*, *jemand* oder *niemand* beziehen sich auf unbestimmte oder nicht näher bekannte Personen.

Das Verb steht in der dritten Person Singular, z. B. *Da kann man sich darüber informieren.*
Bei den Indefinitpronomen *jemand* und *niemand* können die Endungen bei Akkusativ und Dativ weggelassen werden, z. B. *Jeder kann immer etwas tun, um jemand zu helfen, der in Not ist.*

Nominativ	man	jemand	niemand
Akkusativ	einen	jemand(en)	niemand(en)
Dativ	einem	jemand(em)	niemand(em)

2 Adjektive

2.1 Partizip Präsens und Partizip Perfekt als Adjektive ·· 8B, 12B

Partizipien als Adjektive geben nähere Informationen zu Nomen. Mit dem Partizip Präsens beschreibt man etwas, das **andauert**, mit dem Partizip Perfekt etwas, das **abgeschlossen** ist.
Partizipien kann man durch Relativsätze wiedergeben.

Das Partizip Präsens als Adjektiv bildet man mit dem Infinitiv + *d* + Adjektivendung.
Das Partizip Perfekt als Adjektiv bildet man mit dem Partizip Perfekt + Adjektivendung.

Partizip Präsens	die sinkende Wahlbeteiligung (= die Wahlbeteiligung, die sinkt)
Partizip Perfekt	die gesunkene Wahlbeteiligung (= die Wahlbeteiligung, die gesunken ist)

3 Präpositionen

3.1 Wechselpräpositionen ·· WIEDERHOLUNG

| + *Akkusativ (Wohin? ● → ☐) oder Dativ (Wo? ●)* | an, auf, hinter, in, neben, über, unter, vor, zwischen |

3.2 Zweiteilige Präpositionen ··· WIEDERHOLUNG, 8A

+ *Akkusativ*	um den Gletscher herum
+ *Dativ und Akkusativ*	vom 08.01. bis 21.01., von diesem Freitag bis nächsten Montag
+ *Dativ*	bis zur ersten Hütte, bis zum Ende der Woche
	von Oberstdorf aus

3.3 Präpositionen mit festem Kasus ········· WIEDERHOLUNG, 2B, 6D, 7A, 7C, 8A, 8C, 9A, 10C

Zur Bedeutung von Präpositionen siehe 5.4 (Adverbialsätze).

+ *Akkusativ*	bis, durch, entlang (nachgestellt), für, gegen, ohne, um
+ *Dativ*	ab, aus, außer, bei, dank, gegenüber, laut, mit, nach, seit, von, wegen (ugs.), zu, zufolge (nachgestellt)
+ *Genitiv*	angesichts, aufgrund, außerhalb, dank, infolge, innerhalb, laut, mithilfe, mittels, oberhalb, statt, trotz, unterhalb, während, wegen

4 Verben

4.1 Modalverben

4.1.1 Die objektive Bedeutung .... WIEDERHOLUNG, 3D

dürfen	Erlaubnis	erlaubt sein
(nicht) dürfen	Verbot	verboten sein, keine Erlaubnis haben
können	Möglichkeit	möglich sein, die Möglichkeit / Gelegenheit haben
	Fähigkeit	in der Lage sein, die Fähigkeit haben / besitzen
	Erlaubnis	erlaubt sein
müssen	Notwendigkeit / Pflicht	notwendig sein
sollen	Erwartung an eine andere Person	erwartet sein
	Aufforderung	die Aufgabe / den Auftrag haben
wollen	Wunsch / Plan / Absicht	vorhaben, den Plan haben, die Absicht haben

Zeitformen:

Präsens: Modalverb im Präsens + Infinitiv	Mein Opa muss viel arbeiten.
Präteritum: Modalverb im Präteritum + Infinitiv	Mein Opa musste viel arbeiten.
Perfekt: haben im Präsens + Hauptverb und Modalverb im Infinitiv (!)	Mein Opa hat viel arbeiten müssen.

Meistens kommt das Modalverb mit einem zweiten Verb im Infinitiv zusammen vor. Ein Modalverb kann aber auch allein stehen, z. B. *Nach kurzer Zeit konnten wir schon sehr gut Deutsch.* Für die Vergangenheit benutzt man die Modalverben meistens im Präteritum.

4.1.2 Die subjektive Bedeutung des Modalverbs *sollen* 5A

Modalverben können auch subjektiv gebraucht werden. Damit drückt man eine persönliche Meinung oder Einschätzung aus. Mit dem Modalverb *sollen* kann man Gehörtes oder Gelesenes wiedergeben. Dabei ist nicht ganz sicher, ob der Inhalt des Wiedergegebenen stimmt.

Gegenwart oder Zukunft: sollen + Infinitiv	Morgen soll es richtig heiß werden.
Vergangenheit: sollen + Infinitiv Perfekt (= Infinitiv + haben / sein)	Die Römer sollen zu jedem Anlass Sandalen getragen haben.

4.2 Passiv

4.2.1 Vorgangspassiv: Passiv mit *werden* .... WIEDERHOLUNG

Mit dem Passiv mit *werden* kann man beschreiben, was mit einer Person oder einer Sache gemacht wird. Der **Vorgang** steht im Zentrum.

Präsens: werden im Präsens + Partizip Perfekt	Der Lernstoff wird nachgearbeitet.
Präsens mit Modalverb: Modalverb im Präsens + Partizip Perfekt + werden	Der Lernstoff kann nachgearbeitet werden.
Präteritum: werden im Präteritum + Partizip Perfekt	Der Lernstoff wurde nachgearbeitet.
Präteritum mit Modalverb: Modalverb im Präteritum + Partizip Perfekt + werden	Der Lernstoff konnte nachgearbeitet werden.
Perfekt: sein im Präsens + Partizip Perfekt + worden	Der Lernstoff ist nachgearbeitet worden.

4.2.2 Zustandspassiv: Passiv mit *sein* 11A

Mit dem Passiv mit *sein* kann man **ein Ergebnis oder einen neuen Zustand** beschreiben.

sein im Präsens + Partizip Perfekt	Das nächste Event dieser Art ist schon geplant.
sein im Präteritum + Partizip Perfekt	Alle Reparaturen waren immer schnell erledigt.

4.2.3 Passivsatz mit *von* und *durch* .... WIEDERHOLUNG, 11A

Wenn man im Passivsatz sagen möchte, welche **Person oder Institution** etwas macht, verwendet man die Präposition *von*.
Wenn man **die Ursache, das Instrument oder das Mittel** nennen möchte, verwendet man die Präposition *durch*.

von + *Dativ*	Von meinen Eltern wurde ich dann aber überredet, die Mittlere Reife zu machen.
durch + *Akkusativ*	Durch das Licht wird die Aufmerksamkeit des Zuschauers gelenkt.

4.2.4 Passiversatzformen 11B

Statt des Passivs mit *können* (= Möglichkeit) und des Passivs mit *müssen* oder *sollen* (= Notwendigkeit) werden oft Ersatzformen verwendet.

sich lassen + *Infinitiv*	Möglichkeit	Hier lässt es sich doch bestimmt gut lernen.
sein + *zu* + *Infinitiv*	Möglichkeit	Der Lernstoff ist so bequem nachzuarbeiten.
	Notwendigkeit	Es sind kaum längere Wege zurückzulegen.
sein + *Adjektiv mit -bar*	Möglichkeit	Alles ist schnell erreichbar.

4.3 Konjunktiv II .... WIEDERHOLUNG, 3A, 9B

Den Konjunktiv II verwendet man für:

Wünsche	Ich würde gern ein FSJ machen.
höfliche Bitten	Dürfte ich das Fenster aufmachen?
Vorschläge	Wir könnten am Wochenende ans Meer fahren.
Ratschläge	Du solltest auch freiwillig arbeiten.
Vermutungen	Auf der Bühne wäre ich wahrscheinlich sehr aufgeregt.
irreale Bedingungen	**Wenn** ich unentschieden wäre, würde ich auch ein FSJ machen.
irreale Vergleiche	Es sieht also so aus, **als ob** es für Wuschel keinen Weg zu seiner Lieblingsplatte gäbe.

4.3.1 Konjunktiv II der Gegenwart .... WIEDERHOLUNG, 5C

- Der Konjunktiv II der Gegenwart wird bei den meisten Verben mit *würd-* + Infinitiv gebildet, z. B. *Ich würde gern ein FSJ machen.*
- Bei den Verben *sein*, *haben*, *werden* und den Modalverben ist die einfache Form des Konjunktiv II üblicher. Auch bei ein paar unregelmäßigen Verben benutzt man häufig anstelle der *würde*-Form die einfache Konjunktiv II-Form.
- Die einfache Form des Konjunktiv II wird vom Präteritum abgeleitet, z. B. *ging → ginge*, *kam → käme* und hat oft einen Umlaut.

	gehen	*lassen*	*kommen*	*finden*	*geben*	*wissen*	*brauchen*
er / es / sie	ginge	ließe	käme	fände	gäbe	wüsste	bräuchte

4.3.2 Konjunktiv II der Vergangenheit — WIEDERHOLUNG

haben *im Konjunktiv II + Partizip Perfekt*	Ich hätte schon gern eine Gastschwester gehabt.
sein *im Konjunktiv II + Partizip Perfekt*	Eigentlich wäre ich lieber in eine Großstadt gegangen.

4.4 Indirekte Rede mit Konjunktiv I und II — 5C

Wenn man eine Aussage von einer anderen Person wiedergeben möchte, verwendet man in der Schriftsprache meistens den Konjunktiv I und II (in der gesprochenen Sprache häufig den Indikativ). Mit dem Konjunktiv macht man besonders deutlich, dass man die Aussage einer anderen Person (und nicht seine eigene Meinung) wiedergibt. Ob man den Konjunktiv I oder II verwendet, hängt u.a. vom Verb (*sein*, *haben* usw.) und von der Person (1., 2., 3. Person) ab. Allgemein gelten die folgenden Regeln:

- Den Konjunktiv I bildet man mit dem Verbstamm und den Endungen -e, -est, -e, -en, -et, -en, z. B. er *finde*. Die Formen des Konjunktiv I für *ich*, *wir*, *sie* und *Sie* sind meistens gleich wie die Indikativformen.
- In solchen Fällen verwendet man den Konjunktiv II, z. B. *Er meinte, sie finden interessante Lösungen.* → *Er meinte, sie würden interessante Lösungen finden. / Er meinte, sie fänden interessante Lösungen.*
- Die Verbformen des Konjunktiv I für *du* und *ihr* werden kaum noch benutzt, da sie veraltet sind. Auch hier verwendet man den Konjunktiv II, z. B. *Er meinte, du kommest.* → *Er meinte, du würdest kommen.*
- Der Konjunktiv I ist deshalb bei den meisten Verben nur in der 3. Person Singular üblich, bei den Modalverben in der 1. und 3. Person Singular.
- Die Formen vom Verb *sein* sind unregelmäßig (ich *sei*, er/es/sie *sei*, wir *seien*, sie *seien*).

			Modalverben	andere Verben	
	sein	haben	(z. B. können)	(z. B. finden)	(z. B. anbauen)
ich	(!) sei	hätte	könne	würde finden / fände	würde anbauen
du	wärest	hättest	könntest	würdest finden / fändest	würdest anbauen
er/es/sie	(!) sei	habe	könne	finde	baue an
wir	(!) seien	hätten	könnten	würden finden / fänden	würden anbauen
ihr	wärt	hättet	könntet	würdet finden / fändet	würdet anbauen
sie/Sie	(!) seien	hätten	könnten	würden finden / fänden	würden anbauen

5 Satz

- Ein Satz kann aus verschiedenen Elementen (den Satzgliedern) bestehen: Subjekt, Verb (*auch*: Prädikat), Ergänzungen und Angaben. Das Verb ist der Kern des Satzes. Das Verb bestimmt, welche Elemente obligatorisch sind, damit ein grammatisch korrekter Satz entsteht.
- Die Satzglieder können verschiedene Positionen im Satz besetzen. Die wichtigsten Positionen sind: Vorfeld (*auch*: Position 1), linke Satzklammer (*auch*: Position 2), Mittelfeld, rechte Satzklammer (Infinitiv, Partizip Perfekt oder trennbare Vorsilbe) und Nachfeld. Nicht alle Felder müssen besetzt sein.

Vorfeld (= Position 1)	linke Satzklammer (= Position 2)	Mittelfeld	rechte Satzklammer (oft: Ende)	Nachfeld
Luca	arbeitet	.		
Luca	hat	sich einen Job	gesucht	.
Luca	hatte	schon seit Längerem	vor	, sich einen Job zu suchen.
Luca	will	ein bisschen	sparen	, denn er möchte nach London fahren.

5.1 Ergänzungen — WIEDERHOLUNG, 1A

Die Ergänzungen (oft: Objekte) **hängen vom Verb ab** und sind meistens **obligatorisch**. Mit Ergänzungen kann man z. B. den Gegenstand oder das Ziel einer Handlung angeben. Man antwortet auf die Fragen: *Wer?, Wen?, Wem?, Was?* usw.

Subjekt + Verb + ...		
	–	Luca arbeitet.
	Nominativergänzung	Luca ist ein großer Fußballfan.
	Akkusativergänzung	Luca hat sich einen Job gesucht.
	Dativergänzung	Die Gesänge gefallen ihm.
	Präpositionalergänzung	
	• im Akkusativ	Luca interessiert sich für Fremdsprachen.
	• im Dativ	Luca erzählt von seiner Schwester.
	Adverbialergänzung	
	• hier: lokal	Luca wohnt in Bochum.
	• hier: modal	Luca sieht begeistert aus.

Zur Stellung von Akkusativ- und Dativergänzungen im Mittelfeld gibt es drei Hauptregeln:

	Position 1	Position 2	Mittelfeld			Ende
bei zwei Nomen: *Dativ vor Akkusativ*	Ich	muss	meiner Mutter	keine Erklärungen	mehr	geben .
bei Nomen und Pronomen: *Pronomen vor Nomen (kurz vor lang!)*	Ich	hatte vor ,	mir	einen Job		zu suchen .
bei zwei Pronomen: *Akkusativ vor Dativ*	Ich	hätte	ihn	mir	ins Auto	geholt .

5.2 Angaben — WIEDERHOLUNG, 2C

Die Angaben (*auch: Adverbialbestimmungen*) sind **nicht vom Verb abhängig**. Sie können frei in den Satz eingefügt und **immer weggelassen** werden. Mit Angaben kann man eine Handlung oder ein Ereignis näher beschreiben. Man antwortet auf die Fragen: *Wann?, Warum?, Wie?, Wo?* usw.

temporale Angabe	Maike schreibt abends.
kausale Angabe	Maike schreibt aus Leidenschaft.
modale Angabe	Maike schreibt gern.
lokale Angabe	Maike schreibt in Cafés.

Zur Stellung von Angaben im Mittelfeld gilt die folgende Regel:
temporal – **ka**usal (*auch: konzessiv und konditional*) – **mo**dal – **lo**kal (*kurz:* **tekamolo**).

Position 1	Position 2	Mittelfeld				Ende
			temporal (wann? wie oft?)	**kausal** (warum?)	**modal** (wie?)	**lokal** (wo? woher? wohin?)	
Fremde Menschen	sprechen	mich	manchmal	vor Bewunderung	überraschend	auf der Straße	an .

Angaben können auch auf Position 1 stehen. Bei temporalen und lokalen Angaben ist das oft der Fall.

Position 1	Position 2	Mittelfeld	Ende
Manchmal	sprechen	mich fremde Menschen	an.
Auf der Straße	sprechen	mich fremde Menschen	an.

5.3 Negation mit *nicht*

5.3.1 Satznegation — WIEDERHOLUNG, 1C

Bei der Satznegation wird das Verb negiert und damit zugleich der ganze Satz. *Nicht* steht:

am Ende des Satzes	Die Leser erkannten die Ironie meistens nicht.
vor der rechten Satzklammer	Andere wiederum können das Bild nicht verstehen.

Es gibt aber einige Ausnahmen. *Nicht* steht immer:

vor Präpositionalergänzungen	Ball hatte damals nicht an das Copyright gedacht.
vor Adverbialergänzungen (hier: lokal)	Kaum eine Nachricht wird versendet, bei der die Emojis nicht an irgendeiner Stelle stehen.
vor Adjektiven + sein / werden / bleiben / nennen / heißen	Mit seiner Erfindung ist Ball nicht reich geworden.

5.3.2 Satzteilnegation — 1C

Bei der Satzteilnegation wird nur ein Satzteil negiert. In diesem Fall steht *nicht*:

vor dem Satzteil, der negiert wird	Der Besitzer der Zeitung wollte seinen Lesern zeigen, dass es bei ihm nicht nur negative Nachrichten gab.

5.4 Adverbialsätze

Um inhaltliche Zusammenhänge (z. B. Zweck, Grund, Bedingung, Folge, Art und Weise, Zeit usw.) auszudrücken, verwendet man Konjunktionen, Adverbien und Präpositionen.

Konjunktionen leiten Haupt- oder Nebensätze ein. Die Nebensätze können vor oder nach dem Hauptsatz stehen.
Adverbien (*hier*: Konjunktionaladverbien) leiten Hauptsätze ein. Sie können am Anfang des Hauptsatzes oder nach dem konjugierten Verb stehen.
Präpositionen stehen vor nominalen Ausdrücken. Angaben mit Präpositionen können am Satzanfang, im Mittelfeld oder am Satzende stehen.

5.4.1 Adversativsätze — 10C

Mit Adversativsätzen kann man Gegensätze ausdrücken.

Konjunktion	Während ein Erwachsenen-Ticket normalerweise 14 € kostete, war es den Kunden selbst nur 5 € wert.	
Adverbien	Dagegen geben die Menschen beim anonymen Kauf weniger Geld aus.	*ebenso*: hingegen, jedoch
Ausdruck mit Präposition + Dativ	Im Gegensatz zu sozialen Motiven kann das Modell auch einfach eine unternehmerische Strategie sein.	

5.4.2 Finalsätze

WIEDERHOLUNG, 7A

Mit Finalsätzen kann man ein Ziel oder einen Zweck ausdrücken.
Man antwortet auf die Fragen *Wozu?*, *Wofür?* usw.

Konjunktionen	Man ist nie zu alt, um zu lernen.
	Damit eine Bewerbung Erfolg hat, kann das Ehrenamtszeugnis entscheidend sein.
Adverbien	Dafür sei ihm die Zeit zu schade.
	Dazu dient das Ehrenamt auch heute noch.
Präpositionen	
+ Akkusativ	Für den Erfolg einer Bewerbung kann das Ehrenamtszeugnis entscheidend sein.
+ Dativ	Man ist nie zu alt zum Lernen.

5.4.3 Kausalsätze

WIEDERHOLUNG, 2B, 7C

Mit Kausalsätzen kann man Gründe angeben.
Man antwortet auf die Fragen *Warum?*, *Wieso?*, *Weshalb?* usw.

Konjunktionen	Die Jugendlichen sind immer mit ihren Stars verbunden, weil sie sie permanent in den sozialen Netzwerken verfolgen.	*ebenso*: da
	Die Jugendlichen sind immer mit ihren Stars verbunden, denn sie verfolgen sie permanent in den sozialen Netzwerken.	
Adverbien	Luca hat sich mit dem Thema *Vorbilder* auseinandergesetzt, deshalb hat er gemerkt, wie wichtig Vorbilder für die eigene Orientierung sind.	*ebenso*: deswegen, daher, darum
Präpositionen		
+ Dativ	Viele ältere Jugendliche nehmen sich Menschen aus dem sozialen Bereich aus Respekt vor ihrer Leistung zum Vorbild.	
	Die Jugendlichen können vor Begeisterung für die Welt der Stars die Orientierung im eigenen Leben verlieren.	
+ Genitiv	Angesichts dieser Entwicklung müssen unsere Vorstellungen von der Lebensphase *Alter* angepasst werden.	*ebenso*: wegen, aufgrund
	Die Jugendlichen sind dank der sozialen Netzwerke immer mit ihren Stars verbunden.	

5.4.4 Konditionalsätze

WIEDERHOLUNG, 3C

Mit Konditionalsätzen kann man Bedingungen ausdrücken.

Konjunktionen	Fragt mal eure Eltern, falls ihr das Lied von Herbert Grönemeyer nicht kennt.	*ebenso*: wenn
	Die Ausstellung solltet ihr euch unbedingt ansehen, sofern ihr das noch nicht gemacht habt.	
ohne Konjunktion (= uneingeleiteter Nebensatz)	**Habt ihr dort noch nie eine Currywurst probiert,** dann solltet ihr das unbedingt mal machen.	
Präposition + Dativ	Bei gutem Wetter fahren wir morgen mit dem Rad rund um den See.	

5.4.5 Konsekutivsätze
WIEDERHOLUNG, 6D

Mit Konsekutivsätzen kann man Folgen oder Konsequenzen angeben.

Konjunktionen	Die Zahl der Bienenvölker, die verschwinden, ist stark gestiegen, sodass wir uns ernsthaft Sorgen machen.	ebenso: so ..., dass
Adverbien	Andere Pflanzen gibt es nicht. Die Bienen müssen also den Rest des Jahres Hunger leiden.	ebenso: so, folglich, infolgedessen
Präposition + Genitiv	Infolge der steigenden Temperaturen blühen viele Pflanzen heute früher als noch vor 20 oder 30 Jahren.	

5.4.6 Konzessivsätze
WIEDERHOLUNG, 7C, 8C

Mit Konzessivsätzen kann man Einschränkungen oder Widersprüche ausdrücken.

Konjunktionen	Intuitionen sind also alles andere als willkürlich, auch wenn wir sie nicht rational begründen können.	ebenso: obwohl, selbst wenn
Adverbien	Allerdings nehmen wir davon nur ca. 40–60 Eindrücke bewusst wahr.	ebenso: trotzdem, dennoch
Präpositionen		
+ Dativ	Aber selbst bei wichtigen Entscheidungen lassen wir uns vom Bauchgefühl leiten.	ebenso: auch bei
+ Genitiv	Trotz der erwarteten Zuwanderung werden bereits im Jahr 2050 weniger Menschen in Deutschland leben als heute.	

5.4.7 Modalsätze
WIEDERHOLUNG, 7C, 9A

Mit Modalsätzen kann man Mittel und Umstände genauer beschreiben.
Man antwortet auf die Fragen *Wie?, Wodurch?, Auf welche Weise?, Womit?* usw.

Auf diese Art macht oder erreicht man etwas.

Konjunktionen	Dadurch, dass die Länder sehr unterschiedliche Vorstellungen davon hatten, kam es schon bald zu Konflikten.	ebenso: indem
Adverbien	Dadurch ist die ganze Aktion in Gefahr.	ebenso: so
Präpositionen		
+ Akkusativ	Dies ist durch die sowjetische Blockade nun nicht mehr möglich.	
+ Genitiv	Wenn Körper und Geist schwächer werden, kann man sich mithilfe intelligenter Technik den Alltag komfortabler und sicherer machen.	
	Der Generationenwechsel soll also mittels entsprechender Projekte gelingen.	

Eine Alternative ist möglich.

Konjunktionen	Anstatt dass die Schüler Tests schreiben, müssen sie ihre Erfahrungen dokumentieren.	ebenso: statt dass
	Anstatt Tests zu schreiben, müssen die Schüler ihre Erfahrungen dokumentieren.	ebenso: statt ... zu
Adverb	Stattdessen beschließen die drei Länder, eine Luftbrücke einzurichten.	
Präposition + Genitiv	Statt der „Jungen" lassen es also hier einmal die „Alten" krachen.	

Etwas muss nicht getan werden oder findet nicht statt.

5.5.3 Die Relativpronomen *wer, wen, wem* — 6A

Mit Relativsätzen mit *wer, wen* oder *wem* formuliert man eine allgemein gültige Aussage. Der nachfolgende Hauptsatz beginnt mit einem Demonstrativpronomen (z. B. *der, den, dem*). Stehen Relativpronomen und Demonstrativpronomen im selben Kasus, kann das Demonstrativpronomen wegfallen.

Nominativ	**Wer** den Film kennt, (der) erinnert sich an die wilden Szenen.
Akkusativ	**Wen** solche technischen Hilfsmittel begeistern, der muss Geduld haben.
Dativ	**Wem** das Thema Umwelt wichtig ist, der wird seine Freude haben.

5.6 Zweiteilige Konjunktionen — WIEDERHOLUNG, 4B

positive Aufzählung (= und)	**Nicht nur** der Straßenverkehr nimmt immer mehr zu, **sondern auch** die Umweltprobleme werden immer größer.
	In der Schule habe ich mich **sowohl** für Wirtschaft **als auch** für Computer interessiert.
negative Aufzählung (= nicht ... und nicht ...)	Ich hatte **weder** einen Plan **noch** eine Idee, was ich machen sollte.
alternative Aufzählung (= oder)	Ich könnte mir vorstellen, **entweder** in einer Technologiefirma **oder** bei einer Umweltorganisation zu arbeiten.
Einschränkung (= obwohl)	Ich habe **zwar** nur bis halb fünf Zeit, **aber** das müsste reichen, oder?

6 Wortbildung

6.1 Nomen

6.1.1 Zusammengesetzte Nomen — WIEDERHOLUNG, 1A, 5B(AB), 10C(AB), 11C(AB)

Zusammengesetzte Nomen (*auch:* Nomenkomposita) bestehen mindestens aus zwei Teilen. Der letzte Teil (*auch:* Grundwort) ist immer ein Nomen, dieses Nomen bestimmt das Genus (mask., neutr., fem.). Der andere Teil (*auch:* Bestimmungswort) muss kein Nomen sein.

Nomen + Nomen	der Mut + die Probe	→ die Mutprobe
Verb + Nomen	wechseln + das Geld	→ das Wechselgeld
Adjektiv + Nomen	normal + der Preis	→ der Normalpreis
Präposition + Nomen	über + die Stunde	→ die Überstunde

Manche zusammengesetzten Nomen haben ein Fugenelement (-**n**-, -**s**-), z.B. *Berufs**a**ussichten, Freude**n**tränen*. Nach den Nachsilben *-heit, -ion, -ität, -keit, -schaft,* und *-ung* kommt zwischen den Nomen immer ein **s**, z.B. *Information**s**quelle*.

6.1.2 Abgeleitete Nomen

- **Nomen aus Verben** — WIEDERHOLUNG, 3C, 7A

Ein Verb im Infinitiv wird zu einem Nomen umgewandelt, ohne dass dabei andere Wortbildungselemente hinzugefügt werden. Diese Nomen sind immer Neutra.

Verb im Infinitiv → Nomen	lernen	→ das Lernen

Ein Verb im Infinitiv wird zu einem Nomen umgewandelt, die Endung wird weggelassen. Bei einigen Nomen ändert sich der Vokal. Diese Nomen sind Maskulina, Neutra oder Feminina.

Verbstamm → Nomen	ohne Vokalwechsel	sich wandeln	→ der Wandel
	mit Vokalwechsel	wählen	→ die Wahl

Ein Verb im Infinitiv wird zu einem Nomen umgewandelt, die Endung wird weggelassen und die Vorsilbe *Ge-* kommt hinzu. Bei einigen Nomen ändert sich der Vokal. Diese Nomen sind Maskulina, Neutra oder Feminina.

Die Vorsilbe *Ge-* bezeichnet oft ein Ergebnis.

Vorsilbe *Ge-* + Verbstamm	ohne Vokalwechsel	fühlen → das Gefühl
	mit Vokalwechsel	schmecken → der Geschmack

- **Nomen aus Adjektiven** .... **12 B (AB)**

Personen werden bezeichnet.

Adjektiv → Nomen	arbeitslos → der Arbeitslose, ein Arbeitsloser
Partizip Präsens als Adjektiv → Nomen	reisend → der Reisende, ein Reisender
Partizip Perfekt als Adjektiv → Nomen	vorgesetzt → der Vorgesetzte, ein Vorgesetzter

Dinge werden bezeichnet.

Adjektiv in der Grundform → Nomen	gut → das Gute, etwas Gutes, nichts Gutes
Adjektiv im Komparativ → Nomen	besser → etwas Besseres, nichts Besseres
Adjektiv im Superlativ → Nomen	beste → das Beste

- **Nomen mit Nachsilben** .... **WIEDERHOLUNG, 6C, 6B(AB), 10B(AB)**

Nomen werden aus Verben, Adjektiven und anderen Nomen durch Nachsilben (*auch:* Suffixe) gebildet. Die Nachsilbe bestimmt das Genus des Nomens (mask., neutr., fem.). Manche abgeleiteten Nomen mit Nachsilbe erhalten einen Umlaut, z. B. *das Ausland → der Ausländer*.

Maskuline Nachsilben (der)		
für Geräte	Verb + *-er*	wecken + *-er* → **der** Weck**er**
für Personen	Verb + *-er*	lehren + *-er* → **der** Lehr**er**
	Nomen + *-er*	das Ausland + *-er* → **der** Ausländ**er**

Neutrale Nachsilben (das)		
Verb + *-nis*	erleben + *-nis* → **das** Erleb**nis**	aber: die Erkennt**nis**
Nomen + *-chen*	das Bild + *-chen* → **das** Bild**chen**	

Feminine Nachsilben (die)	
Verb + *-ung*	bestätigen + *-ung* → **die** Bestätig**ung**
Verb + *-e*	suchen + *-e* → **die** Such**e**
Adjektiv + *-(ig)keit*	höflich + *-keit* → **die** Höflich**keit**
Adjektiv + *-heit*	wahr + *-heit* → **die** Wahr**heit**
Nomen + *-schaft*	der Freund + *-schaft* → **die** Freund**schaft**
Nomen + *-in*	der Arzt + *-in* → **die** Ärzt**in**

6.1.3 Internationale Nomen mit Nachsilben …… WIEDERHOLUNG, 1B(AB), 4B(AB), 6C, 7A(AB), 9B(AB), 11A(AB)

Das Genus vieler internationaler Nomen hängt von deren Nachsilbe ab.
Der *n*-Deklination folgen alle maskulinen Nomen aus dem Lateinischen und Griechischen mit den Endungen *-ant*, *-ent*, *-ist*.
Zu internationalen Nomen gibt es oft Verben mit *-ieren*, z. B. *Diskussion → diskutieren*.

Maskuline Nachsilben (der)		Neutrale Nachsilben (das)		Feminine Nachsilben (die)			
-ant	der Praktikant	-ment	das Experiment	-ion	die Diskussion	-ie	die Chemie
-ent	der Student	-(i)um	das Studium	-(a)tion	die Motivation	-ik	die Politik
-ist	der Polizist			-ität	die Kreativität		

6.2 Adjektive

6.2.1 Zusammengesetzte Adjektive …… WIEDERHOLUNG, 8C(AB)

Zusammengesetzte Adjektive (*auch:* Adjektivkomposita) bestehen mindestens aus zwei Teilen.
Der letzte Teil (*auch:* Grundwort) ist immer ein Adjektiv. Der andere Teil (*auch:* Bestimmungswort) muss kein Adjektiv sein.

Adjektiv + Adjektiv	nass + kalt	→	nasskalt
Nomen + Adjektiv	der Blitz + schnell	→	blitzschnell
Verb + Adjektiv	treffen + sicher	→	treffsicher

Einige Adjektive werden besonders häufig an Nomen angehängt, z. B. *reich* (hilfreich), *voll* (fantasievoll), *frei* (kostenfrei).

6.2.2 Abgeleitete Adjektive: Adjektive mit Nachsilben …… WIEDERHOLUNG, 2A(AB), 11B, 12A(AB)

Adjektive werden aus Nomen, Adverbien und Verben durch Nachsilben (*auch:* Suffixe) gebildet.
Manche abgeleiteten Adjektive mit Nachsilbe erhalten einen Umlaut, z. B. *der Tag → täglich*.

Nomen + -lich	der Tag + -lich	→	täglich
Nomen + -isch	der Neid + -isch	→	neidisch
Nomen + -ig	der Mut + -ig	→	mutig
Adverb + -ig	heute + -ig	→	heutig
Verb + -bar	erreichen + -bar	→	erreichbar

6.2.3 Negation von Adjektiven …… WIEDERHOLUNG, 1C

Ein Adjektiv wird durch eine Vorsilbe oder eine Nachsilbe negiert.

Vorsilben				Nachsilbe		
un-	un- + angenehm	→	unangenehm	-los	das Wort + -los	→ wortlos
miss-	miss- + verständlich	→	missverständlich			

6.2.4 Internationale Adjektive mit Nachsilben …… 5C(AB)

-(i)ell	traditionell	Zu Adjektiven mit den Nachsilben -(i)ell und -iv gibt es oft Nomen mit den Nachsilben -ität und -ion (Kreativität, Tradition).
-iv	kreativ	

6.3 Verben

6.3.1 Abgeleitete Verben: Verben mit trennbaren Vorsilben — WIEDERHOLUNG, 3D(AB), 9A(AB)

Diese Vorsilben sind trennbar und werden betont.

ab-	abnehmen	los-	losgehen
an-	anbauen	mit-	mithalten
auf-	aufbessern	nach-	nachholen
aus-	ausreisen	vor-	vorhalten
bei-	beibringen	weg-	wegnehmen
ein-	einreisen	weiter-	weitergeben
fest-	feststellen	zu-	zulassen
gegenüber-	gegenüberstehen	zurück-	zurückgehen

6.3.2 Abgeleitete Verben: Verben mit nicht trennbaren Vorsilben — WIEDERHOLUNG, 1C(AB), 2C(AB), 4A(AB), 6C(AB)

Verben können aus Nomen, Adjektiven und aus anderen Verben mit den Vorsilben *be-*, *ent-*, *er-* und *ver-* gebildet werden. Diese Vorsilben sind nicht trennbar und werden nicht betont.

be-	befragen	Die Vorsilbe *be-* drückt oft aus, dass etwas besonders intensiv gemacht wird. Mit der Vorsilbe *be-* brauchen viele Verben eine Akkusativergänzung.
ent-	entstehen	Die Vorsilbe *ent-* drückt oft aus, dass etwas Neues anfängt.
	entsorgen	Die Vorsilbe *ent-* drückt oft aus, dass etwas weggenommen wird, dass etwas verschwindet.
er-	ersetzen	Die Vorsilbe *er-* drückt oft aus, dass etwas durch eine Handlung erreicht wird.
	eröffnen	Die Vorsilbe *er-* drückt oft aus, dass sich ein Zustand verändert.
ver-	verlaufen	Die Vorsilbe *ver-* drückt oft aus, dass das Resultat der Handlung unerwünscht ist.
	verbreiten	Die Vorsilbe *ver-* drückt oft aus, dass das Resultat der Handlung ein veränderter Zustand ist.
	verbrauchen	Die Vorsilbe *ver-* drückt oft aus, dass etwas zu Ende geht bzw. zu Ende gebraucht wird.

6.3.3 Abgeleitete Verben: Verben aus Adjektiven — 7B(AB)

Ein Adjektiv wird zu einem Verb umgewandelt. Bei manchen Verben wird das *e* des Stammes gestrichen, bei anderen ändert sich der Vokal.

Adjektiv → Verb	ohne Vokalwechsel	sicher	→ sichern
		trocken	→ trocknen
	mit Vokalwechsel	sauber	→ säubern

6.4 Adverbien

6.4.1 Abgeleitete Adverbien: Adverbien mit Nachsilben — 3A(AB)

Modaladverbien mit der Nachsilbe *-weise* geben an, wie man etwas macht. Vor der Nachsilbe wird oft ein Fugenelement (**-s-**, **-er-** oder **-n-**) eingefügt.

Nomen + *-weise*	das Beispiel + *-weise*	→ beispiel**s**weise
Adjektiv + *-weise*	normal + *-weise*	→ normal**er**weise

UNREGELMÄSSIGE VERBEN

Hier werden die unregelmäßigen Verben aus dem Kursbuch aufgelistet. Die meisten trennbaren Verben wurden nicht aufgenommen. In solchen Fällen sucht man nach der Infinitivform ohne die Vorsilbe, z. B. *an|kommen → kommen*.
In der Liste befinden sich einige wenige trennbare Verben, weil die entsprechenden Verben (d. h. die Verben ohne die Vorsilben) noch nicht eingeführt wurden, z. B. *ab|biegen*.

* Variante in Süddeutschland, Österreich und der Schweiz
** Dieses Verb kann mit *haben* oder *sein* gebildet werden. Es ändert dabei seine Bedeutung.
*** Dieses Verb gibt es auch mit regelmäßiger Präteritums- und Perfektform. Dann hat das Verb aber eine etwas andere Bedeutung.

Infinitiv	Präsens er/es/sie	Präteritum er/es/sie	Perfekt er/es/sie
ab|biegen	biegt ab	bog ab	hat / ist abgebogen**
ab|wägen	wägt ab	wog ab	hat abgewogen
aus|graben	gräbt aus	grub aus	hat ausgegraben
aus|reißen	reißt aus	riss aus	hat ausgerissen
aus|weichen	weicht aus	wich aus	ist ausgewichen
backen	bäckt/backt	backte	hat gebacken
bedenken	bedenkt	bedachte	hat bedacht
befahren	befährt	befuhr	hat befahren
befallen	befällt	befiel	hat befallen
befinden	befindet	befand	hat befunden
beginnen	beginnt	begann	hat begonnen
behalten	behält	behielt	hat behalten
beißen	beißt	biss	hat gebissen
bekommen	bekommt	bekam	hat bekommen
sich benehmen	benimmt sich	benahm sich	hat sich benommen
benennen	benennt	benannte	hat benannt
beraten	berät	beriet	hat beraten
beschließen	beschließt	beschloss	hat beschlossen
beschreiben	beschreibt	beschrieb	hat beschrieben
besitzen	besitzt	besaß	hat besessen
besprechen	bespricht	besprach	hat besprochen
bestehen	besteht	bestand	hat bestanden
bestreiten	bestreitet	bestritt	hat bestritten
betragen	beträgt	betrug	hat betragen
betreffen	betrifft	betraf	hat betroffen
betreiben	betreibt	betrieb	hat betrieben
betrügen	betrügt	betrog	hat betrogen
beweisen	beweist	bewies	hat bewiesen
sich bewerben	bewirbt sich	bewarb sich	hat sich beworben
bieten	bietet	bot	hat geboten
bitten	bittet	bat	hat gebeten
bleiben	bleibt	blieb	ist geblieben
braten	brät	briet	hat gebraten
brechen	bricht	brach	ist gebrochen
brennen	brennt	brannte	hat gebrannt
bringen	bringt	brachte	hat gebracht
denken	denkt	dachte	hat gedacht
dürfen	darf	durfte	hat gedurft / hat dürfen
empfangen	empfängt	empfing	hat empfangen

empfehlen	empfiehlt	empfahl	hat empfohlen
empfinden	empfindet	empfand	hat empfunden
enthalten	enthält	enthielt	hat enthalten
entlassen	entlässt	entließ	hat entlassen
sich entscheiden	entscheidet sich	entschied sich	hat sich entschieden
sich entschließen	entschließt sich	entschloss sich	hat sich entschlossen
entstehen	entsteht	entstand	ist entstanden
entwerfen	entwirft	entwarf	hat entworfen
erfahren	erfährt	erfuhr	hat erfahren
erfinden	erfindet	erfand	hat erfunden
sich ergeben	ergibt sich	ergab sich	hat sich ergeben
erhalten	erhält	erhielt	hat erhalten
erkennen	erkennt	erkannte	hat erkannt
erscheinen	erscheint	erschien	ist erschienen
erschrecken***	erschrickt	erschrak	ist erschrocken
erwerben	erwirbt	erwarb	hat erworben
erziehen	erzieht	erzog	hat erzogen
essen	isst	aß	hat gegessen
fahren	fährt	fuhr	hat / ist gefahren**
fallen	fällt	fiel	ist gefallen
fangen	fängt	fing	hat gefangen
finden	findet	fand	hat gefunden
fliegen	fliegt	flog	ist geflogen
fliehen	flieht	floh	ist geflohen
fließen	fließt	floss	ist geflossen
fressen	frisst	fraß	hat gefressen
frieren	friert	fror	hat / ist gefroren**
geben	gibt	gab	hat gegeben
gefallen	gefällt	gefiel	hat gefallen
gehen	geht	ging	ist gegangen
gelingen	gelingt	gelang	ist gelungen
gelten	gilt	galt	hat gegolten
genießen	genießt	genoss	hat genossen
geraten	gerät	geriet	ist geraten
geschehen	geschieht	geschah	ist geschehen
gewinnen	gewinnt	gewann	hat gewonnen
gießen	gießt	goss	hat gegossen
greifen	greift	griff	hat gegriffen
haben	hat	hatte	hat gehabt
halten	hält	hielt	hat gehalten
hängen***	hängt	hing	hat gehangen
heben	hebt	hob	hat gehoben
heißen	heißt	hieß	hat geheißen
helfen	hilft	half	hat geholfen
hinterlassen	hinterlässt	hinterließ	hat hinterlassen
kennen	kennt	kannte	hat gekannt
klingen	klingt	klang	geklungen
kommen	kommt	kam	ist gekommen
können	kann	konnte	hat gekonnt / hat können
laden	lädt	lud	hat geladen
lassen	lässt	ließ	hat gelassen
laufen	läuft	lief	ist gelaufen

leiden	leidet	litt	hat gelitten
leihen	leiht	lieh	hat geliehen
lesen	liest	las	hat gelesen
liegen	liegt	lag	hat gelegen
lügen	lügt	log	hat gelogen
messen	misst	maß	hat gemessen
missverstehen	missversteht	missverstand	hat missverstanden
mögen	mag	mochte	hat gemocht
müssen	muss	musste	hat gemusst / hat müssen
nehmen	nimmt	nahm	hat genommen
nennen	nennt	nannte	hat genannt
raten	rät	riet	hat geraten
reiten	reitet	ritt	hat / ist geritten
rennen	rennt	rannte	ist gerannt
riechen	riecht	roch	hat gerochen
rufen	ruft	rief	hat gerufen
scheinen	scheint	schien	hat geschienen
schieben	schiebt	schob	hat geschoben
schießen	schießt	schoss	hat geschossen
schlafen	schläft	schlief	hat geschlafen
schlagen	schlägt	schlug	hat geschlagen
schließen	schließt	schloss	hat geschlossen
schneiden	schneidet	schnitt	hat geschnitten
schreiben	schreibt	schrieb	hat geschrieben
schreien	schreit	schrie	hat geschrien
schweigen	schweigt	schwieg	hat geschwiegen
schwimmen	schwimmt	schwamm	hat / ist geschwommen
sehen	sieht	sah	hat gesehen
sein	ist	war	ist gewesen
senden	sendet	sandte / sendete	hat gesandt / gesendet
singen	singt	sang	hat gesungen
sinken	sinkt	sank	ist gesunken
sitzen	sitzt	saß	hat / ist* gesessen
sollen	soll	sollte	hat gesollt / hat sollen
sprechen	spricht	sprach	hat gesprochen
springen	springt	sprang	ist gesprungen
stechen	sticht	stach	hat gestochen
stehen	steht	stand	hat / ist* gestanden
stehlen	stiehlt	stahl	hat gestohlen
steigen	steigt	stieg	ist gestiegen
sterben	stirbt	starb	ist gestorben
stinken	stinkt	stank	hat gestunken
stoßen	stößt	stieß	hat / ist gestoßen**
streichen	streicht	strich	hat gestrichen
sich streiten	streitet sich	stritt sich	hat sich gestritten
tragen	trägt	trug	hat getragen
treffen	trifft	traf	hat getroffen
treiben	treibt	trieb	hat / ist getrieben**
treten	tritt	trat	hat / ist getreten**
trinken	trinkt	trank	hat getrunken
tun	tut	tat	hat getan
überfahren	überfährt	überfuhr	hat überfahren

überlassen	überlässt	überließ	hat überlassen
übernehmen	übernimmt	übernahm	hat übernommen
überschreiten	überschreitet	überschritt	hat überschritten
übertragen	überträgt	übertrug	hat übertragen
übertreiben	übertreibt	übertrieb	hat übertrieben
überweisen	überweist	überwies	hat überwiesen
überwiegen	überwiegt	überwog	hat überwogen
überwinden	überwindet	überwand	hat überwunden
unterbrechen	unterbricht	unterbrach	hat unterbrochen
sich unterhalten	unterhält sich	unterhielt sich	hat sich unterhalten
unterlassen	unterlässt	unterließ	hat unterlassen
unternehmen	unternimmt	unternahm	hat unternommen
unterscheiden	unterscheidet	unterschied	hat unterschieden
unterschreiben	unterschreibt	unterschrieb	hat unterschrieben
unterstreichen	unterstreicht	unterstrich	hat unterstrichen
verbieten	verbietet	verbot	hat verboten
verbinden	verbindet	verband	hat verbunden
verbrennen	verbrennt	verbrannte	hat verbrannt
verbringen	verbringt	verbrachte	hat verbracht
vergehen	vergeht	verging	ist vergangen
vergessen	vergisst	vergaß	hat vergessen
vergleichen	vergleicht	verglich	hat verglichen
sich verhalten	verhält sich	verhielt sich	hat sich verhalten
verlassen	verlässt	verließ	hat verlassen
verlaufen	verläuft	verlief	ist verlaufen
verleihen	verleiht	verlieh	hat verliehen
verlieren	verliert	verlor	hat verloren
vermeiden	vermeidet	vermied	hat vermieden
verraten	verrät	verriet	hat verraten
verschieben	verschiebt	verschob	hat verschoben
verschreiben	verschreibt	verschrieb	hat verschrieben
verschwinden	verschwindet	verschwand	ist verschwunden
versenden	versendet	versandte/versendete	hat versandt / versendet
versprechen	verspricht	versprach	hat versprochen
verstehen	versteht	verstand	hat verstanden
vertreten	vertritt	vertrat	hat vertreten
verzeihen	verzeiht	verzieh	hat verziehen
vor|dringen	dringt vor	drang vor	ist vorgedrungen
wachsen	wächst	wuchs	ist gewachsen
waschen	wäscht	wusch	hat gewaschen
werben	wirbt	warb	hat geworben
werden	wird	wurde	ist geworden
werfen	wirft	warf	hat geworfen
widersprechen	widerspricht	widersprach	hat widersprochen
wiegen	wiegt	wog	hat gewogen
wissen	weiß	wusste	hat gewusst
wollen	will	wollte	hat gewollt / hat wollen
zerreißen	zerreißt	zerriss	hat / ist zerrissen**
ziehen	zieht	zog	hat / ist gezogen**
zusammen|binden	bindet zusammen	band zusammen	hat zusammengebunden
zwingen	zwingt	zwang	hat gezwungen

VERBEN MIT PRÄPOSITIONEN

Verb + Präposition	+ Kasus
abhängen von	+ Dativ
abraten von	+ Dativ
achten auf	+ Akkusativ
anfangen mit	+ Dativ
ankommen auf	+ Akkusativ
sich anmelden bei	+ Dativ
sich anpassen an	+ Akkusativ
anregen zu	+ Dativ
ansehen als	+ Akkusativ
antworten auf	+ Akkusativ
sich ärgern über	+ Akkusativ
aufhören mit	+ Dativ
aufpassen auf	+ Akkusativ
sich aufregen über	+ Akkusativ
sich aufteilen in	+ Akkusativ
sich auseinandersetzen mit	+ Dativ
ausgeben für	+ Akkusativ
sich auskennen mit	+ Dativ
auskommen mit	+ Dativ
sich austauschen mit	+ Dativ
sich bedanken bei	+ Dativ
sich bedanken für	+ Akkusativ
sich begeistern für	+ Akkusativ
begründen mit	+ Dativ
beharren auf	+ Dativ
beitragen zu	+ Dativ
sich bemühen um	+ Akkusativ
beneiden um	+ Akkusativ
berichten über	+ Akkusativ
beruhen auf	+ Dativ
sich beschäftigen mit	+ Dativ
sich beschränken auf	+ Akkusativ
bestehen aus	+ Dativ
sich beteiligen an	+ Dativ
beurteilen nach	+ Dativ
sich bewerben um	+ Akkusativ
danken für	+ Akkusativ
denken an	+ Akkusativ
sich eignen für	+ Akkusativ
eingehen auf	+ Akkusativ
sich einigen auf	+ Akkusativ
einladen zu	+ Dativ
sich einlassen auf	+ Akkusativ
sich einsetzen für	+ Akkusativ
sich einstellen auf	+ Akkusativ
sich entscheiden für	+ Akkusativ
sich entscheiden gegen	+ Akkusativ
sich entschuldigen bei	+ Dativ

Verb + Präposition	+ Kasus
sich entschuldigen für	+ Akkusativ
erfahren über	+ Akkusativ
erfahren von	+ Dativ
sich erholen von	+ Dativ
sich erinnern an	+ Akkusativ
erkennen an	+ Dativ
sich ernähren von	+ Dativ
erzählen über	+ Akkusativ
erzählen von	+ Dativ
fliehen vor	+ Dativ
fragen nach	+ Dativ
sich freuen auf	+ Akkusativ
sich freuen über	+ Akkusativ
führen zu	+ Dativ
sich fürchten vor	+ Dativ
gehören zu	+ Dativ
gelten als	+ Nominativ
geraten in	+ Akkusativ
sich gewöhnen an	+ Akkusativ
glauben an	+ Akkusativ
gratulieren zu	+ Dativ
sich halten an	+ Akkusativ
halten für	+ Akkusativ
halten mit	+ Dativ
halten von	+ Dativ
handeln von	+ Dativ
hängen an	+ Dativ
helfen bei	+ Dativ
herankommen an	+ Akkusativ
hinauswachsen über	+ Akkusativ
hinweisen auf	+ Akkusativ
hoffen auf	+ Akkusativ
hören auf	+ Akkusativ
hören von	+ Dativ
sich informieren bei	+ Dativ
(sich) informieren über	+ Akkusativ
sich integrieren in	+ Akkusativ
sich interessieren für	+ Akkusativ
investieren in	+ Akkusativ
kämpfen für	+ Akkusativ
kämpfen gegen	+ Akkusativ
kennzeichnen mit	+ Dativ
klagen über	+ Akkusativ
klingen nach	+ Dativ
sich konzentrieren auf	+ Akkusativ
sich kümmern um	+ Akkusativ
lachen über	+ Akkusativ
lästern über	+ Akkusativ

leiden unter	+ Dativ	teilhaben an	+ Dativ
mangeln an	+ Dativ	teilnehmen an	+ Dativ
sich melden bei	+ Dativ	telefonieren mit	+ Dativ
motivieren zu	+ Dativ	tendieren zu	+ Dativ
nachdenken über	+ Akkusativ	sich treffen mit	+ Dativ
sich orientieren an	+ Dativ	überreden zu	+ Dativ
passen zu	+ Dativ	überzeugen von	+ Dativ
profitieren von	+ Dativ	umgehen mit	+ Dativ
protestieren gegen	+ Akkusativ	sich unterhalten mit	+ Dativ
reagieren auf	+ Akkusativ	sich unterhalten über	+ Akkusativ
rechnen mit	+ Dativ	sich verabreden mit	+ Dativ
reden über	+ Akkusativ	verbinden mit	+ Dativ
sich registrieren bei	+ Dativ	vereinbaren mit	+ Dativ
retten vor	+ Dativ	vergleichen mit	+ Dativ
schimpfen auf / über	+ Akkusativ	sich verlassen auf	+ Akkusativ
schmecken nach	+ Dativ	sich verlieben in	+ Akkusativ
schreiben an	+ Akkusativ	versorgen mit	+ Dativ
schwärmen für	+ Akkusativ	verstehen von	+ Dativ
sich sehnen nach	+ Dativ	sich verstehen mit	+ Dativ
sein für	+ Akkusativ	verzichten auf	+ Akkusativ
sein gegen	+ Akkusativ	sich vorbereiten auf	+ Akkusativ
sorgen für	+ Akkusativ	vordringen in	+ Akkusativ
sich spezialisieren auf	+ Akkusativ	wahrnehmen als	+ Akkusativ
sprechen mit	+ Dativ	warnen vor	+ Dativ
sprechen über	+ Akkusativ	warten auf	+ Akkusativ
stehen zu	+ Dativ	sich wehren gegen	+ Akkusativ
sterben an	+ Dativ	sich wenden an	+ Akkusativ
streben nach	+ Dativ	werben für	+ Akkusativ
sich streiten mit	+ Dativ	wissen von	+ Dativ
sich streiten über	+ Akkusativ	sich wundern über	+ Akkusativ
suchen nach	+ Dativ	sich zurückziehen aus	+ Dativ
teilen mit	+ Dativ	zweifeln an	+ Dativ

NOMEN MIT PRÄPOSITIONEN

Nomen + Präposition	+ Kasus
die Abhängigkeit von	+ Dativ
die Angst vor	+ Dativ
der Anspruch auf	+ Akkusativ
die Auseinandersetzung mit	+ Dativ
die Auswahl an	+ Dativ
die Begeisterung für	+ Akkusativ
das Beispiel für	+ Akkusativ
die Bereitschaft zu	+ Dativ
der Bericht über	+ Akkusativ
die Beziehung zu	+ Dativ
der Dank für	+ Akkusativ
der Eindruck von	+ Dativ
der Einfluss auf	+ Akkusativ
das Fazit zu	+ Dativ
die Freude an	+ Dativ
der Glückwunsch zu	+ Dativ
das Interesse an	+ Dativ
der Konflikt mit	+ Dativ

Nomen + Präposition	+ Kasus
der Kontakt zu	+ Dativ
die Kritik an	+ Dativ
die Lust auf	+ Akkusativ
die Notwendigkeit für	+ Akkusativ
der Protest gegen	+ Akkusativ
der Respekt vor	+ Dativ
die Suche nach	+ Dativ
das Symbol für	+ Akkusativ
die Teilnahme an	+ Dativ
der Unterschied zwischen	+ Dativ
die Verantwortung für	+ Akkusativ
das Verhältnis zu	+ Dativ
das Verständnis für	+ Akkusativ
der Verzicht auf	+ Akkusativ
die Werbung für	+ Akkusativ
der Wunsch nach	+ Dativ
der Zugang zu	+ Dativ
der Zweifel an	+ Dativ

ADJEKTIVE MIT PRÄPOSITIONEN

Adjektiv + Präposition	+ Kasus
abhängig von	+ Dativ
angewiesen auf	+ Akkusativ
begeistert von	+ Dativ
bekannt für	+ Akkusativ
bekannt durch	+ Akkusativ
beliebt bei	+ Dativ
berühmt für	+ Akkusativ
beteiligt an	+ Dativ
entscheidend für	+ Akkusativ
geeignet für	+ Akkusativ
genervt von	+ Dativ
gewöhnt an	+ Akkusativ
gut in	+ Dativ

Adjektiv + Präposition	+ Kasus
informiert über	+ Akkusativ
interessiert an	+ Dativ
krank vor	+ Dativ
reich an	+ Dativ
stolz auf	+ Akkusativ
typisch für	+ Akkusativ
überfordert von	+ Dativ
überzeugt von	+ Dativ
verbunden mit	+ Dativ
vernetzt mit	+ Dativ
wichtig für	+ Akkusativ
zufrieden mit	+ Dativ
zuständig für	+ Akkusativ

NOMEN-VERB-VERBINDUNGEN

Nomen-Verb-Verbindungen bestehen aus einem Nomen und einem Verb, z. B. *Angst haben*. Nicht das Verb, sondern das Nomen trägt die Bedeutung. Manchmal kommt ein Artikel (z.B. *der Ansicht sein*) oder eine Präposition dazu (z. B. *auf Ablehnung stoßen*).
Oft gibt es zu diesen Verbindungen ein einfaches Verb mit einer ähnlichen Bedeutung (z.B. *eine Frage stellen → fragen*).
Viele Nomen-Verb-Verbindungen können eine aktive Bedeutung haben (z. B. *zum Einsatz kommen*) und eine passive (z. B. *im Einsatz sein*).

Nomen-Verb-Verbindung	Bedeutung	Beispiel
auf Ablehnung stoßen	abgelehnt werden	Seid ihr schon mal bei jemandem auf Ablehnung gestoßen?
(keine) Ahnung haben	(nicht) wissen	Ich habe keine Ahnung.
vor jmd./ etw. (Dat.) Angst haben	sich fürchten	Viele Menschen haben Angst vor dem Fliegen.
Anklang finden	eine positive Reaktion bewirken	Ob eine Idee Anklang findet, darüber entscheiden die Menschen selbst.
etw. (Akk.) zum Anlass nehmen	eine Gelegenheit nutzen	Man kann diesen Tag zum Anlass nehmen, um über Kleiderkonventionen nachzudenken.
Ansehen genießen	einen guten Ruf haben	Influencer genießen bei ihren Followern Ansehen.
der Ansicht sein	meinen	Ich bin der Ansicht, dass ein Gemeinschaftsgarten etwas Schönes wäre.
außer Atem sein	erschöpft sein	In den Alpen bin ich oft komplett außer Atem gewesen.
etw. (Akk.) in Aussicht stellen	versprechen	Einige Firmen haben die Entwicklung solcher Skateboards in Aussicht gestellt.
jdm. (Dat.) Bescheid geben	informieren	Luca hat seinem Freund nicht Bescheid gegeben, dass er später kommen würde.
jdm. (Dat.) Bescheid sagen	informieren	Steve muss seiner Mutter nicht mehr Bescheid sagen, wenn er jemanden mitbringen will.
zu Besuch sein	besuchen	Im Sommer sind wir zu Besuch bei den Großeltern.
etw. (Akk.) zur Diskussion stellen	ansprechen	Das Material wird im Politikunterricht zur Diskussion gestellt.
unter Druck sein	gestresst sein	Die Jugendlichen sind heute stärker unter Druck.
auf etw. (Akk.) Einfluss haben	beeinflussen wollen	Influencer haben Einfluss auf die Meinung und das Kaufverhalten vom Followern.
auf etw. (Akk.) Einfluss nehmen	beeinflussen	Mira will auf ihre eigene Zukunft Einfluss nehmen.
im Einsatz sein	eingesetzt sein	Das Smartphone ist fast pausenlos im Einsatz.
zum Einsatz kommen	eingesetzt werden	Im Film kommt das „Hoverboard" zum Einsatz.

etw. (Akk.) zu Ende bringen	beenden	Wenn man ein Projekt erfolgreich zu Ende bringt, sollte man zusammen feiern.
eine Entscheidung treffen	entscheiden	Steve findet es fantastisch, dass er seine eigenen Entscheidungen treffen kann.
in Erfüllung gehen	erfüllt werden	Micha fühlt sich, als ob ein Traum in Erfüllung ginge.
eine Forderung stellen	fordern	In dieser Erklärung wird die Forderung gestellt, dass niemand diskriminiert werden darf.
eine Frage stellen	fragen	Der Moderator fordert das Publikum auf, Fragen zu stellen.
in Gang kommen	anfangen zu funktionieren	Das Auto von Doc Brown kommt in Gang.
sich über etw. (Akk.) Gedanken machen	nachdenken	Welttage sollen Menschen dazu bringen, sich über aktuelle Probleme Gedanken zu machen.
in Gefahr sein	gefährdet sein	Dadurch ist die ganze Aktion in Gefahr.
auf eine Idee kommen	eine Idee haben	Die Krankenkassen könnten auf die Idee kommen, nach den gesammelten Daten Tarife zu berechnen.
Interesse wecken	aufmerksam machen	Der Zeitungsartikel hat mein Interesse geweckt.
im Irrtum sein	sich irren	Ich glaube, dass du im Irrtum bist.
in Konflikt geraten	in einen Konflikt kommen	Influencer können mit dem Gesetz in Konflikt geraten.
mit etw. (Dat.) in Kontakt kommen	kontaktieren	Im Freien kommt man in direkten Kontakt mit Pollen.
an etw. (Dat.) Kritik äußern	kritisieren	Mit selbst gemachter Kleidung kann man an Produktionsbedingungen Kritik äußern.
an etw. (Dat.) Kritik üben	kritisieren	Bestimmt gibt es Menschen, die Kritik an eurem Engagement üben.
in der Lage sein	die Möglichkeit haben	Eine Mikrowelle müsste in der Lage sein, Wasser zu spenden.
ins Leben rufen	gründen	Wann wurde der erste Welttag ins Leben gerufen?
in Mode sein	modisch sein	Handarbeit ist in Mode.
sich Mühe geben	sich bemühen	Er muss sich keine Mühe geben, die Schuhe zuzumachen.
in Ordnung sein	funktionieren	Wäre es für Sie in Ordnung, wenn ich meine Arbeit später abgebe?
(keine) Rolle spielen	(nicht) relevant sein	Das Internet spielt im Film „Zurück in die Zukunft" keine Rolle.

auf jdn. / etw. (Akk.) Rücksicht nehmen	rücksichtsvoll sein	Auf Fahrradstraßen müssen Autofahrer auf Radfahrer besondere Rücksicht nehmen.
Ruhe bewahren	ruhig bleiben	Luca muss im Stadion Ruhe bewahren.
in Schwierigkeiten geraten	in eine schwierige Lage kommen	Oskar ist wichtig, bei Gesundheitsproblemen nicht in finanzielle Schwierigkeiten zu geraten.
sich um jdn. / etw. (Akk.) Sorgen machen	sich sorgen	Alexa macht sich keine Sorgen, im Internet viel von ihr zu verraten.
etw. (Akk.) zur Sprache bringen	ansprechen	Bei der Podiumsdiskussion konnten wir viele Themen zur Sprache bringen.
auf dem Standpunkt stehen	meinen	Ich stehe auf dem Standpunkt, dass man heute auf Smartphones nicht verzichten kann.
gegen etw. (Akk.) Stellung beziehen	seine Meinung äußern	Die Organisationen beziehen Stellung gegen Menschenrechtsverletzungen.
zu etw. (Dat.) Stellung nehmen	seine Meinung äußern	Zu Ihrem Zeitungsartikel möchte ich Stellung nehmen.
im Trend liegen	aktuell sein	Selbermachen liegt im Trend.
für etw. (Akk.) Verantwortung übernehmen	verantworten	Die Jugendlichen müssen heutzutage keine Verantwortung übernehmen.
etw. (Akk.) zur Verfügung haben	verfügbar sein	Einige Menschen haben genügend Wasser zur Verfügung, andere nicht.
etw. (Akk.) zur Verfügung stellen	etwas zum Gebrauch anbieten	Viele Studierende stellen ihren Kommilitonen ihre Mitschriften zur Verfügung.
einen Vortrag halten	vortragen	Luca muss einen Vortrag zum Thema *Vorbilder* halten.
auf etw. (Akk.) Wert legen	für wichtig halten	Ich würde viel Wert auf das Arbeitsklima legen.
sich etw. (Akk.) zum Ziel setzen	erreichen wollen	Die Weltorganisation hat es sich zum Ziel gesetzt, den Frieden zu sichern.
Zustimmung finden	zugestimmt werden	Für diese Einstellung finden wir bei unseren Aktionen große Zustimmung.
an etw. (Dat.) Zweifel haben	bezweifeln	Manchmal sollte man an der eigenen Intuition Zweifel haben.

WICHTIGE REDEMITTEL

ETWAS ERKLÄREN — 1A, 8A

- Mit … ist gemeint, dass …
- … heißt für mich / verstehe ich so / drückt aus, dass …
- Bei … wird …

VERMUTUNGEN AUSDRÜCKEN — 1A, 3A, 4C, 5B, 8A, 8C

- In Situation … hat jemand eventuell / könnte jemand zum ersten Mal …
- Ich vermute / nehme an, (dass) in Situation …
- Es könnte sein, dass …
- Wenn ich … wäre, würde ich möglicherweise …
- Ich könnte mir gut vorstellen, dass …
- Vermutlich ist …
- Es ist denkbar, dass …
- Es sieht so aus, als ob …
- Vielleicht ist …
- Ich schätze, …
- Ich würde mir eventuell zutrauen, … zu …
- Ich würde wahrscheinlich / vermutlich / vielleicht …

EINE MEINUNG ÄUSSERN UND BEGRÜNDEN — 1B, 2A, 3B, 5A, 5C, 6C, 12B

- Ich selbst stehe auf dem Standpunkt, dass …
- Ich selbst denke, dass in dieser Frage die Vorteile / Nachteile überwiegen.
- Es stimmt zwar, dass … Aber entscheidender ist für mich das Argument, dass …
- Das Argument von Herrn / Frau … halte ich für übertrieben / richtig / falsch.
- Ich bezweifle, dass …
- Es stimmt sicherlich, dass …
- Die Situation von … stelle ich mir spannend / schwierig / … vor, denn …
- Ich kann mir sehr gut / überhaupt nicht vorstellen, dass …, weil …
- Meines Erachtens war besonders erstaunlich, dass …
- Ich bin (nicht) der gleichen Meinung wie …
- Für mich persönlich hat … auch eine / keine besondere Bedeutung, da …
- Meiner Meinung nach kommen … bei … nicht infrage. … sind nämlich viel zu …
- Meiner Ansicht nach spricht vieles für / gegen …
- Ein wesentlicher Aspekt beim Thema … ist für mich …, denn …
- Zu diesem Aspekt ist noch / zudem Folgendes zu bedenken: …
- In meinen Augen ist … eine gute / schlechte Initiative, weil …
- Meiner Ansicht nach ist es von Vorteil / Nachteil, … zu …
- Ich bin der Auffassung / Überzeugung, dass …
- Ich persönlich finde, dass …

ÜBER PERSÖNLICHE ERFAHRUNGEN BERICHTEN — 1C, 3A, 5B, 5C, 6B, 9C

- Wenn ich … bin, verwende ich … / … verwende ich, wenn …
- Im Kino fühle ich mich oft …, da …
- Wenn ich im Kino bin, bin ich manchmal sehr …
- Meiner Erfahrung nach …
- Soviel ich weiß …
- Ich habe festgestellt, dass …
- Aus eigener Erfahrung weiß ich, dass …
- In unserer Stadt fährt man (auch) viel … / nimmt man (auch) meistens …, wenn man …
- Bei uns fahren nur wenige Leute / fährt man nicht viel …
- Man benutzt lieber / meistens … Der Grund dafür ist, dass …
- Der Tag ist mir bekannt und ich feiere ihn auch / aber ich feiere ihn nicht.

EINE FUNKTION BESCHREIBEN — 1C

- *Es eignet sich auch gut, um … zu …*
- *Man kann es auch als … einsetzen / verwenden / …*

EIN PROBLEM BESCHREIBEN — 1C, 2C, 10B

- *Lucas Problem ist, dass …*
- *Für viele ist es problematisch, wenn …*
- *… macht vielen (große) Schwierigkeiten.*
- *… ist / sind ein großes Problem.*
- *Unglücklicherweise ist mir Folgendes passiert: …*
- *Leider musste ich feststellen, dass …*

BEDENKEN ÄUSSERN — 1C

- *Aber Vorsicht: Man kann … nicht als … verwenden.*
- *Es könnte als … missverstanden werden.*
- *… könnte zu Schwierigkeiten führen.*

(UN)WICHTIGKEIT AUSDRÜCKEN — 2A, 5C, 11C

- *Entscheidend ist für mich, dass ich …*
- *Gerade bei … ist wichtig, dass …*
- *Ich würde großen Wert auf … legen.*
- *Ein wesentlicher / bedeutsamer Punkt wäre für mich …*
- *… wäre für mich ebenfalls ein wichtiges Kriterium / ein entscheidender Faktor / genauso unerlässlich, denn / da …*
- *Auf … käme es mir nicht so sehr an.*
- *Mein Ziel wäre es nicht so sehr, … zu …*
- *… würde für mich auch keine große Rolle spielen / wäre auch eher nebensächlich.*
- *Ich halte es für weniger wichtig, … zu …*

WÜNSCHE AUSDRÜCKEN — 2A

- *Ich möchte unbedingt / vor allem / …*

EIGENES INTERESSE FORMULIEREN — 2B, 7C

- *Interessant fand ich (die Information), dass …*
- *Für mich persönlich ist … interessant, weil …*
- *… hat mein Interesse geweckt. Darüber würde ich gern noch mehr erfahren.*

BEISPIELE NENNEN — 2B, 4C, 5C, 7A

- *Das möchte ich mit einem Beispiel deutlich machen: …*
- *Dafür habe ich folgendes Beispiel: …*
- *Ein gutes Beispiel dafür / dagegen ist …*
- *Ein Beispiel hierfür ist …*
- *So … beispielsweise …*
- *So … zum Beispiel …*
- *Untersuchungen / Studien zeigen, dass …*
- *Es ist bekannt, dass …*

VORSCHLÄGE MACHEN — 2C, 10B

- *Man müsste als Erstes / vor allem / natürlich …*
- *Ich würde … gut finden, weil …*
- *Es wäre sinnvoll / nützlich / praktisch / besser, wenn …*
- *… wäre(n) auch denkbar / vorstellbar / eine Möglichkeit.*
- *Mein Vorschlag wäre, … / Wäre es für Sie in Ordnung, wenn …*

EINEN ORT BESCHREIBEN 3C

- … ist vor allem für … berühmt/bekannt.
- … ist vor allem dafür bekannt, dass …
- Nirgendwo sonst kann man …
- Das Besondere an … ist … / Einmalig an … ist …

RATSCHLÄGE GEBEN 5A

- An … Stelle würde ich bei einer Party auf keinen Fall … tragen, denn …
- Aus diesem Grund kann ich nur davon abraten, beim Shoppen … anzuziehen.

EIN BILD BESCHREIBEN 5B

- Auf dem Bild … ist … abgebildet.

ETWAS VERGLEICHEN 5B, 6A, 7C

- Bei uns gibt es ein/kein vergleichbares Phänomen: …
- In meinem Land ist die Situation ähnlich/ganz anders/nicht zu vergleichen, denn …
- Genau wie in Deutschland …
- Während in Deutschland …, … bei uns …
- Ähnlich wie … / Im Gegensatz zum …
- Während man im …, macht man heute …
- Im Vergleich/Im Unterschied/Im Gegensatz zu …
- Verglichen mit … ist …

ÜBERRASCHUNG AUSDRÜCKEN 6B, 7C, 9C

- Bemerkenswert/Neu war für mich …
- Ich hätte nicht gedacht, dass …
- Dass … , war mir neu.
- Ich finde erstaunlich, dass …
- Vom … habe ich noch nie etwas gehört.
- Ich wusste gar nicht, dass … Das war mir vollkommen neu.

ETWAS BEWERTEN 6B, 7C

- Aus meiner Sicht ist/sind …
- Ich halte … für … / Ich bin überzeugt, dass …
- Es wird immer noch zu wenig/zu viel für … getan.
- Besonders bemerkenswert/interessant war …
- Im Text … steht, dass … Das erscheint mir komisch/unrealistisch/nicht mehr aktuell.
- Ich werde mir merken, dass …

SICHERHEIT AUSDRÜCKEN 8A, 8C

- Ich würde mir auf jeden Fall/keinen Fall zutrauen, … zu …
- … würde ich mich sicherlich (nicht) trauen, weil …
- … würde ich mit Sicherheit (nicht) wagen, denn …
- Ich hätte nicht den geringsten Zweifel. Ich würde …
- Ich würde garantiert/ganz bestimmt …
- Ich würde keine Sekunde zweifeln/zögern, … zu …

VORAUSSETZUNGEN NENNEN 8A

- … setzt … voraus.
- Bei … ist/sind … gefragt.
- Für … benötigt man …
- Das, was man zum … braucht, sind …

VOR- UND NACHTEILE NENNEN — 8A

- … aktiviert / fördert / sorgt für … / hilft bei …
- … ist für … jedoch nicht geeignet, weil …
- Das Risiko / Die Gefahr, … zu …, ist hoch.

EINEN KOMMENTAR / EINE ERÖRTERUNG SCHREIBEN

eine Einleitung formulieren — 12B

- Betrachtet man die derzeitige Situation / die heutige Lage, …
- Da stellt sich nun für mich die Frage, … / Dies führt zu der Frage …

Argumente und Vorteile nennen — 1B, 5C

- Ein wichtiger Vorteil (von …) ist, dass …
- Ein weiteres Argument dafür ist, dass …
- Dafür spricht auch die Tatsache, dass …

Gegenargumente und Nachteile nennen — 1B, 5C

- Ein wichtiges Argument dagegen ist …
- Eine große Gefahr besteht allerdings (auch) darin, dass …
- Dagegen spricht auch, dass …
- Ein wichtiger Nachteil (von …) ist …

Gegenargumente entkräften — 7A, 12B

- Zwar …, das bedeutet aber nicht …
- Natürlich stimmt es, dass … Das heißt jedoch nicht, dass …
- Im Prinzip ist das richtig, trotzdem …
- Es wird behauptet, dass … Das ist allerdings nicht richtig, denn …
- Ich halte diese Aussage / Einstellung für verkehrt …, denn …
- Da möchte ich widersprechen, denn …
- Man hört oft, dass … Das Gegenteil ist der Fall: …

zu einem anderen Punkt überleiten — 12B

- Was … angeht, …
- Was … betrifft, …
- Hinzu kommt, dass …
- Abschließend ist noch wichtig zu erwähnen, dass …

ein Fazit ziehen — 1B, 5C, 7A, 12B

- Als Fazit kann man festhalten, dass …
- Insgesamt zeigt sich, dass …
- Meine persönliche Meinung / Mein persönliches Fazit lautet: …
- Abschließend lässt sich sagen, dass …
- Man könnte vielleicht zusammenfassend sagen, dass …
- Es spricht also vieles dafür, dass …
- Alles in allem erscheint es also sinnvoll …
- Wenn ich zum Schluss alle Argumente abwäge, so überwiegen für mich die Vorteile / Nachteile.
- Zusammenfassend würde ich sagen, dass mich die Vorteile / Nachteile am stärksten überzeugen.

EINEN TEXT ZUSAMMENFASSEN — 3B, 4A, 6D

- Der Autor beschreibt / stellt fest / weist darauf hin, dass …
- Der Autor fragt sich, ob …
- Für den Autor ist … wichtig, weil / da …
- Entscheidend für den Autor ist, dass … Deswegen …
- In beiden Texten geht es um …
- Beide Texte handeln von … / behandeln die Frage …

- *Anders als bei … geht es bei … um …*
- *Bei … geht es hingegen um …*
- *Zusammenfassend kann man sagen, dass …*
- *In diesem Artikel geht es um …*
- *Im ersten / zweiten / … Abschnitt steht, dass …*
- *Im Interview geht es um …*
- *Das Interview behandelt die Frage, …*
- *Frau / Herr … behauptet / hebt hervor / führt aus, dass …*
- *Frau / Herr … führt einige Beispiele an: …*
- *Am Ende betont Frau / Herr …, dass …*

EINE GRAFIK BESCHREIBEN — 4A, 11C

- *Die Grafik gibt Auskunft über …*
- *Die Grafik stellt dar, wie …*
- *Die Grafik verdeutlicht …*
- *An erster / zweiter / … / letzter Stelle steht …*
- *… ist wesentlich / erheblich höher / niedriger als …*
- *Die Grafik beschreibt / stellt dar, welche …*
- *Der Aspekt … rangiert in der Grafik ganz oben.*
- *Es folgt / folgen …*
- *Das Schlusslicht bilden …*
- *Von (immerhin / nur) … Prozent der Befragten wird … als wichtiger Faktor angegeben.*
- *Für die Mehrheit / mehr als die Hälfte / etwa ein Drittel / … der Befragten ist … ein entscheidender Aspekt.*

DAS VERHÄLTNIS VON TEXT UND GRAFIK BESCHREIBEN — 4A

- *Die Grafik bestätigt / stützt die Aussagen aus dem Text, denn …*
- *Die Grafik ergänzt den Text, denn …*
- *Die Aussagen des Textes werden durch die Grafik vertieft, denn …*
- *Im Vergleich zum Text enthält / bietet die Grafik mehr / weniger Informationen über …*

EINEN BUCHTIPP SCHREIBEN

ein Buch präsentieren — 9B

- *Der Roman heißt …*
- *Die Autorin / Der Autor ist …*
- *… ist (bisher) sein / ihr bekanntestes Werk / erstes Buch.*
- *Bekannt wurde sie / er durch …*
- *Der Roman spielt in …*
- *Das Buch handelt von … / hat … zum Thema.*
- *Die Hauptperson ist … / Die Protagonisten sind …*

ein Buch bewerten — 9B

- *Das Buch ist (sehr) lesenswert. / Ich kann das Buch nur empfehlen, denn …*
- *Es lohnt sich, das Buch zu lesen, weil …*

EINEN LESERBRIEF SCHREIBEN

Anrede — 2A

- *Sehr geehrte Damen und Herren,*

eine Reaktion einleiten — 2A

- *In Ihrem Zeitungsartikel berichten Sie über …*
- *Ihr Artikel „…" spricht ein interessantes / wichtiges Thema an. Dazu möchte ich gern Stellung nehmen.*

Grußformel — 2A

- *Mit freundlichen Grüßen*

EINE (HALB)FORMELLE E-MAIL SCHREIBEN

Anrede — 10B
- *Sehr geehrte/r Frau / Herr …* (formell)
- *Liebe/r Frau / Herr …* (halbformell)

für Verständnis danken — 10B
- *Ich danke Ihnen im Voraus für Ihr Verständnis.*
- *Vielen Dank für Ihr Verständnis.*

Grußformel — 10B
- *Mit besten / freundlichen Grüßen* (formell)
- *Viele / Beste Grüße* (halbformell)

EINEN VORTRAG / EINE PRÄSENTATION HALTEN

einen Vortrag / eine Präsentation einleiten — 2B, 7B
- *Das Thema meines Vortrags / meiner Präsentation lautet …*
- *Ich habe einen Vortrag / eine Präsentation zum Thema … vorbereitet.*
- *In meinem Vortrag / meiner Präsentation geht es um …*
- *Ich spreche heute über das Thema …*
- *Ich habe für meinen Vortrag / meine Präsentation … ausgewählt.*

einen Vortrag / eine Präsentation strukturieren — 2B, 7B
- *Ich beginne nun mit …*
- *Als Nächstes möchte ich …*
- *Dann komme ich zu meinem zweiten / … / letzten Punkt.*
- *Bei diesem Thema sind mehrere Gesichtspunkte zu berücksichtigen: …*
- *Ich werde auf die Aspekte … eingehen.*

zu einem anderen Punkt überleiten — 7B
- *Ich komme jetzt zum zweiten / dritten / nächsten Punkt.*
- *Soweit der erste Punkt. Nun möchte ich mich dem zweiten / … Punkt zuwenden.*

einen Vortrag / eine Präsentation beenden — 2B, 7B
- *Jetzt bin ich am Schluss meines Vortrags / meiner Präsentation.*
- *Und mein Fazit (zu diesem Thema) ist: …*
- *Zusammenfassend lässt sich sagen, dass …*
- *Ich bedanke mich für Ihre / eure Aufmerksamkeit.*

EINE DISKUSSION FÜHREN

eine Diskussion moderieren — 4C
- *Ich möchte Sie herzlich zu der Sendung … begrüßen.*
- *Wie in jedem Konflikt gibt es verschiedene Interessen. Einerseits …, andererseits …*
- *Ich möchte Ihnen Frau / Herrn … vorstellen.*
- *Ich bedanke mich für Ihre Beiträge. / Ich möchte mich für heute verabschieden.*

Argumente und Gegenargumente nennen — 4C
- *Ein großer Vorteil / Nachteil unserer / eurer Idee ist, dass …*
- *Es hat sich deutlich gezeigt, dass …*

zustimmen und widersprechen — 4C, 6C
- *Ich bin (nicht) der Ansicht, dass …*
- *Ich bin ganz deiner Meinung.*
- *Da hast du völlig recht.*

- *Ich glaube, dass du im Irrtum bist, wenn du meinst, dass …*
- *Dein Argument, dass … kann ich nicht ganz verstehen, denn …*

das Wort ergreifen 6C

- *Entschuldige, dass ich dich unterbreche, aber …*
- *Darf ich da mal kurz einhaken?*
- *Lass mich bitte mal ausreden.*
- *Einen Moment, ich war noch nicht (ganz) fertig.*
- *Ich würde gern noch auf einen anderen Punkt eingehen / noch etwas ergänzen: …*

nachfragen 9C

- *Verstehe ich dich / euch richtig, dass …?*
- *Heißt das, …/ Bedeutet das, …?*
- *Ich hätte eine Frage zu …/ Mich würde die Frage interessieren …*

Vorschläge und Gegenvorschläge machen 3C, 4C, 9C

- *Könntet ihr euch vorstellen, … als Motiv zu nehmen?*
- *Keine schlechte Idee, aber wie wär's, wenn wir …*
- *Wäre es nicht besser, wenn …*
- *Lass uns doch lieber …*
- *Es wäre bestimmt viel besser, wenn …*
- *Ich hätte einen anderen Vorschlag: …*
- *Das kann man gut umsetzen, zum Beispiel könnte man …*
- *Wir würden vorschlagen, dass …, weil / denn …*
- *Unser Vorschlag wäre, …*
- *Wir finden, man sollte …*

Vorschläge annehmen 9C

- *Wir schließen uns eurem Vorschlag an. / Wir wären auch dafür, dass …*

Vorschläge ablehnen 9C

- *Wie kommt ihr denn auf diese Idee? / Warum sollte man denn …?*
- *Das ist doch …, denn …*
- *Das finden wir problematisch, da / weil …*

sich einigen 3C, 4C

- *Schön, dann einigen wir uns also auf …*
- *Das halte ich für eine gute Lösung.*
- *Dann könnten wir also festhalten, dass …*
- *Wir könnten uns vielleicht auf Folgendes einigen: …*

QUELLENVERZEICHNIS

Cover: Bernhard Haselbeck, München
U2: Deutschland © sunt-stock.adobe.com; Österreich © Thinkstock/iStock/Volina; Schweiz © fotolia/lesniewski
S. 7: Smileys © Thinkstock/iStock/denisgorelkin; Ruhrstadion © action press/imagebroker.com
S. 8: Skizze Autos © Thinkstock/iStock/topform84; A © stockWERK - stock.adobe.com; B © Thinkstock/iStock/farakos; C © PantherMedia/Paolo Gallo Modena; Skizze Geld © veekicl - stock.adobe.com
S. 9: 2 © Thinkstock/amana productions inc; 3 © Thinkstock/Pixland
S. 10: © Thinkstock/iStock/bokan76
S. 11: © Thinkstock/iStock/OcusFocus
S. 12: Smileys © Thinkstock/iStock/Pingebat; Harvey Ball © Picture-Alliance/AP Images/Paul Connors; Scott Fahlman © Picture-Alliance/AP Images/Gene Puskar
S. 13: Torte © Thinkstock/iStock/pking4th; Partytüte, Rakete © Thinkstock/iStock/iamStudio; Hände © Thinkstock/iStock/yayayoyo; C4: Rosa Linke, Weimar
S. 14: A1: A © Thinkstock/iStock/monkeybusinessimages; B © Thinkstock/iStock/KatarzynaBialasiewicz; C © Pitopia/Fotografie-NRW Christine Langer-Püschel, 2009; D © iStockphoto/H-Gall; A2: 1 © Thinkstock/iStock/monkeybusinessimages; 2 © Thinkstock/iStock/AlexRaths
S. 15: 3 © Thinkstock/Wavebreakmedia Ltd.; 4 © Thinkstock/iStock/monkeybusinessimages
S. 16: Alia © Thinkstock/iStock/Ridofranz; Markus © Thinkstock/Blend Images/DreamPictures; Kerstin © Thinkstock/Blend Images/JGI/Jamie Grill; Tarek © Thinkstock/iStock/BravissimoS; Sophia © Thinkstock/iStock/Dangubic; Antonia © Thinkstock/iStock/Creative-Family; Basti © fotolia/Simone van den Berg
S. 17: © imago/Reinhard Kurzendörfer
S. 18: © Thinkstock/iStock/Wavebreakmedia
S. 20: A © Thinkstock/iStock/andreusK; B © Thinkstock/Wavebreakmedia Ltd.; C © Thinkstock/Photodisc/Digital Vision; D © Thinkstock/iStock/Tinatin1; E © Thinkstock/iStock/nyul; F © Getty Images/E+/Alina555
S. 21: 2 © imago/epd; Text 2: aus: Nawid Kermani: Wer ist Wir? Deutschland und seine Muslime, C. H. Beck Verlag, München 2009, S. 136
S. 23: A © pgarson-stock.adobe.com; B © Thinkstock/iStock/gkrphoto; C © Deutsches Bergbau-Museum Bochum; D © action press/Neumayr, Franz; E © action press/imagebroker.com; F © Getty Images/E+/SilviaJansen
S. 25: D1 © Thinkstock/iStock/dikobraziy; D2 © Thinkstock/iStock/JerryGrugin
S. 26: 2 © Thinkstock/iStock/monkeybusinessimages; 3 © Thinkstock/Photodisc/Jack Hollingsworth; 4 © Thinkstock/iStock/MaxRiesgo
S. 28: Nawid Kermani © Picture-Alliance/dpa; Wladimir Kaminer © action pess/Christoph Hardt/Future Image
S. 29: Text A: aus Nawid Kermani: Wer ist Wir? Deutschland und seine Muslime, C. H. Beck Verlag, München 2009; Text B aus: Wladimir Kaminer: Diesseits von Eden. Neues aus dem Garten © 2013 Manhattan Verlag, München in der Verlagsgruppe Random House GmbH
S. 31: © Thinkstock/iStockphoto
S. 34: duschen © Thinkstock/iStock/harmpeti; Ozean © Thinkstock/iStockphoto; Überschwemmung © Thinkstock/iStock/welcomia; Kühlwasser © Thomas Hammer - stock.adobe.com; Bewässerung © Thinkstock/iStock/demachi; Text: „Wasser ist das Lebensmittel Nummer 1..." bis „... ungleich verteilt." von Rima Hanano, RESET, https://reset.org/knowledge/mangelware-wasser
S. 35: Rindfleisch © Thinkstock/Dorling Kindersley; Käse © Thinkstock/iStock/levkr; Reis © Thinkstock/iStock/etienne voss; Tomaten © fotolia/felinda; Karotten © Thinkstock/iStock/atoss
S. 36: Foto rechts © Thinkstock/iStock/Carlo107; Stift und Notizbuch © veekicl - stock.adobe.com
S. 37: C1: A © Ringier/PHILIPPE ROSSIER; B © Anita Affentranger, Zürich - http://www.anitaaffentranger.ch/
S.37/38: Text C1 b mit freundlicher Genehmigung von Maurice Maggi
S. 39: Rosa Linke, Weimar
S. 40: A1: A © Thinkstock/iStock/Eivaisla; B © Thinkstock/iStock/Miguel Angelo Silva; C © Thinkstock/iStock/artisteer; D © Thinkstock/iStock/KTDesign38; E © Thinkstock/iStock/adisa; F © Thinkstock/iStock/DelmeThomasPhotography; A2: Smileys © Thinkstock/iStock/Pingebat; Marlon © Thinkstock/iStock/IPGGutenbergUKLtd
S. 41: A4: Rosa Linke, Weimar; B1: A © Thinkstock/iStock/shironosov; B © Picture-Alliance/AP Photo; C © Thinkstock/iStock/omgimages; D © Joshua Harris; Nähzubehör © mitrushova - stock.adobe.com
S. 43: 1 © Thinkstock/iStock/RossHelen; 2 © Thinkstock/iStock/MirekKijewski; 3 © imago/viennaslide
S. 46: Zurück in die Zukunft II © Universal Pictures
S. 48: A © PIcture-Alliance/Swen Pförtner; B © Presseamt Münster/Angelika Klauser; C © Presseamt Münster/MünsterView; D © Presseamt Münster/MünsterView; E © Presseamt Münster/Dietmar Wirlitsch
S. 50: © progressman - stock.adobe.com
S. 51: © Thinkstock/iStock/Lifemoment
S. 52: D1a © Thinkstock/iStock/kojihirano; D1b © action press/imagebroker.com
S. 54: © Anja Doehring
S. 55: aus: Charlotte Kerner, Blueprint Blaupause © 1999, 2001,2004 Beltz & Gelberg in der Verlagsgruppe Beltz · Weinheim Basel
S. 56: 1: A © Thinkstock/iStock/dragana991; B © Thinkstock/Wavebreakmedia; C © Thinkstock/iStock/PavelRodimov; D © Thinkstock/iStock/Jovanmandic; E © Thinkstock/iStock/Ben-Schonewille; F © Thinkstock/iStock/undefined undefined; Parzelle © phildarby - stock.adobe.com
S. 57: Schrebergartenkolonie © Thinkstock/iStock/prill; Gartenzwerg © PantherMedia/leyka1
S. 59: Wanderer © Thinkstock/iStock/william87
S. 60: 2 © Thinkstock/iStock/coscaron
S. 62: B1 © saint_antonio - stock.adobe.com; B2: A © Thinkstock/Goodshoot; C © Thinkstock/iStock/Wavebreakmedia; D © Thinkstock/iStock/pecaphoto77
S. 64: 1 © Thinkstock/iStock/monkeybusinessimages; 2 © Thinkstock/iStock/Jag_cz; 3 © Thinkstock/iStock/prill; 4 © Ingo Bartussek - stock.adobe.com; 5 © Thinkstock/iStock/nyul
S. 66: A © Thinkstock/Zoonar RF; B © iStock/RainervonBrandis; C © Thinkstock/iStock/AlexBrylov; D © Thinkstock/iStock/mihtiander
S. 68: B1: Sara © BananaStock; B2 © Thinkstock/iStock/mkrberlin
S. 69: © Thinkstock/iStock/mucella
S. 72: Karte © www.cartomedia-karlsruhe.de
S. 73: 4 © action press/Courtesy Everett Collection; 5 © Picture-Alliance/Grüntal Verlag
S. 74: Kolumbus © Getty Images/E+/Grafissimo; Einstein © actionpress/Courtesy Everett Collection; Luther © Thinkstock/iStock/GeorgiesArt

S. 75: 1 © imago/United Archives International; 2 © action press/EVERETT COLLECTION, INC.; 3 © Picture-Alliance/dpa-Zentralbild; 4 © Picture-Alliance/Chris Hoffman dpa; 5 © action press; 6 © vinci81 - stock.adobe.com

S. 76: Cover Am kürzeren Ende der Sonnenallee © S. Fischer Verlag GmbH

S. 77: Rosa Linke, Weimar

S. 78: Jogginghose © Thinkstock/iStock/kates_illustrations; Stimme © Thinkstock/iStock/ourlifelooklikeballoon; Umwelt © Thinkstock/iStock/owattaphotos; Linkshänder © Thinkstock/iStock/ElenVD; Sprachen © Thinkstock/iStock/frimages; Menschenrechte © magele-picture - stock.adobe.com

S. 80: Porträt Thomas Brussig © ddp images/INTERTOPICS; Cover © S. Fischer Verlag GmbH

S. 80/81: Text 2 aus: Thomas Brussig, Am kürzeren Ende der Sonnenallee. © S.Fischer Verlag GmbH, Frankfurt am Main 2001 (978-3-596-14847-9, Anth.)

S. 83: A © Thinkstock/iStock/zkk600; B © MEV; C © Thinkstock/iStock/ToniFlap

S. 85: Diskussion © Thinkstock/iStock/monkeybusinessimages

S. 86: A1 © Thinkstock/iStock/Antonio_Diaz; A2 © iStock/alynst

S. 88: B1a: A © seanlockephotography - stock.adobe.com; B © Thinkstock/iStock/Artistan; C © Getty Images/iStock/querbeet; D © Thinkstock/iStock/kasto80; E © Picture-Alliance/dpa – Bildarchiv; B1b © Margarete Steiff GmbH

S. 89: Eisbecher © Thinkstock/iStock/unpict

S. 90: Frau © Thinkstock/iStock/dobok; Münzen und Euro © fotolia/yadviga

S. 92: Maske © hchjjl - stock.adobe.com; 1 © Thinkstock/iStock/Halfpoint; 2 © Thinkstock/Stockbyte; 3 © Thinkstock/iStock/petrenkod

S. 93: 4 © fotolia/Sergey Lebedev; 5 © Thinkstock/iStock/Wavebreakmedia

S. 94: © Thinkstock/Fuse

S. 96: C1: Arbeitsklima © Thinkstock/iStock/Yuttapong; Tätigkeit © Thinkstock/iStock/-VICTOR-; Gehalt © Thinkstock/iStock/PeterPal; Arbeitszeiten © Thinkstock/iStock/-VICTOR-; Karriere © Thinkstock/iStock/13ree_design; Zusatzangebote © Thinkstock/iStock/Yuttapong; C2: Oskar19 © Thinkstock/iStock/Wavebreakmedia; Diana26 © Thinkstock/Creatas Images

S. 97: © Thinkstock/iStock/Jacob Wackerhausen

S. 98: © Thinkstock/iStock/el_clicks

S. 101: A5 © Thinkstock/iStock/AntonioGuillem; B1a: Lotte © Thinkstock/iStock/marcomunich; B1b: Bundestag © Artalis-Kartographie-stock.adobe.com; Landtag © annagrafikdesign - stock.adobe.com; Kreistag © fotolia/Oliver Hauptstock

S. 104: C1: A © elephotos - stock.adobe.com; B © Thinkstock/Wavebreakmedia Ltd.; C © Thinkstock/iStock/stereostok; D © Thinkstock/iStock/ake1150sb; C2 © Thinkstock/Stockbyte

S. 106/107: Porträt Joachim Meyerhoff © imago/Future Image; Text 2 aus: „Ach diese Lücke, diese entsetzliche Lücke" von Joachim Meyerhoff © 2015, Verlag Kiepenheuer & Witsch GmbH & Co. KG, Köln

S. 109: © Photocreo Bednarek - stock.adobe.com

U3: © fotolia/kartoxjm

Alle weiteren Fotos: Bernhard Haselbeck, München